Knaur

Von Hartwig Hausdorf sind im Knaur Taschenbuch Verlag außerdem erschienen:

Das Jahrhundert der Rätsel und Phänomene
Experiment Erde

Bildnachweis

Archiv Autor: 1, 2, 3, 4, 6, 7, 8, 11, 12, 16, 17, 18, 19, 20, 23, 24, 25, 26, 28, 29, 30, 31, 32, 33, 34, 35, 36, 37, 38, 42, 44
Julie Byron/New York Times: 14
Tony Carmody: 21
Erich von Däniken: 5, 13, 39
Martin Jurik: 10
Werner Keller: 9
Alexander Knörr: 43
Jutta Ostermaier: 22, 27, 41, 45
Donald E. Sheahan: 15
Rainer Tautenhahn: 40

Über den Autor:

Hartwig Hausdorf, geboren 1955, zählt zu den profiliertesten deutschen Autoren im Bereich ungeklärter Phänomene. Weltweit bekannt wurde er durch seine Entdeckung der Pyramiden in China, die er einem großen internationalen Fernsehpublikum zugänglich machen konnte. Seine Bücher wurden bis jetzt in 14 Sprachen übersetzt, darunter ins Englische, Japanische und Chinesische.

Hartwig Hausdorf

Begegnung mit dem Unfassbaren

Reisen zu den geheimnisvollsten Stätten unserer Welt

Knaur

Begegnung mit dem Unfassbaren beruht auf dem 1998 bei Herbig erschienenen Buch *X-Reisen* von Hartwig Hausdorf. Der Autor hat den Text und das Bildmaterial komplett überarbeitet und auf den aktuellen Stand gebracht.

Besuchen Sie uns im Internet:
www.knaur.de
www.vfgp.de/hartwighausdorf

Vollständig überarbeitete und aktualisierte
Taschenbuchausgabe Januar 2002

Umschlaggestaltung: ZERO Werbeagentur, München
Umschlagabbildung: Mauritius, Mittenwald
Satz: Wilhelm Vornehm, München
Druck und Bindung: Clausen & Bosse, Leck
Printed in Germany
ISBN 3-426-77480-1

2 4 5 3 1

Inhalt

»Fantastische Phänomene sind keine Wunder, denn sie stehen nicht im Gegensatz zur Natur, sondern nur zu dem, was wir von der Natur wissen.«

Rainer Holbe, Fernseh-Moderator

Vorwort

»Wenn einer eine Reise macht ...«

Es gibt Dinge, die das Leben eines Menschen nachhaltig prägen. Man begegnet Menschen, befasst sich mit Ideen, die den eigenen Lebensweg in einer bis dahin unvorhergesehenen Weise vorzeichnen. Dass derlei Einflüsse einen Menschen in ganz besondere Bahnen lenken können, das habe ich in den vergangenen Jahrzehnten selbst erfahren dürfen. In der Rückschau bin ich aber dankbar dafür, dass es genau so gekommen ist, wie es kam und in gewisser Weise wohl auch kommen *musste*.

Es war im Jahre 1968. Damals war ich knapp 13 Jahre alt und besuchte das Gymnasium einer südostbayerischen Kleinstadt. Zusammen mit einem anderen Mitschüler war ich für die Gestaltung eines Schaukastens verantwortlich, welcher sich neben der Tür zu unserem Klassenraum befand und den wir Schüler mit für uns interessanten Themen bestücken durften. Mein Schulfreund hatte an einem jener Tage eine herausgetrennte Seite einer Münchener Boulevardzeitung mitgebracht, auf der eine Serie begann. Deren Inhalt handelte von dem soeben erschienenen Erstlingswerk eines jungen Schweizers, der die Welt mit einer unerhört gewagten These provozierte.

Dieser Schweizer – Sie werden es sicher erraten haben – war kein Geringerer als *Erich von Däniken*. Er löste mit seinem ersten Buch einen grundlegenden Erdrutsch im Denken unserer

Zeit aus. In den folgenden Monaten, ja eigentlich bis auf den heutigen Tag diskutiert eine zunehmend interessiertere Welt die erregende Frage, ob unser Planet schon einmal Besuch von fremden Intelligenzen hatte, unser Leben von ihnen beeinflusst wurde.

Es war eine ganz faszinierende Zeit damals, Ende der Sechzigerjahre. Die Welt befand sich im Aufbruch: Die Popmusik hatte begonnen die Massen zu begeistern, die Jugend protestierte gegen den Krieg in Vietnam, gleichzeitig standen die Vereinigten Staaten kurz davor, die ersten Raumfahrer auf den Mond zu schicken. Die bemannte Weltraumfahrt war dem Dunstkreis nicht realisierbarer Fantasien entwachsen. Selbst das wissenschaftliche Establishment begann – nicht zuletzt aufgrund der immer häufiger am Himmel auftauchenden UFOs – zaghaft die Frage nach außerirdischen Lebensformen zu diskutieren.

Kein Zweifel: Damals hatte sich unversehens eine bis dahin verschlossene Türe zu einer anderen, geheimnisvollen Realität geöffnet, die jenseits unseres »gesicherten« Schulwissens lag.

Ich verschlang das eingangs erwähnte Däniken-Buch – und in der Folge alle weiteren. In mir wuchs damals der unbändige Wunsch, auch einmal etwas zu dieser Thematik beitragen zu können, die wie kaum eine andere dazu angetan ist, die Meinungen der Zeitgenossen zu polarisieren.

Das Thema »außerirdische Intelligenzen« und andere Phänomene hat indes meinen weiteren Lebensweg nachhaltig geprägt. Inzwischen zählen Erich von Däniken wie eine Reihe weiterer Mitstreiter zu meinen Freunden und ich selbst habe in den vergangenen Jahren zehn Bücher über »unsere« Themenbereiche herausgebracht. Und ich hatte das Glück, zahllose Orte auf dieser Welt auf den Spuren unerklärlicher Relikte und unglaublicher Phänomene bereisen zu dürfen, mir selbst vor Ort ein viel profunderes Bild von alledem machen zu können.

Wenn einer eine Reise macht, dann kann er einiges erzählen. Ist man so häufig auf Achse, wie ich selbst in den vergangenen Jahren, dann kann man seine Erfahrungen sammeln und aufschreiben, denn es gibt genügend Menschen, die sich nicht damit begnügen wollen von faszinierenden Plätzen auf unserem Planeten nur zu lesen.

Dieses Buch fällt deshalb ein wenig aus dem Rahmen üblicher Veröffentlichungen zum unerschöpflichen Themenkreis fantastischer, nichtsdestoweniger real existierender Phänomene. Zum einen berichte ich von meinen »Lokalterminen« auf allen Kontinenten, von den Entdeckungen und auch Widrigkeiten, die sich bisweilen einstellten. Im zweiten Teil jedoch findet der interessierte Leser eine Menge Wissenswertes und auch Geheimtipps, um selbst an jene Orte zu gelangen, sich mit eigenen Augen ein Bild davon zu machen und für sich zu entscheiden, welche Schlüsse er nun aus all den vorliegenden Fakten ziehen soll.

»Einmal sehen ist besser als zehntausendmal hören« sagt ein altes chinesisches Sprichwort zu Recht. Und ich möchte hinzufügen, dass eine weltoffenere Art, mit den Dingen umzugehen, sehr gut geeignet ist, Engstirnigkeit und Dogmatismus bereits vorab im Keim zu ersticken.

Dieses Buch ist kein »normaler« Reiseführer – Hinweise auf die Altstadt von Shanghai oder die empfehlenswertesten Souvenirs aus den Souks von Tunis werden Sie darin vergeblich suchen. Stattdessen alles, auf was Sie achten sollten, um all jene faszinierenden Stätten, die sich nicht selten abseits ausgetretener Touristenpfade verstecken, auch wirklich zu finden. Denn was immer dort zu finden ist, was immer sich dort abgespielt hat: Sie existieren tatsächlich.

Ich lade Sie nun ein, mir zu meinen Lokalterminen zu folgen, bei denen ich stets von neuem dem Unfassbaren begegnet bin. Auf uns warten fantastische Funde und Begebenheiten. Darum: Wagen Sie sich auf die Fährte der größten Rätsel und Geheimnisse unserer Welt. Es wird sich lohnen ...

»Die Wahrheit triumphiert nie.
Ihre Gegner sterben nur aus.«
Max Planck (1858–1947)

1 »Sternenkind« aus dem Jahre 1735?

Deutschlands unheimlichstes Museumsstück

In einem kleinen Museum des Städtchens Waldenburg, zwischen Glauchau und Chemnitz im Bundesland Sachsen gelegen, befindet sich – eingelegt in Spiritus – möglicherweise Deutschlands unheimlichstes Rätsel. In ein kaum 40 Zentimeter hohes Glas hineingequetscht, das etwa 15 Zentimeter im Durchmesser misst, fristet hier ein geheimnisumwobenes Exponat sein Dasein, welches nicht nur in unserem Land seinesgleichen sucht.

Im Jahre 1840 erwarb Fürst Otto Viktor I. von Schönburg-Waldenburg (1785–1859) das historische *Naturalien- und Kunstkabinett* der Leipziger Apothekerfamilie Linck. Im darauf folgenden Jahr kam die Sammlung, erweitert um einige naturkundliche Kollektionen jüngeren Datums, nach Waldenburg und wurde dort über der Reitbahn des Marstalls aufgestellt. Noch heute zeugt es in seiner alten Form als Universalmuseum des 17. und 18. Jahrhunderts von der Geisteshaltung der damaligen bürgerlichen Aufklärung und der vorangehenden Kultur der Barockzeit. Das Miteinander dieser zahlreichen anatomischen Exponate, Mineralien, kunsthandwerklichen Erzeugnisse, Instrumente sowie Tier- und Pflanzenpräparate sollte die den Menschen umgebende Welt so umfassend wie nur möglich widerspiegeln.

Naturalien- und Kunstkabinette waren seinerzeit eine weit verbreitete Einrichtung. Handels- und Universitätsstädte boten günstige Bedingungen für ihre Entstehung, denn oftmals trafen auch Kostbarkeiten aus fremden Ländern dort ein, welche mit größter Aufmerksamkeit in diese Sammlungen aufgenommen wurden. In diese Kabinette gelangten oftmals auch absonderliche »Kuriositäten« und »Raritäten«, die als seltene und schwer zu beschaffende Stücke geschätzt wurden.

1844 bezog die nunmehr als »Fürstliches Naturalienkabinett« bezeichnete Waldenburger Sammlung das eigens für sie neben dem heute nicht mehr existierenden Marstall errichtete Museumsgebäude. In den Jahren 1933/34 wurde eine umfangreiche wissenschaftliche Bearbeitung und Neuordnung jener weit über 8000 Einzelstücke enthaltenden Kollektion durchgeführt. Unbeschadet überstand sie den Zweiten Weltkrieg ebenso wie die tristen und grauen Jahre des »real existierenden Sozialismus« der DDR und wird heute als »Naturalien- und Kunstkabinett der Stadt Waldenburg« geführt.

Ein Exponat aus diesem Museum ist es, das in jüngster Zeit nicht wenige Gemüter in unserem Land erhitzt hat.

»Monstrum Humanum Rarissimum«

Im Jahre 1735 war Johanna Sophia Schmied aus der Kleinstadt Taucha in der Nähe von Leipzig zum vierten Male »guter Hoffnung«, also schwanger. Hatte sie zuvor drei gesunden Kindern das Leben geschenkt, so kam sie dieses Mal mit einem »Monster« nieder, welches nicht nur die damalige Welt in Schauder und Entsetzen erstarren ließ.

Der Leipziger Wundarzt Dr. Gottlieb Friderici, dem die ganze Geschichte zu Ohren kam, bewies schon damals Geistesgegenwart und Weitsicht und ließ das »Ding« nach einer ersten Obduktion in Spiritus konservieren, damit zukünftige Kollegen die sinistren Rätsel um das geheimnisvolle Geschöpf klären konnten. Ahnte er vielleicht, dass mit diesem *Monstrum Huma-*

num Rarissimum irgendetwas nicht stimmte, ja, nicht stimmen konnte? Dankenswerterweise gab Dr. Friderici dem späteren Museumsstück eine 32-seitige Abhandlung in lateinischer Sprache bei, in welcher neben der Krankengeschichte der Mutter die Ergebnisse seiner eigenen Untersuchungen akribisch aufgezeichnet waren.

Tauchen wir ein in die Abgründe einer gar nicht so fernen Vergangenheit, die sich hier auftun. Der Arzt beginnt seine Aufzeichnungen mit den Lebensumständen der Johanna Sophia Schmied und versäumt auch nicht, gleich eine Erklärung im Sinn des damaligen Zeitgeistes mitzuliefern:

»Es stammt also die unglückselige Mutter jenes Monsters aus ärmlichen Verhältnissen; sie lebt in Taucha, einer Stadt nahe Leipzig gelegen. Sie ist 28 Jahre alt, von kurzer Statur, grazilem Körper, und wenn man ihr Temperament betrachtet, so ist sie cholerisch-melancholisch. Sie heiratete vor zehn Jahren einen Buckligen, bekam drei Jungen, alle drei frei von jeglichem Makel. Endlich, zum vierten Male schwanger, brachte sie dieses schreckliche Monster, das hier zu beschreiben ich mir vorgenommen habe, zur Welt.

Da fehlerhafte Erscheinungen solcherart im Allgemeinen der zu starken Einbildungskraft der Schwangeren zugeschrieben werden, hielt ich es für meine Pflicht, alle Umstände, die sich hierauf beziehen könnten, von der Frau selbst zu erfahren und sie vor allem zu fragen, ob ihr nach der Empfängnis irgendetwas zugestoßen sei, von dessen Anblick sie sich aufgewühlt und vor Schreck erschüttert fühlte. Sie aber verneinte, dass ihr etwas begegnet sei, was in irgendeiner Weise mit jenem von ihr selbst geborenen Monster verglichen werden könnte. Dennoch musste sie bekennen, dass ihr in der Mitte der Schwangerschaft, als sie gerade aus dem Haus trat, der Anblick eines Marders, der durch irgendeinen Zufall hervorsprang, einen Schrecken einjagte und sie befürchten musste, dass er ihrem Ungeborenen Schaden gebracht hätte.«

Hier begegnen wir einem uralten Volksglauben, der sich lange Zeit hartnäckig hielt und besagte, dass Missbildungen bei

Neugeborenen auf einen unvermittelten Schreck oder Schock zurückzuführen sind, den die Mutter im Laufe ihrer Schwangerschaft erlitten hat. Allerdings bezweifelte Johanna Sophia Schmied, als der monströse Fötus geboren war, ganz entschieden, dass die Ursache der Missbildung vom Anblick des besagten Marders abzuleiten sei.

Schwere Geburt

Bereits der Verlauf der vierten Schwangerschaft von Johanna Sophia Schmied war, folgt man den weiteren Ausführungen Doktor Fridericis, ein wenig ungewöhnlicher als bei den drei Malen zuvor.

»Als nun die mittlere Zeit der Schwangerschaft ganz vollendet war, nahm die Schwangere zwar die gewohnte Bewegung ihres Fötus wahr, die aber kaum zu spüren war. Ja, im Gegenteil bemerkte sie selbst, dass ihr Leib sich nicht zur gebührenden und bei anderen üblichen Höhe erhob, und machte ihrem Manne gegenüber, nicht ohne Furcht vor drohendem Übel, öfter Bemerkungen über diese Dinge, die sich sehr unterschieden von den vorangegangenen Schwangerschaften.

Nachdem schließlich die Zeit der Schwangerschaft vollendet war, wie die Schwangere sie berechnet hatte, begann sie sich den gewohnten Anzeichen der Geburt hinzugeben. Und von der elften Stunde des Nachts bis zur sechsten in der Früh – also nach vollendeten sieben Stunden – war dies Werk vollbracht und anstatt eines rechtmäßigen Kindes war ein schreckliches, keinesfalls erwartetes Monster ausgeworfen worden.«

Der Arzt muss ziemlich schnell Kunde von dem reichlich ungewöhnlichen Wesen – das bis heute in seiner Art absolut einzigartig geblieben ist – erhalten haben. Denn er ließ auf eigene Kosten einen Zeichner kommen, der das »Monster« in all seinen Proportionen auf zwei Tafeln für die staunende Nachwelt verewigte (s. Abb. 1 und 2).

Nach kurzer äußerlicher Bestandsaufnahme widmete sich

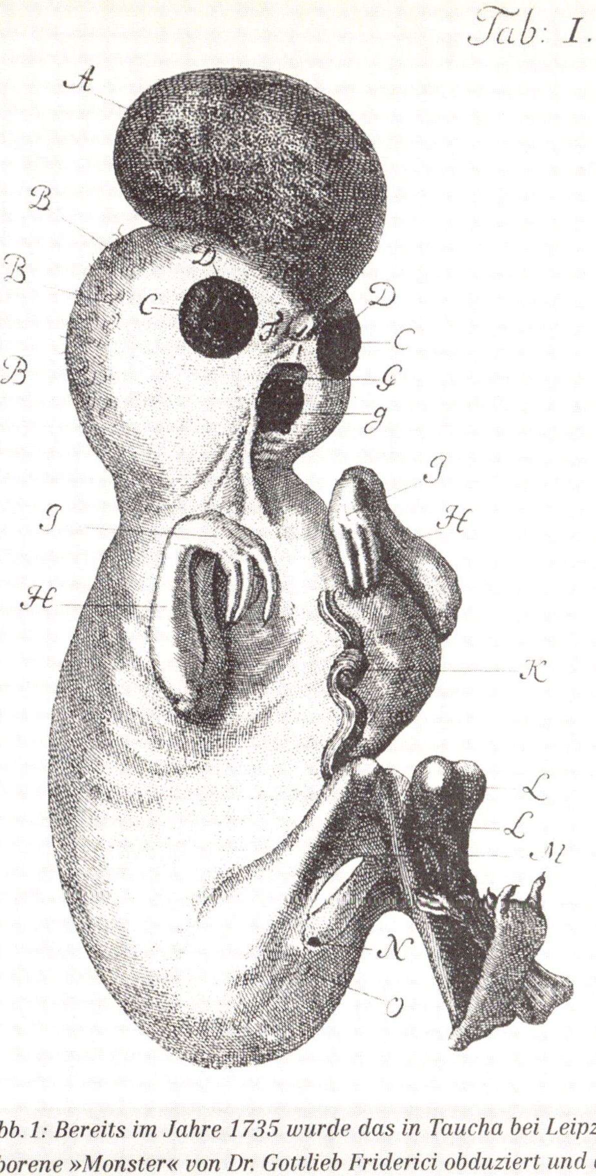

Abb. 1: Bereits im Jahre 1735 wurde das in Taucha bei Leipzig geborene »Monster« von Dr. Gottlieb Friderici obduziert und das Ergebnis in einem in lateinischer Sprache abgefassten Bericht niedergelegt.

Doktor Gottlieb Friderici nun der Obduktion des Wesens, der »inneren Anatomie des Monsters, woran Hand anzulegen er weder lange noch viel gezögert« hat.

Ein erschreckend großes Gehirn

»Der Kopf ist das erste Opfer für das anatomische Messer gewesen, und obwohl sein Anblick zunächst einen Wasserkopf anzuzeigen schien, lehrte uns der aufgeschnittene Hautsack (in der Abb. 1 mit dem Buchstaben A bezeichnet) anderes, nämlich weil in ihm wie in der übrigen Höhlung des Kopfes keine Flüssigkeit gefunden wurde, sondern eine erschreckende Gehirnmasse, die sieben Unzen wog und von einer geringen Menge an Blut umschwommen wurde, in der man die Gehirnhülle versenkt fand ... Im Übrigen traten bei der Offenlegung des Gehirns ein paar Nerven hervor von gebührender Anzahl und herausragender Ordnung.

Nach vollendeter Erforschung des Kopfes wurde die Brust geöffnet, die mit Rippen, welche die notwendige Anzahl, die richtige Größe sowie die naturgemäße Lage hatten, und mit einem dazwischengesetzten Brustbein ausgestattet war. In der rechten Rippenhöhle fand sich sogar eine Lungenhülse, aus deren linken Höhlung sofort nach dem chirurgischen Einschnitt eine zähe Flüssigkeit floss. Während dies anfänglich die Vermutung einer Wassersucht der Brust nahe legte, kam, nachdem die Brust weiter geöffnet worden war, ein großes Herz zum Vorschein, völlig ohne Pericardium (Herzbeutel), aber in einem eigentümlichen Häutchen liegend, das sich von den größeren Herzgefäßen bis zur gegenüberliegenden Seite zog und am Zwerchfell wie am Rippenfell überall stark angewachsen war und den Platz des Pericardiums auszufüllen schien. Es beinhaltete eine Flüssigkeit, in die man das Herz versenkt fand. Als nun endlich unter dem anatomischen Messer das Häutchen entfernt war, verbarg sich an dieser Stelle die andere Lungenhülse.«

Doch nicht allein das »Innenleben« des monströsen Geschöp-

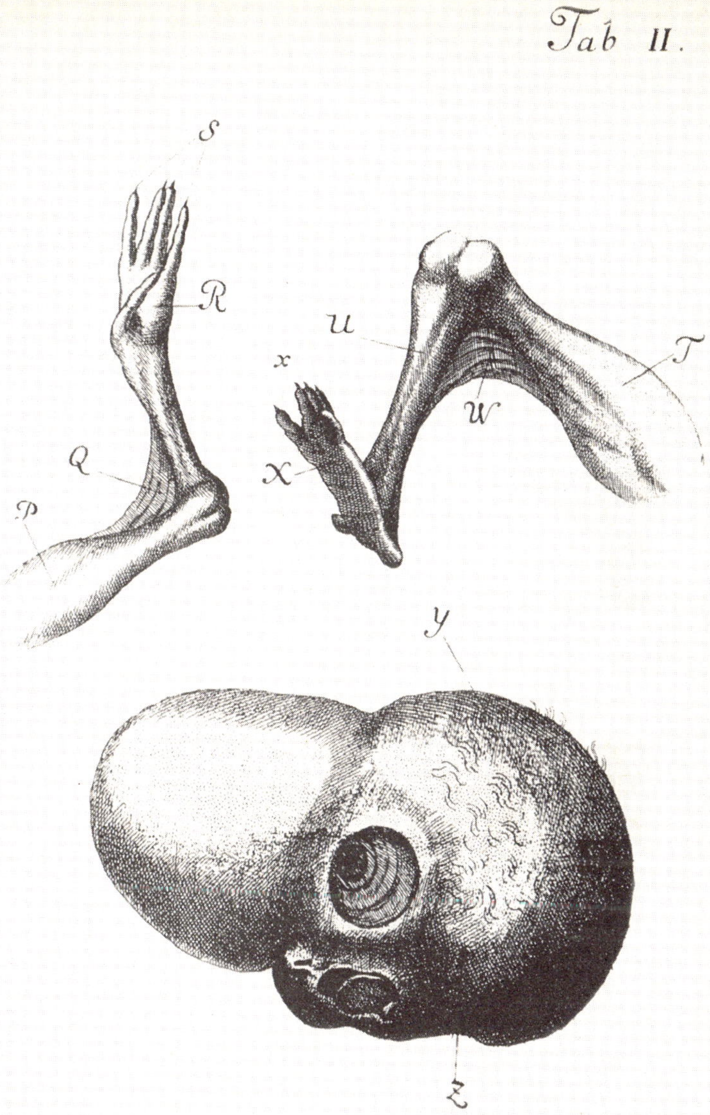

Abb.2: Auch im Knochenbau unterscheidet sich das mysteriöse Wesen von einem normalen Menschen. So bestehen Unterarm wie auch Schienbein aus nur einem Knochen statt aus zweien.

fes, sondern auch der Knochenbau unterschied sich in einigen charakteristischen Details von dem eines normal entwickelten menschlichen Wesens, wie der eifrige Medicus im Verlauf seiner Obduktionen feststellen konnte.

»Schließlich muss noch von den Gliedmaßen berichtet werden, weil sowohl der Unterarm als auch das Schienbein entgegen der Natur aus einem einfachen, nicht doppelten Knochen bestanden. Bei der Verbindung des Oberschenkels mit dem Schienbein fehlte an jedem Bein die Kniescheibe und nur mit großer Mühe konnten die Knochen voneinander getrennt werden. Die übrigen Knochen aber, die diese Glieder zusammenfügen ..., waren bezüglich Anzahl und Aussehen naturgemäß ausgestattet, aber nicht mit den notwendigen Muskeln versehen.

Mit Recht meine ich daher, diesem Geschöpf den Namen ›Monster‹ gegeben zu haben, weil weder sein Äußeres noch sein Inneres dem naturgemäßen Aufbau des Menschen entspricht, sondern sich einmal in der Anzahl, einmal in der Größe, einmal im Sitz unterscheidet, ja sogar gewisse Teile völlig fehlen und einige wiederum sehr außergewöhnlich erscheinen.«

Zweieinhalb Jahrhunderte im »Aus«

Im weiteren Verlauf seines einem befreundeten Medizinalrat gewidmeten 32-seitigen Traktates spekulierte Dr. Friderici über die möglichen Ursachen dieser schrecklichen Missbildungen. Hierbei lehnte er den damals so verbreiteten Volksglauben ab, die Mutter habe sich während ihrer Schwangerschaft erschreckt und auf diese Weise zum Entstehen dieses Monsters beigetragen. Vielmehr glaubte er eine ungenügende Ernährung des Fötus während der neun Monate als wirkliche Ursache für die völlige Andersartigkeit erkannt zu haben.

Doch es gibt möglicherweise eine andere – zugegeben fantastisch klingende – Erklärungsmöglichkeit für das einzigartige Geschöpf, für das sich kein vergleichbares Pendant über die

Geschichte der Menschheit hinweg auf dieser Welt gefunden hat. Aber hierüber lasse ich mich erst etwas später genauer aus. An dieser Stelle möchte ich noch berichten, wie es mit dem ungewöhnlichen Artefakt weiterging.

Nach Abschluss der Untersuchungen durch Dr. Gottlieb Friderici konservierte dieser sein »Monster« in Spiritus, damit zukünftige Generationen das Wissen um derlei Dinge »vermehren und zu heilbringendem Nutzen wandeln mögen«. Jenes Exponat kam in den nachfolgenden Jahren, zusammen mit ungezählten anderen Präparaten, in die erwähnte Sammlung des »Naturalien- und Kunstkabinetts« der Stadt Waldenburg, wo es ein regelrechtes Schattendasein führte. Während der Jahre des »real existierenden Sozialismus«, sprich zu Zeiten der DDR seligen Angedenkens, war es sogar *streng verboten*, das mysteriöse Artefakt öffentlich zu zeigen – was sicherlich mit dem Umstand zu tun hat, dass zu DDR-Zeiten häufig Schulklassen das Museum im Rahmen ihres naturkundlichen Unterrichts besuchten.

Doch nach der »Wende« begannen die Rätsel noch weitaus geheimnisvoller zu werden und unglaubliche Abgründe erahnen zu lassen.

Konserviert für die Ewigkeit

Eines Tages, zu Beginn der Neunzigerjahre, besuchte zufällig Dr. M., Chefarzt an der Säuglingsklinik im Chemnitzer Klinikum, das Waldenburger Museum und stieß auf das »Monster«, welches noch immer in einem kaum 40 Zentimeter hohen Glas, für die Ewigkeit in Spiritus konserviert, sein einsames Dasein fristete. Das »Ding« hatte sein akademisches Interesse geweckt und Dr. M. regte umfangreiche medizinische Untersuchungen an der Universität von Heidelberg wie auch an der medizinischen Fakultät der Universität Berlin an.

So wurden zahlreiche Röntgenaufnahmen von dem zwischenzeitlich als »Hühnermensch« in die medizinische Literatur eingegangenen Wesen angefertigt, ebenso Computertomografien. Selbst von genetischen Analysen ist die Rede, aber auch davon, dass dem Vernehmen nach noch keine Klärung des ebenso einzigartigen wie mysteriösen Falles in Sicht sei.

Das war in etwa der Status quo der Dinge, als ich von einer Informantin, die gerne ungenannt bleiben möchte, auf das seltsame Exponat aufmerksam gemacht wurde. Sie wies mich zugleich auf die Untersuchungen hin, die jener Chefarzt an den oben genannten Universitäten durchführen ließ. Ebenso teilte sie mir mit, dass Dr. M. den Untersuchungsbericht seines Berufskollegen Dr. Gottlieb Friderici an sich genommen habe, der ebenfalls im Waldenburger Museum aufbewahrt wurde. Zum Zeitpunkt der Arbeiten an diesem Buch hatte ihn der Chemnitzer Mediziner noch nicht zurückgegeben, wobei er zur Begründung Schwierigkeiten bei der Übersetzung anführte. Und dies, obwohl Latein eine so genannte »tote Sprache« ist, welche sich nicht mehr verändert. Dass ich trotzdem aus dem Bericht zitieren konnte, verdanke ich einer Reihe von beherzten Gewährsleuten, welche ein zweites Exemplar in der Universitätsbibliothek von Leipzig aufgetrieben und eine Übersetzung in die Wege geleitet haben.

Nachforschungen in Waldenburg

Es war etwa Ende 1996, als mich meine Informantin auf jenes ungewöhnliche Exponat aufmerksam machte. Doch es sollte noch bis Ende Mai 1997 dauern, bis ich den Weg in das kleine sächsische Städtchen antreten konnte.

Gemeinsam mit meinem Freund Christian, dessen Assistenz mir bei derartigen Aktionen schon beinahe unentbehrlich geworden ist, ärgerte ich mich ab der thüringischen Landesgrenze über das immer noch wie in zurückliegenden DDR-Zeiten bestehende Tempolimit. 1987 war ich bereits einmal auf dem Rückweg von West-Berlin mit 150 Stundenkilometern über die damalige Transitstrecke gebrettert und hatte mich diebisch gefreut, den damals beinahe allgegenwärtig auf Beute lauernden Vopos durch deren mobile »Devisenbeschaffungsfallen« geschlüpft zu sein. Das politische System ist Vergangenheit, geblieben allerdings ist diese Variante übelsten modernen Raubrittertums.

An diesem 30. Mai 1997 erreichten wir trotz aller widrigen Geschwindigkeitsbeschränkungen doch noch Waldenburg und nach erstaunlich kurzer Suche fanden wir auch das Museum, welches von der Hauptstraße aus nicht zu verfehlen ist. Wir schienen die einzigen Besucher zu sein. An der Kasse entrichteten wir, abgesehen vom üblichen Eintritt, auch einen Obolus, der uns das Fotografieren und das Filmen mit der Videokamera offiziell erlaubte. Natürlich konnten wir uns die Frage nach dem unheimlichen Wesen aus dem 18. Jahrhundert nicht verkneifen und die freundliche Dame an der Kasse schickte uns nach oben.

Die alte Holztreppe knarrte vernehmlich unter unseren Füßen, als wir – schwer bepackt mit Kamera, Stativ und mehreren Fotoapparaten – in das erste Stockwerk des Museums stiegen. Auf halber Höhe, in einem in die Wand eingelassenen Schrank, stand eine ganze Batterie spiritusgefüllter Glasgefäße, aus welchen uns die albtraumhaftesten Missgeburten anstarrten. »Was mag nur so viele Menschen an diesen bedauernswerten Kreaturen faszinieren, sowohl jene, die sich – wie Dr. Friderici und sein heutiger Chemnitzer Kollege – mit ihrer Erforschung befassen, als auch diejenigen, welche mit einem seltsamen Schauer diese missgestalteten Ausgeburten des Horrors betrachten?« Fragen wie diese gingen mir bei dem Anblick durch den Kopf. Monstrositäten aller Art scheinen es den Menschen von jeher angetan zu haben.

Mitten in dieser Sammlung und durch die Nähe zu den anderen Exponaten dessen absolute Andersartigkeit noch viel deutlicher betonend, stand das Objekt, das mittlerweile die Diskussionen im ganzen Land angeheizt hat. Als »Hühnermensch« eher abfällig tituliert, ähnelt es jedenfalls weit mehr etwas ganz Anderem, nämlich jenen »kleinen Grauen«; die wir aus den immer zahlreicher auftretenden UFO-Entführungsfällen in allen Ländern unserer Welt kennen.

Hybridwesen zwischen Mensch und Alien?

Ist diese Deutungsmöglichkeit zu fantastisch, zu weit hergeholt? Die Skeptiker werden aufschreien. Doch bereits auf den ersten Blick gibt es mehrere körperliche Besonderheiten, die ich vor Ort am ausgestellten Originalobjekt zu verifizieren vermochte. Sie zeigen ganz überraschende Übereinstimmungen mit jenen Eigenheiten, die immer wieder von diesen »Little Greys« genannten unheimlichen Protagonisten des UFO-Entführungs-Syndroms unserer Tage berichtet werden:

– Die Augen sind ungewöhnlich groß. Als ich das Glasgefäß mit dem Wesen darin in meinen Händen hin- und herdrehte, konnte ich die riesigen, schwarzen Augäpfel durch eine dünne, darüberliegende Haut schimmern sehen. Sie liegen in unnatürlich runden Augenhöhlen.

– Es sind keine äußerlich erkennbaren Ohren vorhanden. Den Angaben des Museumspersonals zufolge sollen jedoch auf Röntgenaufnahmen, die 1994 in Berlin und Heidelberg gemacht wurden, die Gehörgänge im Inneren des riesigen Schädels andeutungsweise vorhanden sein. Auch die unheimlichen »kleinen Grauen« werden ohne erkennbare außen liegende Ohren beschrieben.

– Der Auswuchs am Kopf ist – das stellte bereits Dr. Friderici im Jahre 1735 fest – nicht mit Wasser, sondern mit Gehirnmasse gefüllt. Dreht man das Glas mit dem Wesen darin, so sieht man den Schädel unnatürlich verlängert und deformiert, was wiederum an den von vielen Völkern in der Vergangenheit praktizierten »Kult« der Schädeldeformation erinnert. Damit wollte man wohl den »Göttern« gleich sein, jenen mutmaßlich außerirdischen Besuchern, die unseren Heimatplaneten bereits seit undenklichen Zeiten aufsuchen.

Liegt hier am Ende tatsächlich ein historischer Entführungsfall vor, in dessen Verlauf Johanna Sophia Schmied durch einen gezielten Eingriff geschwängert wurde und – als monströse Missgeburt – ein Hybridwesen zur Welt brachte? Also ein Mischwesen, welches die genetischen Eigenheiten sowohl der mensch-

Abb. 3: Warum zeigt der »Hühnermensch« aus dem Waldenburger Museum so auffällige Übereinstimmungen mit jenen »kleinen Grauen« der modernen UFO-Entführungsszenarien?

lichen Spezies als auch einer fremden Intelligenz in sich trägt. Derartige erschreckende Szenarien werden von den vom Entführungssyndrom betroffenen Frauen unserer Tage zunehmend häufiger geschildert. Nicht selten stellen Gynäkologen bei mutmaßlich Abduzierten alle Anzeichen einer vorzeitig beendeten, rätselhaften Schwangerschaft fest.

Und gibt es möglicherweise – abgesehen von dem so erschreckend andersartigen Erscheinungsbild des »Hühnermenschen« – Hinweise auf ein derartiges Szenario in den Aufzeichnungen des Leipziger Wundarztes aus den Dreißigerjahren des 18. Jahrhunderts? Einen *direkten* Hinweis vermag man beim Studium des 32-seitigen Traktates nicht zu erkennen, etwa eine Begegnung mit einem »kleinen grauen Männlein«, wie sie der deutsche Autor Dr. Johannes Fiebag (1956–1999) in den Unterlagen eines Hexenprozesses aus dem Jahre 1655 aufspüren konnte.

Eine Passage allerdings weckte meine Aufmerksamkeit. Es war jene, in der Dr. Friderici die für die Schwangere erschreckende Begegnung mit einem *Marder* beschreibt. Sowohl Dr. Johannes Fiebag als auch dessen amerikanische Kollegen Dr. John E. Mack und Whitley Strieber, um nur einige zu nennen, beschreiben Fälle, in deren Verlauf offenbar *Deckerinnerungen* (»Screen Memories«) bei den Betroffenen (»Abductees«) generiert wurden. Diese beinhalten nicht selten Handlungsabläufe, in denen wild lebende Tiere eine Rolle spielen. Möglicherweise werden derartige Deckerinnerungen in das Gedächtnis der Entführungsopfer eingepflanzt, damit diese nicht an dem ungeheuren psychischen Druck zerbrechen, welchem diese Personen durch oftmals wiederholte Entführungen ausgesetzt sind. Denkbar wäre, dass – sollte im Fall der Johanna Sophia Schmied tatsächlich ein Entführungserlebnis der Geburt des monströsen Wesens vorangegangen sein – auch hier eine derartige Deckerinnerung hypnotisch platziert wurde.

Wie dem auch sei: Wir können die Frau zu den Vorgängen, die sich im Jahre 1735 ereignet haben, nicht mehr befragen. Allein eine genetische Analyse könnte Aufschluss bringen, ob hier tatsächlich von unbekannter Seite der Natur gezielt ins Handwerk gepfuscht wurde.

Wer solche Überlegungen vorschnell ins Reich der Fabel verweisen möchte, den muss ich hier enttäuschen. Seit einiger Zeit arbeiten führende Genforscher daran, die gesamte menschliche Erbinformation zu knacken. Im Verlauf dieses »Projektes Genom« wurde festgestellt, dass es ganze Genreihen gibt, die quasi »ruhig gestellt« oder »abgeschaltet« sind. Was wird uns deren Entschlüsselung verraten? Tragen wir alle Erbinformationen in uns, die nicht von dieser Welt stammen? Dann könnte es die moderne Genforschung sein, die endlich den schlüssigen und definitiven Beweis zu erbringen vermag, dass unsere menschliche Spezies tatsächlich durch die Einwirkung außerirdischer Intelligenzen in grauer Vorzeit entstanden ist. Dann wäre auch das langgesuchte »Missing Link« in der Entwicklung vom Affen zum Menschen kein Phantom mehr.

Doch zurück zum »Hühnermenschen« aus Waldenburg. Möglicherweise ist an ihm eine genetische Untersuchung längstens durchgeführt worden. In einem Schreiben an meine Informantin erwähnte der Chemnitzer Arzt sein Vorhaben, einen diesbezüglichen Artikel für die Fachzeitschrift »American Journal for Medical Genetics« zu verfassen.

Und vielleicht liege ich mit meiner Vermutung, hier *könnten* irgendwelche fremden Intelligenzen ihre Hände im Spiel gehabt haben, ja gar nicht so weit daneben. Denn zwei im Abstand von etwa vier Monaten abgegebene, sich jedoch absolut widersprechende Statements haben mich hellhörig gemacht. Noch am 7. Februar 1997 schrieb der schon mehrmals zitierte Chemnitzer Kinderarzt an meine Informantin:

»Sehr geehrte Frau B.,
vielen Dank für Ihren Brief vom 14.1.1997, in dem Sie mich um

weitere Angaben zu dem ›Hühnermenschen‹ baten. Leider kann ich Ihren Theorien, dass der ›Hühnermensch‹ ein Hybridwesen zwischen einer außerirdischen Rasse und der menschlichen Population sei, nicht folgen. Es bleibt Ihnen natürlich überlassen, welche Gedanken Sie sich um die Entstehung menschlicher Fehlbildungen machen ... Ich hoffe auf Ihr Verständnis und verbleibe mit freundlichen Grüßen.

Dr. M.

Chefarzt der Säuglingsklinik«

Die große Überraschung aber folgte am 30. Mai 1997, als ich selbst vor Ort in dem kleinen sächsischen Städtchen Waldenburg recherchierte. In einem mit ordnungsgemäß erworbener Foto- und Filmerlaubnis gedrehten Video-Interview mit einer Museumsangestellten brachte ich mit der gebotenen Vorsicht die Sprache auch auf Erklärungsmöglichkeiten für diese Missbildung, welche *nicht von dieser Welt stammende Faktoren* einbeziehen. Die Museumsangestellte, die sichtlich um Seriosität bemüht war, brachte zunächst einmal ihre Überzeugung zum Ausdruck, dass das Personal »so etwas nicht gerne hört«. Doch im weiteren Verlauf unseres Gespräches wies sie mich explizit darauf hin, dass auch der Chemnitzer Kinderarzt Dr. M. mittlerweile vorsichtig eine außerirdische Möglichkeit in Erwägung ziehe!

Ich glaubte meinen Ohren nicht zu trauen. Doch diese Aussage steht im Raum: Sie lässt anklingen, dass ein angesehener Vertreter des Ärztestandes solch unkonventionelle Gedanken angedacht hat. Worauf bin ich hier gestoßen, an welches Tabu habe ich gerührt?

Es erfüllt mich jedoch mit einem gewissen Maß an Beruhigung, dass sich zwischenzeitlich einige große Medien des geheimnisvollen Artefakts angenommen haben. So brachte Deutschlands größte Tageszeitung mehrmals einen Aufmacher und Anfang März 1998 stand ich vor Ort in Waldenburg fast einen Tag lang für die Privatsender RTL 2 und SAT 1 vor der Kamera. Speziell in den neuen Bundesländern ist das Interesse

Abb. 4: Der Autor bei Dreharbeiten mit RTL 2 im Hof des »Heimatmuseum und Naturalienkabinett« Waldenburg.

gewaltig – und das ist gut so. Man wird sich also schwer hüten, das unbequeme Artefakt so einfach »verschwinden« zu lassen, wie dies mit ähnlichen Dingen in anderen Museen nicht selten der Fall ist.

Das Verhalten des Chemnitzer Kinderarztes wird indessen immer rätselhafter. Für den Sommer 2000 kündigte er der Redaktion einer großen Tageszeitung die Veröffentlichung seiner Forschungsergebnisse an. Eine »genetische Sensation« sollte es werden – geschehen ist allerdings nichts. War die Ankündigung eine »Ente«, oder bekam Dr. M. Anweisung »von oben«, diese zu unterlassen? Das Thema um Deutschlands rätselhaftestes Artefakt bleibt auf jeden Fall spannend.

Unbequeme Fragen sind wie Wurzeln unter dem Asphalt. Eines Tages jedoch brechen sie mit ungeahnter Kraft durch und bahnen sich unaufhaltsam ihren Weg. »Die Menge auf etwas aufmerksam machen heißt, dem gesunden Menschenverstand auf die Spur zu helfen.« (Gotthold Ephraim Lessing, 1729–1781)

»Auch eine Theorie, die nicht auf alle bekannten Tatsachen passt, ist wertvoll, solange sie besser passt als irgendeine andere Vorstellung.«

Dr. Hans Selye (1907–1982)

2 »Göttliche« Vorbilder?

Schädeldeformationen auch in unserem Land

Rund um unseren Globus – und hier macht wirklich kein Weltteil eine Ausnahme – befleißigten sich ungezählte Volksgruppen bis in unsere Tage einer Praxis, die gleichzeitig so international und widernatürlich ist, dass man nicht umhinkommt, tiefer gehende Fragen daran zu knüpfen. Die Rede ist von der allerorts geübten Praxis der *Schädeldeformationen*.

Hierbei wurden den betroffenen Individuen, bereits im frühesten Säuglingsalter beginnend, kleine Brettchen an den Schädel gelegt, die durch Scharniere miteinander verbunden waren. Durch diese Scharniere wiederum wurden Bänder gezogen, durch die man langsam, aber stetig den Zwischenraum verkleinern konnte. Nach Jahren wirkte sich die Prozedur dergestalt aus, dass sich die Schädel turmartig, an den Schläfen beginnend, nach hinten wölbten. In Extremfällen hatten die so verlängerten Hinterköpfe das dreifache Volumen eines nicht deformierten Schädels!

Ich konnte Kopfverlängerungen speziell im südamerikanischen Raum in Ica und Sillustani (Peru) sowie in San Pedro de Atacama bewundern, doch die Liste der Regionen, in denen jener grausam scheinende Brauch gang und gäbe war, ist ungleich länger. Schädeldeformationen kennen wir aus folgenden Kulturen:

- aus dem alten Ägypten ebenso wie aus dem Vorderen Orient;
- aus den Tundren Sibiriens und dem alten »Reich der Mitte«;
- aus Nord-, Mittel- und Südamerika, wo diese Eingriffe in das natürliche Schädelwachstum vor allem im Bereich der andinen Hochkulturen, wie etwa bei den Inkas, sehr intensiv gepflegt wurden;
- auch der berühmte deutsche Forschungsreisende *Alexander von Humboldt* (1769–1859) berichtete von zahlreichen Indiostämmen im Gebiet des Orinoco, deren Kinder der lange Jahre währenden Manipulation unterzogen wurden;
- in Afrika waren und sind es noch heute vor allem die *Mangbetu* in Zaire, die diese Tortur bis in unsere Tage an ihren Nachkommen praktizieren;
- auf der Insel Kreta wie auch in den Weiten Lapplands wurden Schädel deformiert, dasselbe gilt für Holland sowie die Bretagne.

Was allerdings kaum jemandem geläufig sein dürfte: Sogar in unserem Land gibt es überraschend viele Beispiele für diese Art der »Verschönerung«. Doch dazu später mehr.

Wer wurde nachgeahmt?

Was brachte unsere Vorfahren bis in jüngste Zeiten dazu, die zarten Köpfe ihrer Kinder so abartig in die Länge zu zwingen? Einen »vernünftigen« Grund vermag man hierfür wohl kaum zu entdecken und so vertreten die meisten Archäologen die Überzeugung, dass Schädeldeformationen nichts als ein spleeniger, allerdings weltumfassender »Modegag« waren – angewandt von den Angehörigen adeliger oder vergleichbar exponierter Kreise, die sich durch dieses »Schönheitsideal« vom einfachen Volk zu unterscheiden wussten.

Aber kann eine fixe Idee, ein globaler Modespleen – dazu in Epochen, die von unseren heutigen Kommunikationsmöglichkeiten Welten entfernt waren – des Rätsels einfache Lösung sein? Ich ziehe eine andere Erklärungsmöglichkeit vor, welche allerdings einigen spekulativen Mutes bedarf.

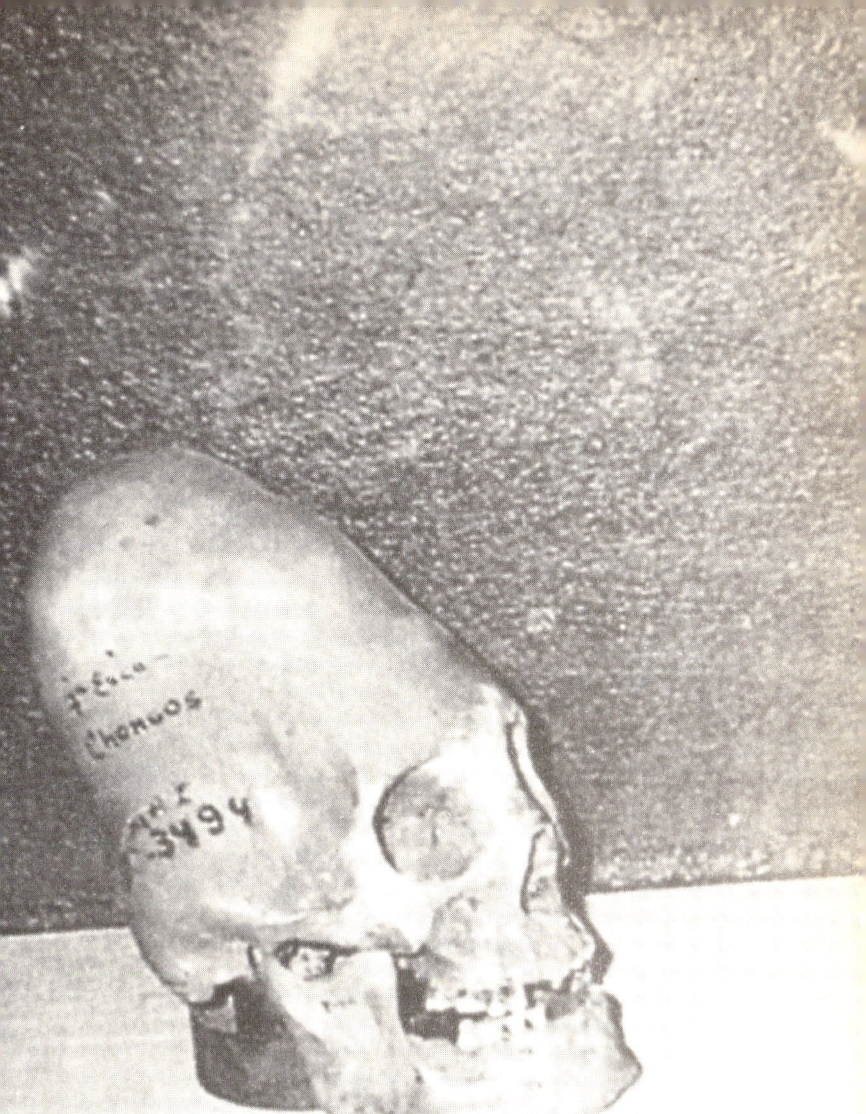

Abb. 5: Ein deformierter Schädel aus dem Museum von Ica in Peru.

Eine *natürliche* Schädelform in der Art der deformierten Exemplare kommt bekanntlich auf unserem Planeten nicht vor. Doch der Mensch ahmte schon von jeher mit Hingabe alles nach – das Vorhandensein so genannter *Cargo-Kulte* selbst in unserer jüngsten Vergangenheit mag als beredtes Beispiel hierfür gelten. Kopierte der Mensch auf diese Weise das Aussehen seiner »Götter«, wollte er ihnen wenigstens äußerlich gleichsehen?

Überall auf Erden waren die Menschen damals jenen Respekt einflößenden, ihnen in jeder Hinsicht überlegenen Gestalten begegnet. Bald bedienten sich die Priester und Angehörigen der Herrscherkaste des Tricks, durch die unnatürlich lang gezogenen Hinterköpfe »göttergleich« zu wirken, um ihre Untertanen zu beeindrucken. Gäbe es Schädeldeformationen nur im kulturellen Umfeld eines oder einiger weniger Völker, dann ließen sich wahrscheinlich *lokale* Ursachen dafür finden. Doch bei der *Globalität* des angeblichen »Modespleens« mussten die weichen Babyschädel von früh auf deformiert werden, damit sie in ausgewachsenem Zustand den alten »Göttern« glichen. Nur so ergibt die ganze Prozedur halbwegs einen Sinn.

Was man in Grab 361 fand

Und obgleich es sich bei den Schädeldeformationen zweifelsohne um ein weltweites Phänomen handelt, muss man nicht zwangsweise nach Südamerika oder Afrika reisen, wenn man Präzedenzfälle für diesen mutmaßlichen Cargo-Kult sammeln will.

Mein Wiener Freund und Autorenkollege Reinhard Habeck machte mich auf einen wunderbar erhaltenen Langschädel aufmerksam, den man in einem Gräberfeld im niederösterreichischen Wolkersdorf fand. Den einstigen Träger rechnet man den *Awaren* zu – einem asiatischen Nomadenstamm, der im 5. Jahrhundert n. Chr. bis nach Mitteleuropa vorgedrungen war.

Mitten in der niederbayerischen Stadt Straubing, genauer

gesagt im Stadtteil Alburg, wurde im Zuge der Vorbereitung von Neubaumaßnahmen ein altbajuwarisches Gräberfeld entdeckt, welches auf das 5. Jahrhundert n. Chr. datiert wurde. Bereits während der Ausgrabungen im Reihengräberfeld auf den »Stadtäckern« Ende der Siebzigerjahre fielen in zweien der Gräber ungewöhnlich gut erhaltene, künstlich deformierte Schädel auf: Das vollkommen schmuck- und beigabenlose »Grab 361« lag inmitten einer Gräbergruppe des späten 5. Jahrhunderts, während das »Grab 535« das einer anscheinend recht wohlhabenden, ungefähr um 500 n. Chr. verstorbenen Frau war.

Die Bestimmung des Geschlechtes bereitete in beiden Fällen keine Mühe. Die Merkmale am Schädel wie auch am Skelett konnten eindeutig dem weiblichen Geschlecht zugeordnet werden. An den Gliedmaßen konnte man feststellen, dass diese beiden Frauen ein wenig über 1,60 Meter groß waren. Die Frau aus dem »Grab 361« war offensichtlich etwas größer, und sie besaß auch einen deutlich kräftigeren Knochenbau als die Frau aus »Grab 535«, welche vier *Fibeln* (seit der Bronzezeit gebräuchliche Gewandnadeln, oft reich verziert) als Beigabe ins Grab gelegt bekommen hatte.

Die Schätzung des Sterbealters der zwei Frauen war hingegen etwas problematischer, da bei künstlich deformierten Schädeln nicht selten Verzögerungen im Verschluss der einzelnen Schädelnähte auftreten können. Die Befunde sprechen aber bei den beiden Bestatteten für ein reiferes Alter, wobei die Frau aus dem »Grab 361« eher jünger als deren Geschlechtsgenossin aus »Grab 535« sein mag. Zur Altersbestimmung zogen die Wissenschaftler nicht allein den Befund zu Rate, der sich aus dem oben genannten Verschluss der Schädelnähte ergab. Auch der Zustand der Gebisse entsprach der Alterseinschätzung »matur«.

Abgesehen von leichten degenerativen Veränderungen an Brust- und Lendenwirbeln der Frau aus »Grab 361« wurden an den Knochen keine krankhaften Veränderungen beobachtet. Da bekannt ist, dass sich die Angehörigen verschiedener, archäologisch bestimmter sozialer Gruppen innerhalb einer Gräberfeld-

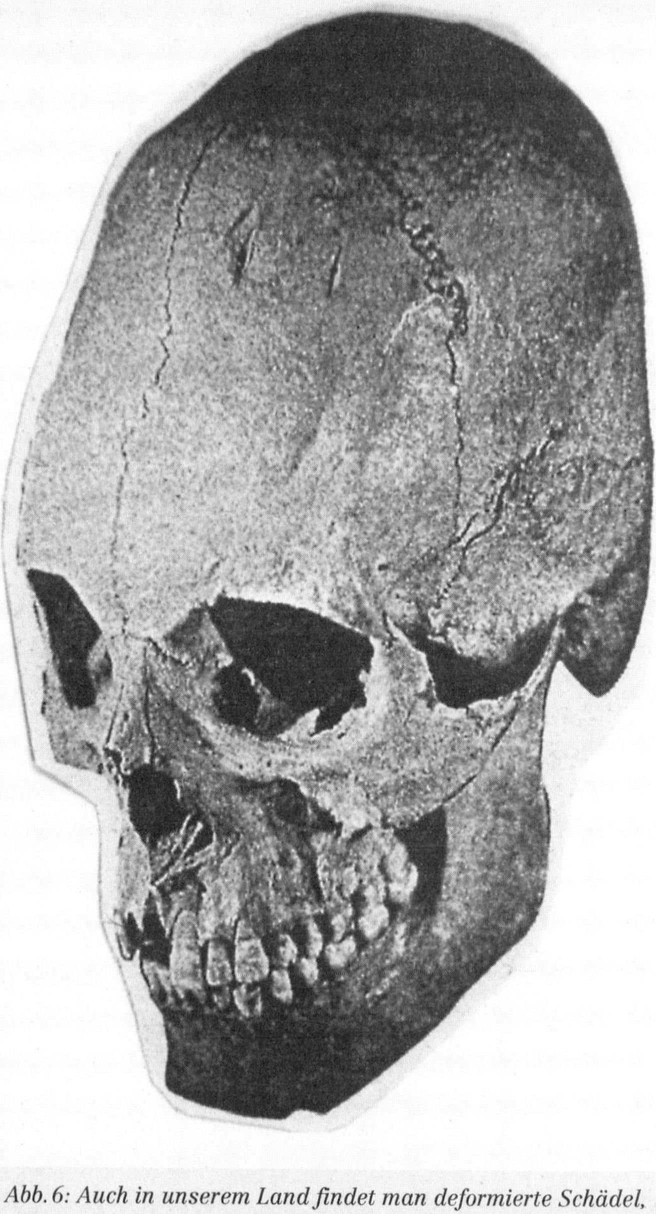

Abb. 6: Auch in unserem Land findet man deformierte Schädel, wie dieser Fund aus dem niederbayerischen Raum beweist.

population auch in deren Belastung durch typische Mangelkrankheiten und degenerative Veränderungen unterscheiden, kann in diesem speziellen Fall geschlossen werden, dass es sich bei den beiden Frauen aus dem bajuwarischen Gräberfeld von Straubing-Alburg gleichfalls um besser gestellte Personen handeln dürfte.

Rassentypologisch ließen sich die beiden Schädel noch nicht zweifelsfrei einordnen. Zurzeit des fünften nachchristlichen Jahrhunderts herrschte jedoch aufgrund der Einfälle der *Hunnen*, eines ursprünglich aus den Weiten der Mongolei stammenden Reitervolkes, ein buntes Völkergemisch in Mitteleuropa. Schädeldeformationen waren bei den Hunnen sehr verbreitet.

Kein Einzelfall

Mit diesen beiden Funden liegen aus Bayern zwölf künstlich deformierte Schädel vor, welche aus sechs Fundstellen stammen:

1. Alteglofsheim,
2. Eltheim,
3. Barbing-Irlmauth,
4. Altenerding-Klettham,
5. Straubing-Alburg und
6. Straubing-Wittelsbacherhöhe.

Abgesehen vom Fundort Altenerding, herrscht eine auffällige Konzentration der Fundorte im Bereich des »großen Donaubogens« bei Regensburg vor. Alle Schädel wurden von den Archäologen in eine ziemlich begrenzte Zeitspanne datiert: In Altenerding und Straubing-Alburg – in Ersterer wurden sechs Deformationen entdeckt – in die zweite Hälfte des 5. Jahrhunderts, ansonsten in die erste Hälfte des 6. Jahrhunderts. Ganz offensichtlich wurden Schädeldeformationen danach in unserer Region nicht mehr vorgenommen, was deutlich mit dem endgültigen Siegeszug des Christentums in diesem Land übereinstimmt.

Denn wenn man tatsächlich versuchte, irgendwelche »Götter« auf diese Art und Weise zu imitieren, so wurde dies von dem zunehmend Fuß fassenden Christentum als heidnischer Aberglaube unerbittlich verfolgt.

Im Zusammenhang mit der oben erwähnten Datierung der Funde ist auch das Sterbealter der Träger jener zwölf bayerischen Schädeldeformationen interessant. Wohl alle von ihnen erreichten das Erwachsenenalter, wobei sechs in gereifteres Alter kamen, einer sogar das Greisenalter erreicht haben musste. Wahrscheinlich jedoch überstanden weit mehr Individuen diese Prozedur, als bisweilen angenommen wurde. Außerdem betraf die Sitte der Kopfdeformationen hierzulande vor allem das so genannte »schwache Geschlecht«, denn zehn weiblichen deformierten Schädeln stehen nur zwei männliche gegenüber.

Anatomisch gesehen gehören die Schädelfunde aus Bayern zum *zirkulären Deformationstyp* mit konischer bis zylindrischer Ausprägung, wodurch eine *turmartige* Verlängerung des Kopfes, einhergehend mit der Erscheinung einer sehr hohen Stirn, erreicht wurde. Als »Schnürfurchen« gedeutete Eindellungen, die vor dem Stirnbeinquerwulst und am Hinterkopf liegen, vermitteln in etwa einen Eindruck, auf welche Weise die Verformung vorgenommen worden ist. Nicht selten barg diese Art der Kopfumformung auch Gefahren für den Säugling.

Eine andere Deformationstechnik wird noch heute in Afrika – bei jenen erwähnten Mangbetu in Zaire – sowie in der Inselwelt Melanesiens im Pazifischen Ozean angewandt. Hierbei kommt eine zirkuläre Pressbandagierung zur Anwendung, welche von der Unter- und Mittelstirn bis zum unteren Hinterkopf schräg um das Haupt des Säuglings geführt wird. Das uns dann als erwachsener Schädel vorliegende Ergebnis der Deformationen hängt von zwei Faktoren ab: Zum einen von der auf das Kleinstkindalter beschränkten Manipulation selbst, zum anderen von den Wachstumstendenzen des Kopfes, welche sich bekanntermaßen bis zum Ende der Pubertät hinziehen.

Ich habe es weiter oben bereits angedeutet: Die weitaus meisten Träger der in Bayern gefundenen Schädeldeformationen erreichten nicht nur das Erwachsenenalter – nur in einem einzigen Fall blieb das Alter unbestimmbar. Heute wird überwiegend die Meinung vertreten, dass die Deformationen in der Regel keineswegs zu einer Schädigung des Gehirns führten. Ebenso findet man keine Anzeichen für eine Beeinträchtigung der Lebensdauer oder auch der Intelligenz.

Auf der richtigen Spur

Die Existenz derartiger Schädeldeformationen, denen ich auf meinen Reisen durch Südamerika des Öfteren begegnen konnte, sozusagen vor der eigenen Haustür hatten natürlich etwas unbestreitbar Faszinierendes für mich. Deshalb versuchte ich mich auf die Spur jener staunenswerten Artefakte zu machen. Und ich wurde tatsächlich fündig.

Zunächst versuchte ich mein Glück an zwei jener Fundstellen im Gebiet der Stadt Straubing. Da die Funde allerdings seinerzeit im Zuge der Erschließung von städtischem Bauland getätigt worden waren, ist dort heute nichts mehr zu sehen. Die Stätten sind schlicht und einfach zugebaut. Über Umwege geriet ich an den für die Stadt zuständigen Archäologen, Dr. Prammer, der im *Gäubodenmuseum* tätig ist und mir erklärte, dass sämtliche Funde aus den Stadtäckern von Alburg und Wittelsbacherhöhe nun ihren Platz in der Anthropologischen Staatssammlung zu München gefunden hätten. Die Spur war aufgenommen.

Anfang März 1998 machte ich mich dann in der Landeshauptstadt auf die Suche, wo ich beim zweiten Anlauf schon Erfolg hatte. Besagte Anthropologische Staatssammlung befindet sich am Karolinenplatz, nur einen Steinwurf vom *Obelisken* entfernt. Untergebracht ist sie in einem niedrigen, fast unscheinbaren, gelbgetünchten Alt-Münchner Häuschen. Da sie nicht öffentlich zugänglich ist, findet man sie auch nicht im offiziellen Verzeichnis der Galerien und Museen Münchens. Aber da ich schon an Ort und Stelle war, läutete ich an der Tür – und wurde auch prompt eingelassen.

Einer der Archäologen, die in der Anthropologischen Staatssammlung tätig sind – im Verlauf unseres Gespräches wurde mir bewusst, dass ich genau an der »richtigen Adresse« gelandet war – ließ mich ein. Es war Dr. P. Schröter, ein sympathischer und Pfeife rauchender Zeitgenosse, der sich die Zeit nahm, geduldig auf meine Fragen zu antworten.

Wie üblich fiel ich gleich mit der Tür ins Haus, fragte nach dem Verbleib der Funde von Straubing-Alburg und war im ersten Moment etwas enttäuscht, als mir Dr. Schröter eröffnete, dass der größte Teil dieser Funde zum Zweck der Restauration an die Universität Göttingen geschickt worden war. Dazu wäre anzumerken, dass alle Artefakte danach wahrscheinlich nach München zurückkommen um in die Prähistorische Staatssammlung eingegliedert und dort ausgestellt zu werden.

Indes, der freundliche Archäologe hatte trotzdem eine Reihe von Leckerbissen für mich parat. Er führte mich in das im Erdgeschoss des aus der Zeit der Jahrhundertwende stammenden Gebäudes liegende Lager, wo sich schnell eine angeregte Fachsimpelei entspann. Dr. Schröter weiß sehr genau um die globalen Aspekte des Phänomens der Schädeldeformationen, glaubt aber nicht unbedingt, dass Zusammenhänge zwischen den geographisch so weit auseinanderliegenden und gleichzeitig so übereinstimmenden Belegen bestehen. Im weiteren Verlauf des Gespräches gab er denn aber doch zu bedenken, dass auch für ihn die Übereinstimmungen sehr verblüffend seien.

»Ein Indianer kennt keinen Schmerz«

Dann erläuterte mir Dr. Schröter, dass es verschiedenartige Techniken zur Einschnürung gegeben habe, welche man an den Schädeln noch heute quasi »ablesen« könne. Waren sie auch unterschiedlich in der Art ihrer Ausführung, so gleichen sich die Grundidee und das Resultat weitestgehend. Als ich auf die für Kleinkinder sicher äußerst schmerzhafte Tortur zu sprechen kam, der die bedauernswerten Individuen ausgesetzt waren,

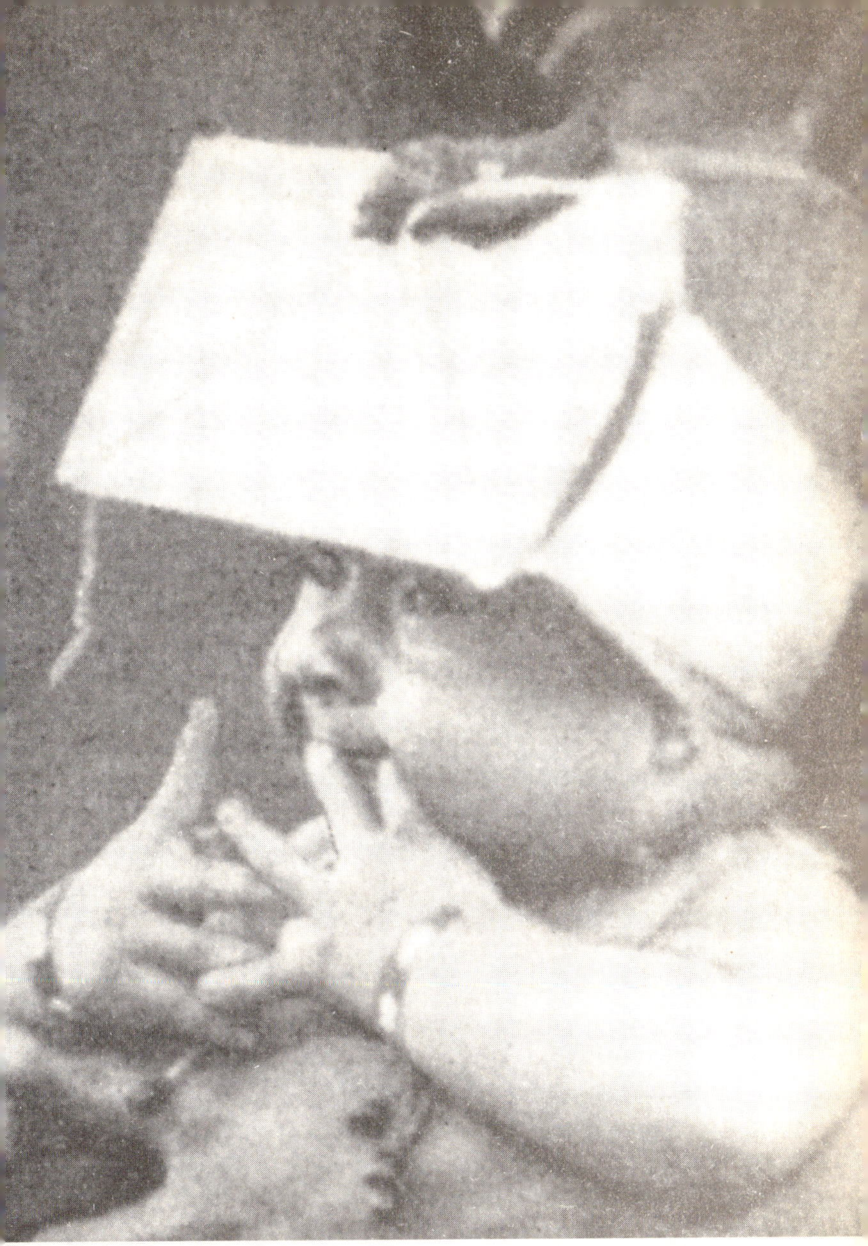

Abb. 7: Deutlich ist zu erkennen, wie der Schädel eines Kleinkindes aus einem Indianerstamm Südamerikas deformiert wird.

begegnete mir Dr. Schröter mit einem Argument, das plausibel klingt und nicht von der Hand zu weisen ist.

Sehr überzeugend legte er dar, dass die besagten Prozeduren mit großer Wahrscheinlichkeit nicht so schmerzhaft gewesen sein dürften, wie wir es heute gemeinhin annehmen. Denn die Intensität der Schmerzempfindung ist stark abhängig von dem Kulturkreis, in den der Betreffende eingebunden ist. »Wir sind in unserer Zeit um einiges wehleidiger und werfen schon beim geringsten Anlass ein Aspirin ein. Damals jedoch war der Schmerz ein ganz natürlicher Aspekt des täglichen Lebens, den man mit einem gewissen Fatalismus hinnahm«, ließ der freundliche Archäologe vernehmen.

Im Sprichwort wird diese Erkenntnis ein klein wenig profaner ausgedrückt: »Ein Indianer kennt keinen Schmerz.«

Wenn auch diese Erkenntnisse ein wenig das leichte Grausen über die geübte Praxis zu mildern vermögen – der vermutlich hinter alledem stehende Grund, die Imitation irgendwelcher »von anderswo« gekommener Intelligenzen, wird hiervon nicht berührt.

Schließlich nahm Dr. Schröter von den zahlreichen in jenem Lagerraum gestapelten Kartons einen bestimmten heraus, öffnete diesen und präsentierte mir – einen deformierten Schädel! Die Aufschrift auf dem Pappkarton wies ihn als einen der sechs in Altenerding gefundenen aus. Meine Überraschung wurde noch größer, als er die nächste Schachtel öffnete und einen der Schädel von Straubing-Alburg hervorzog, der nicht mit den übrigen Skelettteilen nach Göttingen gesandt worden war. Geduldig hielt mir Dr. Schröter das geheimnisumwobene Artefakt vor die Kamera, als ich ihn um die Erlaubnis bat, den turmartigen Schädel fotografieren zu dürfen.

Ich hatte tatsächlich wieder einmal gefunden, wonach zu suchen ich mich aufgemacht hatte. Und der sympathische Archäologe, in dessen Tür ich so plötzlich und unangemeldet stand, hatte an diesem Vormittag seine wertvolle Zeit geopfert, um mir Frage und Antwort zu stehen. Wären doch alle Vertreter seiner Zunft wie er!

Bereits einmal hatte ich Zugang zum »Allerheiligsten« eines Museums bekommen. Es war ziemlich genau zwei Jahre zuvor, als ich in dem chilenischen Wüstenort San Pedro de Atacama weilte. Ein unscheinbares Holzfigürchen mit offensichtlich astronautischen Merkmalen, dereinst als Grabbeigabe verwendet und heute im »Museo Arquéologico R. P. Gustavo Le Paige« verwahrt, hatte mich in die Einsamkeit jener großen chilenischen Salzwüste gelockt. Ganz zufällig befindet sich in besagtem Museum auch der Welt größte Kollektion an menschlichen Schädeln – die Rede ist von bis zu 5000 an der Zahl –, wobei eine große Zahl auch jene charakteristischen Deformationen aufweist. In einer Vitrine im Eingangsbereich sind einige besonders gut erhaltene *Dolichozephali*, wie der medizinische Fachausdruck für die verlängerten Schädel lautet, ausgestellt.

Ungleich mehr dieser schaurigen Relikte findet man in einem für die Öffentlichkeit nicht zugänglichen Lagerraum des Museums. Dem Engagement einer Reiseführerin, die mich, ohne rot zu werden, als »einen der bedeutendsten Archäologen Deutschlands« avisiert hatte, sowie einigen Dollars »Bakschisch« für das Personal war es zu danken, dass sich die Türen des Arsenals öffneten. Auf Regalen, die vom Boden bis zur Decke reichten, konnte ich schätzungsweise einige tausend Schädel bewundern, die dort fein säuberlich aufgestapelt waren. Nicht wenige von ihnen waren turmartig verlängert, in der beschriebenen Art und Weise deformiert.

Es bleibt zu hoffen, dass noch mehr jener staunenswerten Zeugnisse einer höchst rätselhaften Vergangenheit den Weg in die öffentlichen Ausstellungen der Museen finden. Denn eines scheint mir gewiss: Irgendwelche Wesen, die in tiefster Vergangenheit auf unserem Planeten landeten, dienten als Vorbilder für den so global betriebenen Kult der Schädeldeformationen. Wie ich gezeigt habe, macht auch unser Land da keine Ausnahme!

»Die Wirklichkeit hört nicht an dem Punkt auf, wo unser Wissen von ihr aufhört.«
Prof. Werner Jäger (1888–1961)

3 »Mind over matter«

Spukorte in Oberbayern

Ich weiß nicht, ob es die Gegend ist, die ihre Bewohner und deren Einstellungen so nachhaltig zu prägen vermag: Da gibt es von jeher bestimmte Landschaften, in denen die Menschen für ihre ausgeprägte Neigung bekannt sind Dinge zu sehen, die dem »gesunden Menschenverstand« zuwiderlaufen. Die düsteren, alten Burgen und Schlösser Englands und Schottlands etwa sind so bekannt für ihre häufigen Geistererscheinungen und Psi-Rätsel, dass Reiseführer zu den am stärksten heimgesuchten Orten in eine echte Marktlücke gestoßen sind.

Ähnlich scheint es sich mit der Region zu verhalten, in der ich lebe. So ist dieser äußerste Südosten Bayerns wie kaum ein zweiter Landstrich Süddeutschlands mit Spukhäusern »gesegnet« sowie mit Orten, an denen es nicht geheuer zu sein scheint. In der Bevölkerung sind sie noch äußerst lebendig, jene Geschichten von »schwarzen Frauen«, schemenhaften Wesen und Leuchterscheinungen, die tags wie nächtens schon so manchen Autofahrer zutiefst geängstigt haben.

So frage ich mich zuweilen, ob es wirklich nur ein Auswuchs einer Gegend ist, in der tief verwurzelte Frömmigkeit und Aberglaube gewissermaßen Tür an Tür wohnen. Beide haben ihre »Schnittstelle« zu einer anderen Realität. Und nicht alles lässt sich – sogar im Zeitalter unseres aufgeklärten Rationalismus – so schlicht und einfach von der Hand weisen oder als Ammenmärchen outen.

Es ist eine landschaftlich recht malerische Strecke; auch ich selbst bin sie schon unzählige Male gefahren. Die Rede ist von der Straße, die von Schnaitsee nach Wasserburg am Inn führt. Kaum einem, der nach ein paar Kilometern Weges die kleine Ortschaft *Kling* passiert, dürfte dabei bewusst sein, dass der heute unbedeutende Flecken einmal eine stattliche und sehr bedeutende Burganlage besaß, die Anfang des 19. Jahrhunderts geschleift wurde.

Besagte Burg bildete im 10. und 11. Jahrhundert den Mittelpunkt des Herrschaftsbereiches der Grafen von Kling. Zu Anfang des 12. Jahrhunderts gelangte Kling in den Besitz des Landgrafen von Wasserburg, im Jahre 1259 ging es dann in die Pfründe des Hauses *Wittelsbach* über. Die Wittelsbacher machten Kling zum Mittelpunkt eines der größten Landgerichte Altbayerns. Die Bedeutung desselben lässt sich daran ermessen, dass die Burg im Jahre 1543 zu einem weitläufigen Schloss ausgebaut wurde, welches über 250 Jahre lang Sitz des *Pflegegerichtes* Kling war. Ebenso diente das Pfleg- und Jagdschloss den Landesherren als Jagdresidenz, bot Zuflucht in Kriegszeiten und war Zwischenstation auf vielen Reisen der adeligen »Crème de la Crème« vormaliger Zeiten. Mit der Auflösung des Gerichtsbezirkes 1803 verlor das Schloss rasch an Bedeutung und wurde bereits im darauf folgenden Jahr versteigert und abgebrochen.

Heute weist nur noch ein kleines Hinweisschild im Ort zur Burgruine Kling. Hoch über dem kleinen Dorf kann man noch ungefähr 20 Meter der südlichen Grundmauer bewundern. In den Jahren von 1976 bis 1980 arbeiteten im Auftrag des Heimatvereines Wasserburg Schüler, Lehrer und freiwillige Helfer daran, diese Mauer freizulegen und zu restaurieren.

Nichts deutet heute mehr auf die hohe Gerichtsbarkeit hin, die dort in den Jahren zwischen 1100 und 1800 regelmäßig tagte. Nicht selten wurden dabei drakonische Strafen gegen wildernde Bauern oder aufmüpfige Siedler verhängt. Den Gepflogenheiten dieser Zeiten folgend, lautete der Schuldspruch nur allzu oft auf Todesstrafe – die dann, nach ausgiebiger »Betreuung« der Delinquenten durch die Folterknechte auf der »Streckbank«, entweder durch Hängen, Köpfen oder selbst Vierteilen vollzogen wurde. Die zu Tode geschundenen Leiber der Hingerichteten band man zur Abschreckung auf einen großen Findling, der etwa zwei Kilometer Luftlinie vom Schloss entfernt zu finden war.

Dieser *Viertel-* oder *Brendelstein* genannte Felsblock steht noch heute dort, keine zehn Meter vom Rand der Straße entfernt, die nach Evenhausen führt. Häufig schon beobachteten Autofahrer, die des Nachts an dieser Stelle vorbeikamen, seltsam blau gefärbte Lichter, Wolkenfetzen gleich, die sich wie bei einem Reigen zusammenfinden, um den Stein schweben und dann wieder auseinander treiben. Sind es Irrlichter, optische Täuschungen oder nur wildromantische Geisterstorys, von geltungssüchtigen Zeitgenossen zum Besten gegeben? Oder existiert doch etwas, das den körperlichen Tod überlebt hat und aus irgendwelchen Gründen an diesen heute nicht ganz geheuren Ort gebunden ist?

Die Parapsychologie lehrt uns, dass die Macht des Geistes zuweilen stärker ist als die Materie, über die sie siegt.

Geister hinter Klostermauern

Nicht weit von der erwähnten Ortschaft Kling zweigt der Weg in Richtung Gars am Inn ab. Auf halbem Wege liegt die Gemeinde Wang, die gleichfalls über eine Art von ortsgebundenem Spuk zu verfügen scheint.

Im früheren Pfarrhof von Wang – der damals noch im Nachbarort Stadl untergebracht war – befindet sich heute ein Kloster. Exerzitien sind angesagt, wo früher die geistlichen Herren bei Kerzenschein nicht selten ganze Nächte bei dem Studium der Heiligen Schrift verbrachten.

Aber noch immer raunen sich die im Kloster untergebrachten Ordensschwestern wie auch die Einheimischen unheimliche

Geschichten von unerklärlichen Vorfällen zu, in welche Generationen von Geistlichen verwickelt waren. Oftmals mussten die Pfarrer, deren Messdiener und Köchinnen voller Entsetzen miterleben, wie Türklinken von unsichtbarer Hand niedergedrückt wurden, Türen und Fenster plötzlich zuschlugen und die Scheiben klirrend zu Bruch gingen, obwohl draußen nicht die Spur eines Lüftchens zu bemerken war.

Nur wenige Kilometer hinter Gars liegt, sehr romantisch in einer Schleife des Inns gelegen, das Kloster Au. Jahrelang benutzte die dortige Klosterbrauerei ein im Talgrunde gelegenes, eng an den Hang gebautes Anwesen als Eiskeller. Weit reicht jener ehemalige Bierkeller in den Hang hinein, ziehen sich Schienen wie in einen dunklen Tunnel. Dort, wo Generationen von Mönchen Bierfässer in langen Reihen gestapelt haben, bewegt sich hin und wieder, wie von Geisterhand gezogen, eine alte eiserne Lore. Als ich mir das betagte Gemäuer ansah, wurde mit Hochdruck daran gearbeitet. Es hat seinen Besitzer gewechselt, der es nun restaurieren will. Ob er dann wohl nächtens zuweilen von seltsamen Geräuschen aus dem Schlaf gerissen wird?

Bei der kleinen Kirche, die neben dem Kloster Seeon gelegen ist, sind auf dem Friedhof zahlreiche Verstorbene des deutsch-russischen Adelshauses derer von Leuchtenberg zu ihrer letzten Ruhe versammelt. Auf den meisten Grabsteinen dieses kleinen Gottesackers ist deshalb auch das russisch-orthodoxe Kreuz mit dem zusätzlichen schräg verlaufenden Balken zu finden. Ebenfalls ihre letzte Ruhe gefunden hat hier eine Frau, die zu ihren Lebzeiten bis zum letzten Atemzug darum gekämpft hat, als Zarentochter *Anastasia*, als letzte Überlebende des russischen Herrschergeschlechtes Romanow Anerkennung zu finden. Dies wurde ihr nicht zuteil und ihr Geheimnis, das weltweit Historiker und Anwälte gleichermaßen beschäftigt hat, nahm sie mit in ihr bescheidenes Grab direkt an der Friedhofsmauer.

Beinahe hat es den Anschein, als ob es ihr noch im Grab keine Ruhe lässt, dass sie von dieser Welt gehen musste ohne ihre Identität zweifelsfrei klären zu können. Denn zahlreiche Men-

Abb. 8: Findet Anastasia keine Ruhe in ihrem Grab? Angeblich hinterlässt sie im Winter Fußspuren im nahe gelegenen Kloster Seeon.

schen, unter ihnen der Schauspieler Hans Wyprächtiger, welcher jahrelang im Kloster Seeon wohnte, schwören Stein und Bein, dass es »Anastasia« ist, die zuweilen des Winters ihre Spuren im frisch gefallenen Schnee hinterlässt.

Der Fall Rosenheim

Dies waren nur ein paar der vielen Orte in dem Dreieck zwischen Chiemsee, Wasserburg und Rosenheim, an denen scheinbar einiges nicht ganz geheuer ist. Ammenmärchen in einer Zeit, in der ein paar unverbesserliche »Geisterseher« noch immer nicht von ihren polternden Lieblingen aus dem Jenseits und umherhuschenden Gespenstern lassen wollen?

Zum Abschluss möchte ich Ihnen an dieser Stelle noch von einem Fall berichten, der sich vor nunmehr über 30 Jahren in Rosenheim ereignet hat. Von den üblichen Spukgeschichten unterscheidet er sich eigentlich nur dadurch, dass er – wie kein Zweiter – von Wissenschaftlern hervorragend dokumentiert worden ist. Und er eignet sich daher besonders gut, zu zeigen, dass es doch mehr Dinge zwischen Himmel und Erde gibt, als unsere Schulweisheit sich träumen lässt.

Ende November 1967 kam es in der Kanzlei des Rosenheimer Rechtsanwaltes Adam zu vollkommen rätselhaften und allen Gesetzen der Physik zuwiderlaufenden Vorgängen. Neonröhren, die in zweieinhalb Meter Höhe an den Decken montiert waren, gingen unentwegt aus. Der eilends herbeigerufene Elektriker stellte zu seiner maßlosen Verblüffung fest, dass diese jedoch nicht ausgebrannt, sondern nur um 90 Grad aus ihren Fassungen gedreht worden waren. Noch während der Handwerker die Leuchtstoffröhren untersuchte, knallte es plötzlich und die Sicherungen sprangen selbsttätig und offenbar grundlos heraus. Ebenso verspritzte ein Kopiergerät immer wieder Flüssigkeit.

Am schlimmsten wirkten sich jedoch Störungen der Telefonanlage aus, die das Arbeiten in der Anwaltskanzlei bisweilen unmöglich machten. Dann klingelten alle vier Apparate gleichzeitig, Telefonate wurden einfach unterbrochen. Und der Gebührenzähler notierte Gesprächseinheiten, wie sie in dieser Höhe keinesfalls anfallen *konnten*. Die astronomisch hohen Telefonrechnungen drohten Rechtsanwalt Adam in der Folge zu ruinieren!

Nun wurden die Stadtwerke Rosenheim benachrichtigt, da man Störungen im elektrischen Versorgungsnetz als Ursache vermutete. Mehrere Mitarbeiter rückten an und installierten Spannungsmessgeräte und Stromschreiber, die eine permanente Überwachung der Büroräume ermöglichten. Die Angestellten wurden aufgefordert, sämtliche ungewöhnlichen Beobachtungen auf der Stelle zu melden.

Sobald die Messgeräte angeschlossen waren, kam es zu höchst verblüffenden Beobachtungen. Die Registrierstreifen der durch Verplombung gesicherten Geräte wiesen vollkommen unerklärliche Ausschläge bis zu den Höchstwerten der Skaleneinteilung auf. Der Überprüfungsbericht der Stadtwerke Rosenheim vermerkte hierzu: »Am Montag um 7.30 Uhr ist im Chefzimmer nach starkem Knall eine Leuchtstoffröhre aus der Fassung herausgefallen und auf dem Boden zerschellt. Die Stromkreisabsicherungen hatten jedoch nicht ausgelöst. Der Stromschreiber registrierte diese Meldungen mit zwei Vollausschlägen bis etwa 50 Ampere. Das war unerklärlich, vor allem der Umstand, dass die Sicherungen nicht auslösten. Höchst eigenartig ist die Tatsache, dass die Umkehr der Schreibfeder am maximalen Ausschlagspunkt in einer Schleifenform erfolgte und nicht, wie üblich, geradlinig.«

Keine technische Ursache

Als man anstelle der Neonröhren normale Glühbirnen anbrachte, explodierten einige der Leuchtkörper. Um Verletzungen durch umherfliegende Glassplitter zu vermeiden, umgab man diese Lampen mit feinmaschigen Drahtnetzen. Doch alle Bemühungen, die immer massiver auftretenden Störungen einzudämmen, gingen ins Leere. Selbst ein von der Anwaltskanzlei direkt zu den Stadtwerken gelegtes Kabel und ein wenig später in den Räumen installiertes Notstromaggregat vermochten den unheimlichen Phänomenen keinen Einhalt zu gebieten. Die Techniker waren ratlos, ihre Bemühungen waren an einem toten Punkt angelangt.

Inzwischen hatte man jedoch Hilfe aus einer vollkommen anderen Richtung angefordert: Professor Hans Bender von der Universität Freiburg, der in jenen Jahren den einzigen Lehrstuhl in Deutschland für die leider noch immer nicht unumstrittene Wissenschaft der *Parapsychologie* innehatte. Als dieser am 1. Dezember 1967 mit den Untersuchungen begann, schwangen unheimlich die Hängelampen auf den Gängen, bis sie an der Decke anschlugen. Doch Bender konnte bereits zu Anfang eine wichtige Beobachtung machen: Die außergewöhnlichen Phänomene und die unerklärlichen Ausschläge der Messinstrumente manifestierten sich nur während der Bürozeiten der Anwaltskanzlei. Außerhalb dieser Zeiten waren die Erscheinungen nicht präsent. Der Professor aus Freiburg schloss deshalb schon im Vorfeld seiner Untersuchungen – die sich zu den gründlichsten entwickeln sollten, die je in einem Spukfall gemacht worden waren –, dass die mysteriösen Vorfälle von einer Person ausgehen mussten, die in der Anwaltskanzlei beschäftigt war.

Teenager mit Poltergeist

Und schon bald sollte sich sein Verdacht auf eine bestimmte Person konkretisieren. Die Instrumente registrierten stets den ersten Ausschlag, wenn die damals 19-jährige Auszubildende Annemarie Sch. morgens das Büro betrat. Auch andere Beobachtungen schienen zu bestätigen, dass die Erscheinungen einzig von Annemaries Gegenwart abhängig waren. Ging das junge Mädchen über den Flur, begannen die Lampen hinter ihr zu schwingen, explodierten Beleuchtungskörper und flogen die

Abb. 9: Lampen begannen zu schwingen, Glühbirnen platzten, wann immer Annemarie Sch. die Kanzlei des Rosenheimer Rechtsanwalts Dr. Adam betrat.

Splitter um sie herum. Annemarie musste der unbewusste Auslöser der unheimlichen Phänomene sein, und jene Vorgänge, die Anwalt Adam beinahe in den Ruin getrieben hätten, mussten auf *psychokinetische* Einwirkungen zurückzuführen sein.

Um diese Hypothese zu verifizieren, wurden zwei weitere Experten hinzugezogen. Dr. F. Karger vom Max-Planck-Institut in Garching bei München und der Diplomphysiker G. Zicha spielten alle nur erdenklichen Ursachen durch, die für die unerklärlichen Ausschläge der Messinstrumente in Frage kommen konnten. Doch sie fanden nichts. Abschließend konnten sie nur bemerken, »dass eine Beschreibung der Phänomene mit den vorhandenen Prinzipien der Physik nicht möglich ist«.

Alle während der Untersuchungen gewonnenen Resultate ließen nur den Schluss zu, dass sämtliche Störungen auf dieselbe Kraft zurückzuführen waren. Eine mysteriöse Kraft, die auf die Zeiger von Messinstrumenten ebenso wirkte, wie sie Neonröhren aus den Halterungen drehte und Glühbirnen explodieren ließ, Hängelampen zu Angst erregenden Schwingungen veranlasste sowie Bilder an den Wänden rotieren ließ. Diese Kraft machte nicht einmal Halt vor einem etwa dreieinhalb Zentner schweren Aktenschrank, der zweimal um 30 Zentimeter von der Wand abrückte! Selbst die Störungen des Telefons gingen mit an Sicherheit grenzender Wahrscheinlichkeit auf die psychokinetischen Kräfte von Annemarie Sch. zurück. Das Fernmeldeamt der Deutschen Bundespost stellte auf Beschwerde von Rechtsanwalt Adam über exorbitant hohe Telefonrechnungen hin ein Kontrollgerät auf, das alle von der Kanzlei aus angerufenen Nummern registrierte. Hierbei ergab sich, dass oft während einer einzigen Minute vier- bis fünfmal die örtliche Zeitansage 0119 gewählt wurde, ohne dass auch nur eine Person die Wählscheibe des Apparates berührt hätte. Wer die alten Telefone noch kennt, kann sich gut vorstellen, dass ein derart schnelles Anwählen in so kurzer Zeit fast unmöglich ablaufen konnte. Das Kontrollgerät registrierte die Nummer 0119 zuweilen bis zu fünfzigmal hintereinander oder zeichnete das Laufen des Gebührenzählers auf, ohne dass gesprochen wurde.

Nach Weihnachten 1967 kam Annemarie Sch., die aufgrund ihrer zwar unbewussten, aber für die Anwaltspraxis doch eindeutig destruktiven Aktivitäten beurlaubt worden war, noch einmal für knapp zwei Wochen ins Büro. In dieser Zeit steigerten die Phänomene ihre Intensität nochmals zur Höchstform. Schubläden kamen von selbst aus den Registraturen, Bilder und Kalender begannen an den Wänden regelrecht zu rotieren, bis sie herabfielen. Lampen zerplatzten, und das Mädchen wurde hysterisch. Von dem Tag aber, da Annemarie die Anwaltskanzlei nicht mehr betrat, blieben schlagartig die zerstörerischen Phänomene aus, alles verlief wieder in ruhigen, geordneten Bahnen.

Für den damals noch jungen Wissenschaftszweig der Parapsychologie bedeutete diese Chance, psychokinetische Fähigkeiten gewissermaßen im Echtbetrieb testen zu können, einen unglaublichen Glücksfall. Spätere Laboruntersuchungen, die mit dem Mädchen im Freiburger Institut gemacht worden waren, erbrachten denn auch signifikante Ergebnisse. Für Annemarie selbst wuchs sich ihre unheimliche Fähigkeit eher zum Fluch aus, denn sowohl beruflich wie auch privat erlitt der »Teenager mit Poltergeist« über die Maßen viel Verdruss.

Selbst persönliche Beziehungen können in solchen Fällen in die Brüche gehen. Annemarie war in jenen Tagen mit einem Ingenieur verlobt. Der ging des Öfteren gerne mit Freunden zum Kegeln. Als er seine Freundin einmal mitnahm, passierte das Unvermeidliche: Annemaries psychokinetische Kräfte brachten das elektrische System der Kegelbahn zum Erliegen. Der schockierte Ingenieur löste die Verlobung, da es für ihn als Naturwissenschaftler unmöglich schien, mit einer Frau zusammen zu sein, deren bloße Anwesenheit genügte, um technische Geräte zum Versagen zu bringen.

Wobei ich – in diesem speziellen Fall – eher dahin tendieren würde, dem Ingenieur das Unvermögen, sein Weltbild mit den Erscheinungsformen einer fantastischen Realität in Einklang zu bringen, anzukreiden als Annemarie ihre unbewussten »Poltergeist-Aktivitäten«. Einen Trost gibt es immerhin: Annemarie fand einen anderen, der sie heiratete. Seit etlichen Jahren nun ist sie Mutter von zwei Kindern. Und seit jenen spektakulären Vorgängen, die vor ziemlich genau 30 Jahren die Welt bewegten, wurde sie auch nicht mehr von paranormalen Vorgängen und Erscheinungen heimgesucht.

Die Wissenschaftler, die sie damals untersuchten, schrieben ihre Fähigkeiten den Spannungen zu, denen ein heranwachsender Mensch unterworfen sei. Was immer man darunter auch verstehen mag. In den vergangenen Jahren ist sie noch hier und da in einigen Talkshows aufgetreten, aber ansonsten ist sie jemand, der – wie es aussieht – nicht gerne an die Vorgänge in dem Haus in der Rosenheimer Königsstraße erinnert werden möchte. Auch die Anwaltskanzlei Adam gibt es seit einigen Jahren nicht mehr. Aber noch zahlreiche Einwohner der oberbayerischen Kreisstadt erinnern sich lebhaft an die bewegenden Vorfälle, welche zur Jahreswende 1967/68 Tagesgespräch waren.

Die Macht des Geistes hatte den wissenschaftlichen Beweis angetreten, dass sie über alle Materie erhaben ist.

»Jährlich verschwinden etwa 800 Leute in der Luft, ohne eine Spur zu hinterlassen. Ich weiß nicht, wie viele an Land spurlos verschwinden.«

Mel Noel, ehem. Pilot der US-Air-Force

4 »Götterkriege« in den Karpaten

Kam die Vernichtung von oben?

Ungefähr 50 Kilometer von der slowakischen Hauptstadt Bratislava entfernt liegt das Dorf Smolenice. Dem einen oder anderen dürfte der Name geläufig sein wegen der gleichnamigen Burg mit dem kühnen, sechseckigen Turm. Hoch über Smolenice jedoch, auf einem Berg mit Namen *Molpir*, erstrecken sich geheimnisvolle Ruinen aus ferner Vergangenheit.

Ab und zu fanden Einwohner der nahe gelegenen Stadt Trnava auf dem bewaldeten Berg Überreste aus der dortigen Ansiedlung: Scherben und sogar tönerne Gefäße, hier und da auch einmal ein Stück Eisen oder Bronze. Doch anders als bei »normalen« Fundorten war dieser Ort nie so recht das Ziel von Schatzsuchern und Amateurarchäologen. Eine Art Tabu schien darüber zu liegen. So blieben die Ruinen hoch über der Burg von Smolenice lange Zeit unbehelligt.

Die ersten Wissenschaftler tauchten dort erst zu Beginn des 20. Jahrhunderts auf. Und die ersten offiziellen Ausgrabungen nahm der Archäologe A. Loubal Mitte der Zwanzigerjahre vor. Was er auf dem Berg Molpir fand, ist uns heute nicht bekannt, denn er verstarb schon bald darauf. Seine Aufzeichnungen sind nicht mehr aufzufinden und einige Exponate, die er dem Stadtmuseum von Trnava gestiftet hatte, sind gleichsam spurlos verschwunden. Man sollte hier allerdings nicht sofort irgendwelche düsteren Machenschaften und Verschwörungen hineingeheimnissen. Denn für reichlich Chaos und Zerstörung sorgte schon der Zweite Weltkrieg, der bekanntlich kaum eine Ecke Mitteleuropas verschont ließ.

Erst nach dieser großen Völkerschlacht wurde dem Berge Molpir mehr Aufmerksamkeit gewidmet. Unter der Leitung von Stefan Jamsak arbeitete dort oben in den Fünfziger- und Sechzigerjahren ein Forschungsteam. Es vermaß die Fläche der an diesem Ort vermuteten Burgstätte und legte einen großen Teil davon frei. Dieses Areal maß etwa 14 Hektar – es handelte sich somit um die größte vorgeschichtliche Siedlung im Karpatenraum.

Weitere Erkenntnisse brachten die Ausgrabungen von Dr. Mikulas Duşek vom Archäologischen Institut der Slowakischen Akademie der Wissenschaften, die von 1963 bis 1971 andauerten. Dieser Dr. Duşek entdeckte auf dem Berg die Überreste einer Siedlung und versuchte sie zu rekonstruieren. Nach der C-14-Methode zur Altersbestimmung organischer Proben wurden diese Funde auf etwa 700 bis 600 v. Chr. datiert und der so genannten Hallstatt-Epoche zugeordnet.

Eine Stätte vollständiger Zerstörung

Es muss eine bedeutende Anlage gewesen sein. Davon künden nicht nur zahlreiche Fundstücke, sondern auch die strategische Lage und die Größe der Siedlung. Die Stadt stand auf künstlich errichteten Terrassen, die teilweise aus dem Fels gehauen und mit Erdreich nivelliert waren. Befestigt war sie durch ein System von drei Mauern verschiedener Größe. Man legte die Grundrisse von etwa 180 Häusern frei und schloss hieraus, dass einst an die 800 Menschen dort gelebt hatten.

Diese uralte, namenlose Siedlung hat für die Archäologen eine Reihe von Fragen aufgeworfen. Zum Ersten die nach ihrer kulturellen Einordnung. Allem Anschein nach gehört sie zur

Kalenderbergischen Kultur, einer Kulturrichtung der älteren Eisenzeit, die in Südösterreich, Nordwestungarn und der südlichen Slowakei vertreten war. Das ungleich größere Rätsel aber stellt der Zustand dar, in dem diese mysteriöse Stadt auf dem Berg Molpir vorgefunden wurde.

Es ist eine Stätte vollständiger Zerstörung. Das Hauptgebäude wurde bis zu den Fundamenten zerschmettert, große Steinquader fand man bis zu zehn Meter weit weggeschleudert. Die Steinplatten der inneren Mauern waren infolge unbekannter Hitzeeinwirkung miteinander verschmolzen, und nicht nur die Mauern, selbst die Felsterrassen. Überall fanden die Archäologen Brandspuren, ebenso Anzeichen eines Kampfes. Man barg verstümmelte Skelette, deren Knochen außer den Spuren von Gewalteinwirkung auch noch solche aufwiesen, die auf eine plötzliche und unvorhergesehene Verbrennung hindeuteten.

Unzählige zurückgelassene Gegenstände von Wert – es standen sogar volle Kochtöpfe auf den dazugehörigen Feuerstellen – legen den Schluss nahe, dass der Ort in größter Panik und Eile von seinen Bewohnern verlassen wurde. Und keiner von ihnen kehrte je zurück. Was hatte sich einst auf dem Molpir abgespielt? Gegen welchen übermächtigen Feind hatten die Bewohner hoffnungslos in ihrer Verzweiflung gekämpft?

Die Archäologen ziehen die Möglichkeit in Betracht, dass ein Bürgerkrieg oder Aufstand die Zerstörungen verursacht hat. Demnach hätten sich die armen und ausgebeuteten Angehörigen einer »Unterschicht« gegen eine »privilegierte Oberschicht« erhoben. Diese Hypothese wirft jedoch weit mehr Fragen auf, als sie zu beantworten imstande wäre. Sklavenaufstände sind uns aus zahlreichen Kulturen bekannt – man denke nur an den viel zitierten Aufstand des *Spartacus* im alten Rom. Aber nie gab es derartig verheerende Auswirkungen. Woher hätten denn auch die aufbegehrenden Unterdrückten die Kraft und die technischen Möglichkeiten nehmen sollen, Gebäude wie Dominosteine umherzuschleudern und sogar Steinplatten zum Schmelzen zu bringen? Nein, ich bin überzeugt, dass diese Karte hier nicht sticht.

Ebenso sollten wir nicht übersehen, dass dieser Erklärungsversuch exakt jenen Zeitgeist widerspiegelt, der zur Zeit der Ausgrabungen von 1963 bis 1971 in der damaligen Tschechoslowakei geherrscht hat. Der »heldenhafte Kampf des Proletariats« gegen eine »ausbeuterische Oberschicht« war stets ein zentraler Bestandteil der kommunistischen Ideologie. Deshalb wundert es mich überhaupt nicht, dass er sich in den Grabungsbericht einer archäologischen Untersuchung in der vormals kommunistischen ČSSR einschleichen konnte. Gewissermaßen als ideologisch eingefärbte Momentaufnahme einer grauen Vergangenheit.

Sie kehrten nicht zurück

Eine derartige Anhäufung unerklärlicher Umstände bringt uns nun auf einen ungewöhnlichen Erklärungsversuch. Mussten die Bewohner sich etwa gegen den Einsatz einer ihnen weit überlegenen Technologie wehren, die im wahrsten Sinn des Wortes »von oben« kam und ihre Stadt in eine Ruine verwandelte? Bei den äußeren Mauern fanden sich nämlich keine Kampfspuren. Und die in Panik geflohenen Bewohner kamen nicht wieder, um ihre zurückgelassene Habe zu bergen und tote Angehörige zu bestatten.

Wer gleichfalls nicht kam, das waren Grabräuber und Plünderer. Es macht schon nachdenklich, dass gerade jene Spezies, die stets aus tragischen Ereignissen ihre Vorteile zu ziehen weiß, an solchen Orten ausbleibt, über denen eine Art Tabu zu liegen scheint. Erst an der Wende vom 19. zum 20. Jahrhundert wagten sich einige neugierige Bewohner der nahen Stadt Trnava auf den unheimlichen Berg Molpir und fanden dabei die eingangs erwähnten Gegenstände.

So weit also die Fakten, wie sie der aus der Slowakei stammende Amateurforscher Martin Jurik akribisch recherchiert und vor nicht allzu langer Zeit in einem Magazin veröffentlicht hat. Der Artikel weckte meine Neugier und so setzte ich mich mit dem Verfasser des Beitrages in Verbindung. Der antwortete mir umgehend, wobei er allerdings die Sache mit den geschmolzenen Steinen ein wenig relativierte: »Der aus Kalkstein bestehende Boden wurde durch die eingestürzten und brennenden Palisaden und den hölzernen Teil der Häuser erhitzt, wobei infolge der Verbrennung aus Kalziumkarbonat Kalziumoxid entstand, also Kalk. Regenfälle verursachten eine weitere Reaktion, hierdurch entstand Mörtel. Es war schließlich der erhärtete Mörtel, welcher die Mauerplatten miteinander verband ...«

Also eine ganz natürliche Erklärung für die ungewöhnlichen Überreste auf dem Berg Molpir oberhalb von Smolenice? Nicht unbedingt, denn der bereits im Zusammenhang mit den Ausgrabungen von 1963 bis 1971 erwähnte Dr. Duşek schrieb, »dass die Vernichtung sehr schnell und plötzlich kam« und dass man »in den Fundamenten der Wohnhütten zahlreiche verbrannte Skelette von Menschen fand, die nicht mehr rechtzeitig entkommen konnten«. Dabei erwähnte er, dass das Rätsel der Vernichtung ungeklärt sei.

Von der Natur zurückerobert

Es ist also mitnichten alles an dieser Sache einfach zu erklären. Angesichts der zahlreichen Ungereimtheiten schienen mir genauere Recherchen vor Ort am sinnvollsten zu sein. So vereinbarte ich mit Martin Jurik einen Ortstermin und schickte mich an in die Slowakei zu fahren.

Von meinem Heimatort im Osten Bayerns sind es – überwiegend auf der Autobahn durch Österreich – nur etwa vier Stunden bis zu der ein Stück hinter Wien gelegenen slowakischen Hauptstadt Bratislava. Seit der Auflösung der Tschechoslowakischen Föderation ist die Slowakei sichtlich bemüht, sich ein eigenes Image aufzubauen. Zu deutlich stand sie lange Jahre im Schatten des »größeren Bruders« im Norden. Als ich es im Juni 1995 endlich schaffte, diesen Termin wahrzunehmen, meinte es der Wettergott glücklicherweise gut mit mir. So benötigten wir für den Weg aus Bratislava heraus bis nach Smolenice gerade mal eine Dreiviertelstunde, bis ich den Wagen in Sichtweite der malerischen Burg abstellen konnte.

Der steile Aufstieg, der gleich hinter der Dorfkirche begann und mit einem erst jüngstens aufgestellten Hinweisschild gekennzeichnet war, zog sich gut zehn Minuten hin. Auf dem Weg nach oben erzählte man mir, dass in den vergangenen Wintern immer wieder Fährten von Wölfen am Fuße des Molpir gefunden wurden, die sich an besonders kalten Tagen sogar an den Rand der umliegenden Dörfer wagten. Nur selten hingegen verirrten sich ein paar Wanderer oder Neugierige auf den Berg hinauf, um sich die Ruinen anzusehen.

Dann standen wir vor den ersten, willkürlich von den Archäologen rekonstruierten Mauerteilen, hinter denen sich üppiges Grün breit gemacht hatte. Ich konnte mich des unbestimmten Gefühles nicht erwehren, als habe man auf diesem Berggipfel der nordwestlichen Karpaten absichtlich Gras über die Dinge wachsen lassen. Vergebens suchten wir nach den beschriebenen, miteinander verbackenen oder sogar geschmolzenen Steinen und Felsplatten. Sie waren wieder vollkommen überwuchert worden, wie uns anlässlich einer Unterredung, die wir am darauf folgenden Tage im Stadtmuseum zu Trnava hatten, auch bestätigt wurde. Aber so unglücklich scheint man über den Umstand nicht zu sein, dass die Natur inzwischen einen »grünen Mantel des Schweigens« über die Geheimnisse auf dem Molpir gebreitet hat.

So ganz erfolglos war die Suche nach Indizien für eine Vernichtung der namenlosen Stadt durch einen plötzlichen Hitzebrand allerdings auch nicht. Unweit der bereits erwähnten rekonstruierten Mauer fand ich einen etwa kinderkopfgroßen Stein, der die Spuren eines unglaublichen Verbrennungsschocks trug. Er war durch und durch verbrannt, seine Farbe ein auffälliges Ziegelrot. Es mag für einen aus rohem Ton geformten Ziegel ein ganz normaler Brand ausreichen. Aber welch höllische Temperaturen sind vonnöten, um einen Felsbrocken derart zu »grillen«? Und über welche schrecklichen Geheimnisse deckt

Abb. 10: Wurde die namenlose Stadt auf dem Molpir aus der Luft zerstört?

der Wald seinen grünen Mantel, weshalb wurden die seit über 25 Jahren eingestellten Grabungen nicht weitergeführt?

Molpir, tütenweise

Tags darauf fuhren wir in die nahe gelegene Stadt Trnava, um dem historischen Museum dort einen Besuch abzustatten. Das Museum hatte an diesem Tag zwar geschlossen, doch Martin Jurik erreichte es trotzdem, uns das erwünschte Entree zu verschaffen. Wahrscheinlich verdankte er dies einem Fernsehauftritt am vorangegangenen Abend an der Seite *Erich von Dänikens* im Sender des kleinen Landes.

Eine Assistentin des Museums erklärte uns, dass nach dem Abschluss der letzten Grabungen die Funde vom Molpir gewissenhaft katalogisiert und im Keller eingelagert wurden. Seither liegen sie dort unten und verstauben unbeachtet. Zwar sind einige der Stücke ausgestellt – gegen die im Souterrain eingelagerten Artefakte sind es jedoch aus Platzgründen verschwindend wenige.

Und dann geschah fast Unglaubliches. Auf unsere mit Bedacht geäußerte Frage, ob es wohl möglich wäre, einige jener Stücke in Augenschein zu nehmen, die seit mehr als 25 Jahren im dunklen Keller aufbewahrt wurden, schickte man nach dem Direktor. Und keine Viertelstunde später schleppte die Assistentin eine Unmenge von Kostbarkeiten herbei, die außer jenen, welche seinerzeit mit den Ausgrabungen beschäftigt waren, bislang niemand zu Gesicht bekommen hatte. Molpir, tütenweise!

Wir hatten das unwahrscheinliche Glück, die Ersten zu sein, denen die Kellerschätze vorgeführt wurden. Sicher handelte es sich nicht um die spektakulärsten Objekte, was wir jedoch zu sehen bekamen, war trotzdem sehr beeindruckend: etwa eine große Anzahl Speerspitzen, die so exakt gearbeitet waren, als seien sie maschinell hergestellt worden, oder Sicherheitsnadeln, die teils aus einem einzigen Stück gezogen, teils regelrecht zusammengenietet waren.

Die Überlebenden der namenlosen Stadt in den nordwestlichen Karpaten müssen in der Tat große Mengen an für sie wertvollen Gegenständen zurückgelassen haben. Ihre Flucht war überstürzt, und sie kamen nie mehr an den Ort des Grauens zurück. Auch die Angst, jene sinistre Stätte aufzusuchen, muss über die Jahrtausende hinweg höchst lebendig geblieben sein. Sie wurde als Tabu von Generation zu Generation weitergeraunt. Sonst wären zweifellos ungezählte Schatzsucher und Hobby-Archäologen über den Berg Molpir hergefallen, wären die meisten der Funde statt im Museumskeller zu Trnava in gut sortierten Privatsammlungen des In- und Auslandes verschwunden.

Was allerdings auch wir nicht zu Gesicht bekamen – was aber

mit Sicherheit das größte Geheimnis dieser unheimlichen Stätte darstellt –, waren jene Skelette, die so unerklärliche Verbrennungsspuren aufweisen, als seien diese explosionsbedingt aufgetreten. Im Stadtmuseum von Trnava teilte man uns voller Bedauern mit, dass diese menschlichen Überreste nicht unter den vielen Funden sind, die seit mehr als 25 Jahren im Keller verstauben. Man vermutet sie vielmehr in der tschechischen Hauptstadt Prag.

So ist noch reichlich detektivischer Spürsinn vonnöten, um die Spur jener ominösen Vorgänge wieder aufzunehmen, die sich dort in grauer Vorzeit abgespielt haben dürften. Martin Jurik, der nun wieder in der Slowakei lebt und dort eine Zeitschrift über rätselhafte Phänomene herausgeben will, hat sich dieser Aufgabe verschrieben. Er ließ mich unlängst wissen, dass er auch auf die Überreste eines steinzeitlichen Tempels in diesem jungen und doch so alten osteuropäischen Land gestoßen ist. Es bleibt zu wünschen, dass er Licht in das Dunkel bringt, das zurzeit noch so viele Geheimnisse aus unserer rätselhaften Vergangenheit überschattet.

Das Geheimnis der Anasazi

Die Einwohner der namenlosen Stadt in den nordwestlichen Karpaten müssen ihre Heimat in derselben panischen Eile überstürzt verlassen haben wie ein Indianerstamm in der »Neuen Welt« vor über 500 Jahren dessen Metropole. In den hohen Bergen im Osten des US-Bundesstaates Arizona suchen bereits Generationen von Archäologen nach schlüssigen Antworten auf eines der erstaunlichsten und unheimlichsten Rätsel der Menschheitsgeschichte. Sie versuchen zu ergründen, wie vermutlich in einer einzigen Nacht sage und schreibe 20 000 Menschen für immer verschwinden konnten, als ob sie sich buchstäblich von einem Augenblick zum anderen in Luft aufgelöst hätten.

Seit mehr als 500 Jahren ist das Geheimnis von Point-of-Pines, wie der Ort heute heißt, der offenbar aus Angst gestorben ist, nicht gelüftet worden. Der Ort liegt zwischen Sanddünen und roten Steinriesen in einer malerischen Landschaft. Und obgleich zahllose Experten versucht haben, hinter das Mysterium dieser Stätte zu kommen, scheint bis zum heutigen Tag nur eines sicher zu sein: Die Stadt Point-of-Pines starb eines unheimlichen, unnatürlichen Todes!

An einem bestimmten Abend sind die Bewohner der Stadt offenbar wie gewöhnlich zu Bett gegangen. Doch beim nächsten Morgengrauen waren alle Männer, Frauen und Kinder geflohen. Sie hatten ihren gesamten Besitz verlassen, wie er gerade dalag – Waffen, Schmuck und sogar die Spielzeuge der Kinder. In ihrer panischen Eile haben die Menschen sogar Kochtöpfe auf ihren noch brennenden Feuerstellen stehen gelassen, wie dies auch in der Stadt auf dem Molpir der Fall war. Und wie dort sind sie niemals zurückgekehrt.

Welch ungeklärtes Ereignis auch immer sie vertrieben haben mag, ihre Stadt war unversehrt, bis der Zahn der Zeit sie in Ruinen verwandelte. Vom Wind herbeigewehter Sand bedeckte sie mit sanften Hügeln, welche über Jahrhunderte nicht berührt wurden, was der ganzen Gegend ein gespenstisches Aussehen verlieh.

Point-of-Pines war die Stadt der Anasazi, sesshafter Indianer, die aus dem Norden Amerikas stammten, Steinhäuser bauten und das Land kultivierten. Sie waren für ihre Zeit ungewöhnlich fortschrittlich: Ihre Häuser hatten zwei bis drei Stockwerke, das größte Bauwerk der Stadt sogar eine Länge von über 400 Metern. Besonders bemerkenswert waren ihre Bewässerungssysteme und ihre Fertigkeiten im Korbflechten, Weben und in der Herstellung von Tonwaren und Haushaltsgeräten. Die reichen Nahrungsquellen und eine relative Stabilität führten zur Entstehung eines ausgeprägten zeremoniellen und kulturellen Lebens.

Diese Stadt wuchs zum Warenumschlagplatz für eine große Anzahl von Gemeinschaften und Stämmen in einem Umkreis von mehr als 500 Meilen. Und ihre Bewohner waren ein sehr hoch stehendes Volk. Die Frauen steckten ihre langen schwarzen Haare mit Nadeln aus Hirschknochen auf, und sie benutzten bei ihrer Kosmetik auch Rouge und Puder. Die Tänze, die sich noch heute unter den Pueblo-Indianern Arizonas und New Mexicos erhalten haben, sind nur ein schwacher Abglanz des prunkvollen kulturellen und religiösen Lebens des Anasazi-Stammes.

Man führte ein solch gutes Leben in Point-of-Pines, dass man sich überhaupt nicht vorstellen kann, warum die Menschen ihre Stadt verlassen sollten. Alle so genannten »konventionellen« Erklärungsversuche führen daher ab einem bestimmten Punkt stets in eine Sackgasse.

Von unserem Planeten verschwunden?

In den Jahren der Erforschung hat sich gezeigt, dass diese Zivilisation nicht plündernden nomadisierenden Stämmen zum Opfer gefallen ist. Denn überall, wo diese kriegerischen Verbände ihre Raubzüge organisierten, fielen die Reste der verkohlten Dächer auf die Leichen der Opfer. Aber nichts dergleichen geschah in Point-of-Pines.

Auch den Tod durch eine Hungersnot kann man ausschließen. In den Lagerräumen, die für den Winter angelegt wurden, fand man Reste von Getreide und Bohnen: Es gab genügend Lebensmittel in der Stadt! Oder hat eine Seuche die Menschen dahingerafft und vertrieben? Wäre dies der Fall gewesen, so hätten die Archäologen doch auf zurückgelassene Skelette der an dieser Epidemie Gestorbenen stoßen müssen. Aber auch hier Fehlanzeige.

Wie kann man dann den urplötzlichen Exodus einer Population erklären, welche auf gut und gern 20 000 Personen geschätzt wird? Eine weitere Arbeitshypothese lautet, dass es eine mehr als 20 Jahre währende Dürre gegeben habe, als Point-of-Pines verlassen wurde. Da sich diese Trockenheit über mindestens zwei Jahrzehnte hingezogen habe, hätten die Anasazi ihre Brunnen immer tiefer gegraben, bis sie schließlich kein

Wasser mehr gefunden hätten. Erst dann wären sie weitergezogen.

Archäologen haben festgestellt, dass die Reste der Brunnen, die bislang entdeckt worden sind, wesentlich tiefer waren, als sie üblicherweise gegraben werden. Endlich des Rätsels Lösung? Haben die Anasazi ihre einst blühende Stadt in der verzweifelten Suche nach neuen Quellen verlassen?

Warum fand dann diese Massenflucht, in deren Verlauf die Indianer ihre Habseligkeiten zurückließen und selbst ihre Mahlzeiten auf den Feuerstellen weiterkochen ließen, sozusagen bei Nacht und Nebel statt?

In dieser wie auch allen anderen »konventionellen« Theorien bleibt eine grundsätzliche Frage vollkommen unbeantwortet: *Wohin* sind all die Menschen gegangen?

Und warum sind sie im Schutze der Nacht geflohen? Könnte es sein, dass die Anasazi vielleicht von irgendeinem unerklärlichen, womöglich lebensgefährlichen Phänomen erschreckt wurden? Wurden die Indianer von etwas bedroht, das sie zwang, nur noch ihr nacktes Leben zu retten?

Nach mehreren Jahrzehnten intensiver Forschung sind die Archäologen und andere Forscher, die sich mit diesem unheimlichen Menschheitsrätsel befasst haben, einer befriedigenden Lösung noch keinen Schritt näher gekommen. Womöglich hat man ja überhaupt noch nicht damit begonnen, die *richtigen Fragen* zu stellen, um dann in der Lage zu sein, nach den dazu passenden Antworten zu suchen.

In der Zwischenzeit bleibt das undurchdringliche Geheimnis um die Stadt Point-of-Pines bestehen. Die Ruinen im Osten Arizonas sind – so scheint es – das Einzige, was uns an die 20 000 Menschen erinnert, die so plötzlich und endgültig vom Erdboden verschwunden sind.

So unerklärlich und spurlos, als hätten sie unseren Heimatplaneten überhaupt ganz verlassen …

»Wir irren allesamt, aber jeder irrt anders.«
Georg Christoph Lichtenberg (1742–1799)

5 Kleine Insel – Große Rätsel

Malta ist immer eine Reise wert

Malta! Ich kenne kein anderes Land – einmal abgesehen von der Osterinsel, die jedoch politisch gesehen zu Chile gehört –, wo auf derartig kleinem Raum so viele geheimnisvolle Relikte aus prähistorischer Zeit zu bestaunen sind. Im Zeitalter der wahrhaft unbegrenzten Mobilität sind es von Deutschland aus gerade einmal zwei Flugstunden, bis man die knapp hundert Kilometer südlich von Sizilien gelegene Mittelmeerinsel Malta erreicht. Insbesondere der Hinflug lässt es dringend angeraten sein, schon beim Check-in auf einem Fensterplatz im Flugzeug zu bestehen (ich weiß, das ideale Flugzeug ist einen halben Kilometer lang und hält nur Fensterplätze bereit!). Der Landeanflug ist es unbestritten wert: Die malerische Xlendi-Bay auf der Nachbarinsel Gozo mit ihrem schillernd grünen Wasser, die winzigen Eilande Comino und Cominotto, schließlich der kurz vor der Landung auftauchende Naturhafen von Valletta bieten atemberaubende Ausblicke. Eine gelungene Synthese aus dem Türkisblau des Wassers und dem Gelb des dort allgegenwärtigen Sandsteins.

Es ist eine kleine Welt für sich, dieser maltesische Archipel, dessen größte Insel an ihrer längsten Stelle bescheidene 27 Kilometer, in der Breite gar nur maximal 15 Kilometer misst. Auf eine Fläche von 67 Quadratkilometern bringt es die grünere Schwesterinsel Gozo, und wie »Kümmelkörner« – so die wörtliche Übersetzung – liegen die winzigen Eilande Comino und Cominotto in der Meerenge zwischen Malta und Gozo.

Ein kleiner Tipp an dieser Stelle für den Genießer: Auf Malta gedeihen einige hervorragende Weine! »Sauternes« und »Marsovin«, schwer und süß, sowie der »Verdala«, ein zu allen Anlässen passender Tafelwein. Wer der Qual der Wahl zwischen Weiß- und Rotwein entgehen will, dem seien die wunderbar fruchtigen Roséweine maltesischer Produktion empfohlen. Im Verlauf meiner bisherigen Reisen nach Malta lernte ich diese edlen Tropfen zu schätzen – besonders, wenn in der Küche wieder einmal deutlich bis penetrant der britische Einfluss durchschlug. Bis zu seiner endgültigen Unabhängigkeit im Jahre 1974 besaß Malta nämlich den Status einer britischen Kronkolonie, war zudem Mitglied im Commonwealth.

Ich deutete es am Anfang bereits an: Malta ist eine kleine Insel, jedoch voller großer Rätsel und Indizien dafür, dass unsere Vorgeschichte wohl einen ganz anderen Verlauf nahm, als es uns die Geschichtsbücher immer glauben machen wollen.

Cart Ruts: heimliches Wahrzeichen Maltas

Über eines der augenfälligsten Rätsel stolpert jeder Maltaurlauber früher oder später: Es sind jene meist paarweise verlaufenden, sich häufig kreuzenden und an manchen Stellen sogar geradewegs ins Meer führenden Bodenrillen. Von der Bevölkerung wie auch in den Standard-Reiseführern werden sie geringschätzig als »Cart Ruts« bezeichnet – als Karrenspuren. Jedoch genau dies können sie keinesfalls sein.

Viele dieser ehemals die gesamte Insel überziehenden Linien verschwanden in den letzten Jahren unter den als Ackerland rekultivierten Flächen, jedoch weit mehr noch fielen dem Bauboom auf Malta zum Opfer. Gottlob gibt es noch einige Fundorte, die eine Besichtigung wert sind. So wurde mitten in der Stadt San Gwann ein gut 5000 Quadratmeter großes Grundstück unbebaut gelassen; bei meinem jüngsten Besuch dort im Frühjahr 2001 fand ich den Zugang zu dem umzäunten Gelände unverschlossen, so dass eine Besichtigung der prächtigen Linien dort hoffentlich immer noch jederzeit möglich ist. Der bekannteste Fundort ist als »Clapham Junction« ausgeschildert, benannt nach einem Londoner Bahnhof gleichen Namens. Von der Bushaltestelle der früheren Hauptstadt Rabat aus ist es zu Fuß gut eine Stunde auf der Straße, die zu den Dingli-Klippen führt. Dass es kräfteschonender geht, davon zeugen hier und da Busse voller Touristen, die in der Hauptsaison über die Linien stapfen und dabei mehr oder weniger aufmerksam den Ausführungen ihrer einheimischen Guides lauschen.

Nach ihrem Aussehen werden die »Cart Ruts« vornehmlich als bronzezeitliche Transportwege bezeichnet und in die Zeit zwischen 1800 und 1000 v. Chr. datiert. Auf den ersten Blick eine recht plausibel klingende Erklärung – würde sie nicht in jedem Fall kläglich an ihrer Undurchführbarkeit scheitern.

Karrenspuren können es, wie ich einleitend schon feststellte, überhaupt nicht gewesen sein. Wie unsinnig dieser Gedanke ist, zeigt sich an der Tiefe und Ausformung der Rillen. Da jene oft bis zu 70 Zentimeter beträgt und die Rillen nach unten hin generell schmäler werden, sind zahlreiche Probleme vorprogrammiert. Das Rad müsste in diesem Fall einen Durchmesser von mindestens 1,40 Meter aufweisen und im Querschnitt überdies konisch ausgeformt sein. Das hieße im Klartext, dass das hypothetische Rad ausgerechnet an der Lauffläche am schmälsten wäre – was sich aber als extrem ungünstig beim Transport schwerer Lasten herausgestellt hätte. Auch wird von den Verfechtern jener »Karrentheorien« außer Acht gelassen, dass – zumindest nach ihrer Lesart – die Rillen erst mit der Zeit ihre endgültige Tiefe erreichten. Wuchsen dann etwa die Durchmesser der Räder mit der Tiefe der Rillen mit?

Wie dem auch sei: Spätestens in der ersten Kurve ginge sowieso nichts mehr, da die Räder des – hypothetischen – Karrens blockieren würden! Noch komplizierter wird es, wenn ein Paar dieser ominösen Doppelrillen in seinem Verlauf die Spurweite ändert. Dann ist bereits auf der Geraden »rien ne va plus« für die Theorie mit den Karrenspuren angesagt.

Abb. 11: Bis zu 70 Zentimeter tief sind die rätselhaften Cart Ruts von Malta.

Könnten Lastenschlitten, deren Kufen sich mit der Zeit ins Kalkgestein eingegraben haben, des Rätsels Lösung sein? Sicher nicht. Denn für Schlittenkufen gilt in noch verstärkterem Maß, was bereits die Karrentheorie kläglich scheitern ließ. Die Kufen wären noch viel starrer als die (hypothetischen) Räder der Karren und erst recht im Gewirr unterschiedlicher Spurbreiten und Kurven hängen geblieben.

Noch eine Idee: Hängte man irgendwelchen Lasttieren Astgabeln um, deren beiden Spitzen über den Boden kratzten und auf diese Weise für die Entstehung der Spuren sorgten? Mit dieser Theorie meinten ein paar ganz besonders schlaue Köpfe gleich zwei Fliegen mit einer Klappe zu schlagen: Abgesehen von einer Erklärung für die Entstehung der Cart Ruts hätte man gleichzeitig noch ein passendes Denkmodell für den Transport des Baumaterials für die großen Tempelanlagen. Eine »Straße der Monolithen« gewissermaßen.

Doch welche Tierart soll derlei Gewichte tragen? Zwergelefanten vielleicht, deren Knochen in der »Höhle der Finsternis« von Ghar Dalam ausgegraben wurden? Jene einst im nordafrikanischen Raum beheimatete Spezies starb vor ungefähr 300 000 Jahren aus – und dies ist locker das Hundertfache von dem, was die Archäologen den Cart Ruts zugestehen.

Es ist schon ein rechtes Kreuz mit dem Ast respektive mit der Astgabel. Denn es hätten sich ja auch noch, zwischen jenen angenommenen Kratzspuren der eisenharten Astgabeln, Trittspuren der geschundenen Zugtiere in das Kalkgestein einkerben müssen. Und zu allem Unglück führen die »Gleise« an einigen Stellen – wie etwa bei Ta C'enc auf der Nachbarinsel Gozo – unübersehbar und geradewegs ins Meer. Taucher sind ihnen gefolgt und haben sie noch in 42 Meter Tiefe erkennen können.

Hier beginnt denn auch der nächste Teufelskreis. Entstanden die rätselbehafteten Linien, *bevor* der Wasserspiegel des Mittelmeeres anstieg, dann sind sie um vieles älter, als man bisher vermutete. Von unbedeutenden Schwankungen einmal abgesehen, hielt der mediterrane Wasserstand nämlich seit über 10 000 Jahren dieselbe Höhe – seit dem Ende der letzten Eiszeit, wenn wir genau sind. Wurden die Rillen aber gezogen, *nachdem* der Pegel stieg, kommen wir nicht umhin die Frage zu stellen: Welch unbekannte Kraft prägte vor unbekannten Zeiten die »Cart Ruts« in den Boden Maltas?

Eine recht fantastisch klingende Überlegung zu dieser Frage präsentierte mir ein Teilnehmer einer Leserreise, welche im April 2001 auf die Rätselinsel führte. Er entdeckte bei einem Rillenpaar mitten in der Stadt San Gwann zwei gerade, parallel verlaufende dünne Linien, welche die Rillen im rechten Winkel schneiden. Mein Leser hat in seinem Beruf mit Lasertechnologie zu tun und er erklärte mir, dass diese Linien sehr frappierende Ähnlichkeiten aufweisen mit jenen Schnitten, welche ein Hochleistungslaser im Konturenschnitt über geformtes Material hinterlässt. Hierbei käme es zu einer Art optischer Verzerrung – auf jeden Fall müssten die Schnitte gänzlich anders verlaufen, würde man sie vergleichsweise mit einer Trennscheibe verursachen. Es scheint dies ein Gedanke, den man zumindest einmal vorurteilsfrei diskutieren und abwägen sollte. Nicht zum ersten Mal hätte ein Praktiker, frei von akademischer Vorbelastung, gangbare Erklärungsmöglichkeiten aufgezeigt. Eine genauere Untersuchung durch unabhängige Spezialisten würde vielleicht zu überraschenden Ergebnissen führen. Wer weiß ...

Eine recht seltsame Bodenbearbeitung – ich sah diese selbst zum ersten Mal und las auch noch nichts in anderen Werken hierüber – wurde mir gleichfalls im April 2001 in der Nähe von Ta C'enc gezeigt. Auf den zum Teil offen zutage tretenden Platten aus Kalkgestein, ganz in der Nähe der fast 150 Meter abfallenden Steilküste, sind zahlreiche parallel laufende Linien von etwa 1,50 Meter Länge eingekerbt. Diese Struktur, den Spuren von Panzerketten in weichem Untergrund ähnlich, ziehen sich über mehrere Meter Länge hin. Entstehung und Zweck sind unbekannt. Ich nahm sie dankbar in meine Sammlung rätselhafter Linien in Malta auf und gab ihnen – nach ihrer sympathischen Entdeckerin – scherzhaft den Namen »Katja Ruts«.

Abb. 12: Was bedeuten diese seltsamen panzerkettenähnlichen Muster im Boden bei Ta C'enc auf der Insel Gozo?

Abstieg in die Unterwelt

Maltas mit Abstand größtes megalithisches Rätsel liegt tief unter der Erde verborgen. In dem bei Paola, südlich von Valletta, liegenden Ort Hal Saflieni machte man im Jahre 1902 überraschend einen epochalen Fund.

Bauarbeiter, die den Boden für einen Neubau aushoben, stießen damals plötzlich auf ein System von ungewöhnlich gleichmäßig gestalteten und hervorragend erhaltenen Räumen, die weit unter die Erde führten. Die Bauherren waren natürlich viel weniger begeistert als die Archäologen, die in den Folgejahren hier forschten, sahen sie doch bereits ihre Termine durch langwierige Baustopps gefährdet. So setzten sie ihre Arbeiter unter Druck, damit diese ihre Entdeckung geheim hielten und die Bauarbeiten fortsetzten, als sei nichts geschehen.

Das Haus wurde zwar gebaut, aber die Existenz des *Hypogäums* (dt.: »unterirdischer Raum«; von grch. *hypo = unter* und *gaia = die Erde*) ließ sich nicht geheim halten. Bis zu dessen Schließung in den Achtzigerjahren – die Altertümerverwaltung befürchtete die rasche Zersetzung von Deckenmalereien durch Ausdünstungen der Besucher – galt es als die prähistorische Hauptattraktion der Insel.

Wieder geöffnet wurde das Hypogäum im Sommer 2000 und mir war sowohl ein Besuch davor als auch danach vergönnt, doch darüber etwas später mehr.

Der Eingang – durch das 1902 erbaute Haus – liegt ebenerdig. Durch den Bau wurde übrigens das oberste, mit dem Bodenniveau abschließende Stockwerk unwiederbringlich zerstört. Des Weiteren führen drei verbliebene Etagen gute zwölf Meter tief unter die Erde; sie sind heute über eine neu erbaute Wendeltreppe zu erreichen. Der ganze Komplex der übereinander liegenden Räume ist perfekt aus dem gewachsenen Fels herausgearbeitet. Da gibt es Ein- und Durchgänge, Kammern und Nischen in unterschiedlichen Größen. Dazwischen ragen gemeißelte Säulen nach oben, stützen die Kuppel der Haupthalle. Alle Elemente sind tadellos gearbeitet. Man erkennt scharfe Kanten, mächtige Steinbalken und fugenlos aus dem Steinboden ragende Monolithen. Kurzum – alles wirkt wie »aus dem Vollen geschnitzt«.

Licht aus – Spot an!

Die Archäologen datieren die ganze Anlage auf ein Alter zwischen 5500 und 6500 Jahren und vermuten, dass es sich um einen jungsteinzeitlichen »Orakelort« handelte. Dieses wohl deshalb, weil das Hypogäum über eine außergewöhnliche Akustik verfügt. Spricht man nämlich in eine in die Felswand eingearbeitete Höhlung, so wird die Stimme kräftig verstärkt im gesamten Hypogäum vernommen. Als ich im April 1999 – ein Jahr vor der offiziellen Wiedereröffnung – unten war, hatte ich noch Gelegenheit, dies Phänomen selbst auszuprobieren. Anlässlich dieses Besuches war es mir auch noch vergönnt, eine Reihe eindrucksvoller Aufnahmen für mein Archiv zu machen. Fotos, die beim jetzigen Zustand der Anlage nicht mehr möglich sind, einmal abgesehen von dem dort herrschenden absoluten Fotografierverbot.

Ungeklärt ist die Frage, wer die Planer und Erbauer dieses in jeder Hinsicht staunenswerten unterirdischen Bauwerkes waren. Steinzeitmenschen, vermutet man, müssen all die Arbeiten geplant und verrichtet haben. Steinzeitmenschen jedoch, heißt es im gleichen Atemzug, könnten kaum über das dafür notwendige Know-how verfügt haben. Nein, noch nicht mal über eine Schrift, die eigentlich die Grundvoraussetzung für jegliche Art Planung darstellt.

Könnte es nicht sein, dass es ganz andere waren, die das Hypogäum vor unbekannten Zeiten erbaut haben, und spätere steinzeitliche Bewohner Maltas die Anlage nur irgendwann übernahmen, nachdem die ursprünglichen Besitzer wieder das Feld geräumt hatten?

Eine grausige Entdeckung weist immerhin auf einen möglichen Verwendungszweck vor unbestimmter Zeit hin: Unter meterhohem Knochenstaub fand man eine riesige Anzahl – Schätzungen sprechen von 6000 bis 7000 – menschliche Skelette. Was ging dort unten vor sich? War das Hypogäum ein Begräbnisplatz? Es ist wohl eher unwahrscheinlich, dass man den Kraftort für solche profane Zwecke benutzte. War es ein Opferplatz für barbarische Menschenopfer? Und wenn ja, *wem* wurde dort geopfert?

Das massenhafte Vorhandensein von Knochenstaub spricht denn eher dafür, dass die – bislang noch unbekannten – »Vorbesitzer« des Hypogäums dort recht »unheiligen« Tätigkeiten nachgegangen sind. Nichts Genaues weiß man nicht...

Was jedoch heutzutage dort vor sich geht, davon konnte ich mir anlässlich eines weiteren Besuches im April 2001 ein genaues Bild machen. Denn aus diesem uralten und geheimnisumwobenen Kraftort hat man – ich kann es nicht anders ausdrücken! – ein fürchterliches Touristenspektakel gemacht. Und zwar unter dem Label »UNESCO – Weltkulturerbe der Menschheit«. Man verlegte kilometerweise Stromkabel und installierte Laufstege aus rostfreiem Edelstahl, die dort unten mehr oder weniger belastungsfrei aufgehängt sind. Nur einhundert Besuchern pro Tag – dies sind maximal zehn in der Stunde – gewährt man Zutritt zu einer insgesamt halbstündigen Besichtigung.

Das ganze Procedere läuft so ab, dass man zunächst ein Video vorgespielt und dann in einer ungefähr zwanzigminütigen Führung einige wenige Meter Hypogäum gezeigt bekommt. Leider ist das untere Stockwerk nicht mehr zugänglich. Ein perfide ausgeheckte s System der Beleuchtung, mit sekundengenau an- und ausgehenden Spots, macht jedes längere Verweilen der Besucher an einem Platz über die berechnete Dauer hinaus unmöglich. Man hat gar keine andere Wahl, als der weiterwandernden, äußerst spärlichen Beleuchtung stur zu folgen. Lückenlose Videoüberwachung sowie ein Sensorsystem mit Sprinkleranlage tun ein Übriges, um diesem uralten Ort seine Letzte ihm eigene mystische Ausstrahlung zu rauben. Ich bin froh, 1999 – noch vor Fertigstellung des Hightech-Spektakels – Gelegenheit gefunden zu haben, tief unten im Schoß der Erde

Abb. 13: Das Hypogäum von Hal Saflieni,
wie wir es heute nicht mehr zu Gesicht bekommen.

jene ungelösten Rätsel auf mich wirken zu lassen, die den ureigenen Reiz des Hypogäums ausmachen. Zwiesprache mit den Göttern...

Wer jedoch das »alte« Hypogäum nie kennen gelernt hat, wird der aktuellen »Version« trotzdem etwas abgewinnen können. Lassen Sie sich durch meine Zeilen also nicht entmutigen.

Insel der Megalithen

Doch selbst wenn man über die heutige Erscheinungsform des größten Megalithrätsels der Insel geteilter Meinung sein kann, eine Reise ist Malta immer wieder wert. Dafür sorgen schon die zahlreichen faszinierenden Tempelanlagen wie Hagar Qim (sprich Hadschar'im), Mnaidra, Tarxien oder Ggantija.

In Letzterer, die sich auf der Nachbarinsel Gozo befindet, ist übrigens mit einer Länge von 7,81 Metern der größte Monolith der Inseln verbaut. Die Überlieferung berichtet, dass dort vor Urzeiten eine hochschwangere Riesin den Tempel erbaut hätte. Nach getanem Werk habe sie dann im Schutz der Mauern einen »Riesensohn« geboren, welcher die ersten Jahre seines Lebens in besagtem Tempel verbrachte.

Ein kühner Gedanke am Rande: Hatten die Ureinwohner der Inseln eine Hightech-Baumaschine beobachtet, mit der unbekannte Wesen eine Art Schutzraum für deren Gerätschaften errichteten? Nach getaner Arbeit entstieg jener riesenhaften Maschine, vergleichbar mit unseren heute im Straßen- und Bergbau eingesetzten Bulldozer-Giganten, ein Individuum, welches das »Ding« zu bedienen hatte und in der darauf folgenden Zeit auch die Anlage betreute. Missverstandene Technologie...

Im Zusammenhang mit den megalithischen Anlagen Maltas möchte ich an dieser Stelle noch ein rätselhaftes Faktum erwähnen, das meines Wissens noch in keinem archäologischen Werk erwähnt ist. Bei einer Reihe von Tempeln, wie etwa Skorba und Ta'Hagrat, welche für die Öffentlichkeit nicht zugänglich sind, vermochte ich an einander gegenüber platzierten Monolithen stets eine auffällige Kompassabweichung zu messen. Diese Deklination bewegte sich zumeist in einem Bereich von 30 bis 60 Winkelgraden, in Extremfällen konnte sie sogar 90 Grad und mehr betragen. In Kapitel 12, »Rätsel der Anden«, schildere ich ähnliche, zum Teil noch viel dramatischere Kompassabweichungen, welche ich in den Anlagen von Tiahuanaco und Puma Punku, im bolivianischen Hochland, messen konnte.

Wer auf seinem Reiseplan öfters alte Tempel und Megalithanlagen vermerkt, sollte also nicht auf die Mitnahme eines Kompasses verzichten!

»Unanfechtbare Wahrheiten gibt es überhaupt nicht und wenn es welche gäbe, so wären sie langweilig.«

Theodor Fontane (1819–1898)

6 Im Schatten der vergessenen Pyramiden

Auf Forschungsreise durch das verbotene China

Ein grauer, frostiger Morgen liegt über China. Wir schreiben das Jahr 1945. Auch im Fernen Osten sind in diesem späten Winter die letzten Tage des Zweiten Weltkrieges angebrochen. Die Würfel sind gefallen: Zwar kämpfen noch immer versprengte japanische Truppen in China, aber Verbände der Alliierten sind im Einsatz, um die Japaner aus dem Reich der Mitte zu vertreiben.

An diesem Morgen besteigt ein Pilot der US-Air-Force, James Gaussman, fröstelnd seine Maschine. Sein Auftrag ist, das Qin-Ling-Shan-Gebirge südwestlich von Xian in Zentralchina zu überfliegen, um eventuelle Truppenbewegungen zu melden. Ein Routineauftrag, ein alltäglicher Aufklärungsflug.

Doch für den jungen Amerikaner wird dieser Tag über den Weiten Zentralasiens zum aufregendsten seines Lebens. Mit seinem Flugzeug kurvt er über die hoch gelegenen Seitentäler des Gebirges – immer nach feindlichen Truppenbewegungen spähend. Jedoch bemerkt er nichts, was militärisch von Bedeutung wäre. Aber er entdeckt etwas völlig Unglaubliches.

Beim tiefen Anflug auf ein Seitental sieht er plötzlich ein fantastisches Bauwerk. In seiner Militärkarte ist es nirgends verzeichnet. Mehrere Male umkreist er das Gebilde, macht sogar ein Foto davon, kann aber leider nicht landen. Er traut seinen Augen nicht: eine gigantische Pyramide und das mitten in China! Er kann, nein, er will es gar nicht glauben, denn sein Schulwissen sagte ihm bis zu jenem Tag, dass Pyramiden nur in Ägypten und Mittelamerika stehen.

Später gibt der Air-Force-Pilot einen Bericht mit folgendem Wortlaut zu Protokoll: »Ich flog um einen Berg und dann kamen wir über ein ebenes Tal. Direkt unter uns lag eine gigantische, weiße Pyramide. Es sah aus wie im Märchen. Diese Pyramide war von schimmerndem Weiß umhüllt. Es hätte auch Metall sein können oder irgendeine Art von Stein. Sie war an allen ihren Seiten völlig weiß. Das Bemerkenswerteste daran aber war ihre Spitze: ein großes Stück edelsteinähnliches Material. Es war für uns unmöglich, zu landen, obwohl wir es gerne getan hätten. Wir waren von der gewaltigen Größe dieses Dinges tief beeindruckt.«

Als Gaussman die riesige Pyramide erblickt, wird ihm sofort klar, dass ihm das keiner seiner Vorgesetzten glauben würde. So entschließt er sich vom Flugzeug aus ein Foto zu machen. Nach seiner Rückkehr wird dieses Bild sofort entwickelt und nach der Auswertung gibt es einen gewaltigen Schock. Das mysteriöse Bauwerk hat demnach eine Höhe von etwa 300 Metern, bei einer Seitenlänge an seiner Basis von fast einem halben Kilometer! Darum verschwindet das Foto für die folgenden 45 Jahre in den Archiven des amerikanischen Militär-Geheimdienstes. Wilde Gerüchte über Pyramiden in China jedoch, höher als die Cheops-Pyramide in Ägypten, wollen seither nicht mehr verstummen.

Colonel Sheahans Sichtung

Zwei Jahre später. Erneut wird das gewaltige Bauwerk gesichtet. Unter der Schlagzeile »U. S.-Pilot berichtet von riesiger chinesischer Pyramide in abgelegenen Bergen südwestlich von Sian« berichteten sowohl die »New York Times« als auch der

THE NEW YORK TIMES, FRIDAY, MARCH 28, 1947.

U. S. Flier Reports Huge Chinese Pyramid In Isolated Mountains Southwest of Sian

SHANGHAI, March 27 (U.P.)—A giant pyramid in isolated mountains of Shensi Province in western China was reported today by Col. Maurice Sheahan, Far Eastern director for Trans World Airline.

From the air, Colonel Sheahan said, the pyramid seems to dwarf those of Egypt. He estimated its height at 1,000 feet and its width at the base at 1,500 feet.

The pyramid, he said, is at the foot of the Tsinling Mountains, about forty miles southwest of Sian, capital of the province. A second pyramid, he continued, appears much smaller.

The pyramid, Colonel Sheahan went on, is at the far end of a long valley, in an inaccessible part. At the near end, he said, are hundreds of small burial mounds. These can be seen, he said, from the Lung-Hai railroad.

"When I first flew over it I was impressed by its perfect pyramidal form and its great size," Colonel Sheahan said. "I did not give it thought during the war years partly because it seemed incredible that anything so large could be unknown to the world.

"From the air we could see only small footpaths leading to a village at the site of the pyramid."

Chinese said that because of the almost complete absence of communications, even trails, in some parts of the West China mountains it was not impossible that a huge pyramid might have been long forgotten.

Colonel Sheahan, from Ontario, Calif., has spent nine years in lesser-known areas of western China. First he was a transportation adviser to the Chinese Government. During the war, as an American Army colonel, he was forward supply director for the Flying Tigers.

Dr. James L. Clark of the American Museum of Natural History and Dr. Arthur Upham Pope of the Asia Institute last night characterized the reported discovery of a Chinese pyramid as of great scientific interest.

Dr. Clark called it a "very significant find." Dr. Pope said the presence of such a pyramid was "entirely consistent with the earliest known phases of the Chinese religion."

"From what we know of the religion it might be expected that such a pyramid would be discovered," he said. "It is undoubtedly the burial mound—composed of tamped earth—of a high potentate.

Abb. 14: Am 28. März 1947 berichtete die »New York Times« über den Flug von Colonel Maurice E. Sheahan über eine 300 Meter hohe Pyramide südwestlich von Xian.

»Los Angeles Herald Express« am 28. März 1947 von dieser überdimensionalen Pyramide.

Maurice Sheahan war der Name dieses Piloten, und ich konnte etliches Wissenswerte über den zweiten Mann, dem es vergönnt war, die größte Pyramide unseres Planeten zu Gesicht zu bekommen, herausfinden.

So ergab eine förmliche Anfrage bei der »California State Library« in Sacramento, dass Colonel Maurice E. Sheahan in der Ausgabe 1964/65 des Jahrbuches »World Who's Who in Commerce and Industry« aufgeführt war. Am 14. Mai 1902 in Kewanee/Illinois geboren, war er während der späten Dreißigerjahre als Berater der Regierung in China tätig. Für die Jahre 1945 bis 1947 ist er als »Assistant General Manager« der Fluggesellschaft TWA geführt. In die Zeit dieser Tätigkeit fällt schließlich auch seine Beobachtung der legendären *Weißen Pyramide*.

Colonel Maurice Sheahan verstarb am 27. Februar 1975 in Vacaville/Kalifornien, wo sein Sohn Donald E. Sheahan noch heute lebt. Dieser erinnert sich übrigens noch recht gut daran,

Abb. 15: Colonel Maurice E. Sheahan (1902–1975)

dass sein Vater wiederholt darüber gesprochen habe, die bewusste Pyramide bereits während des Krieges und dann erneut 1947, als Sheahan in Diensten der Fluggesellschaft TWA stand, gesichtet zu haben. Sheahan jr. ist auch sicher, dass auf dem besagten TWA-Flug mehrere Direktoren der Firma anwesend waren, in deren Nachlässen gleichfalls Aufzeichnungen und vielleicht sogar Fotos dieser gigantischen Pyramide zu finden sein müssten.

Der ehemalige Angehörige der »Flying Tigers« gab den Standort der Pyramide mit 40 Meilen südwestlich von Xian, am Ende eines lang gezogenen Tales im Qin-Ling-Shan-Gebirge an, welches äußerst schwierig auf dem Landweg zu erreichen sei. Gleichfalls wusste er von »Hunderten kleinerer ›Grabhügel‹« zu berichten, die auch im genannten Tal zu finden seien. Neben der *Weißen Pyramide* konnte er eine weitere, jedoch deutlich kleinere erkennen. Und er war zeit seines Lebens erstaunt über die Tatsache, »dass etwas so Riesiges der Welt nicht bekannt ist«.

Mindestens ebenso erstaunlich ist, dass 1947 diese Nachricht aus China zwar lebhaftes Interesse vor allem in den Vereinigten Staaten hervorrief, in den Folgejahren jedoch die Existenz dieser Pyramiden sowohl von den Archäologen wie auch von den Politikern unter den Tisch gekehrt wurde.

Entree in die verbotenen Zonen

Szenenwechsel. Wir schreiben Juli 1993. Es sind mittlerweile 46 Jahre vergangen, seit Colonel Maurice Sheahan die große Pyramide in den Weiten Chinas gesichtet hatte. Ich arbeitete an einem Buch über außerirdische Spuren im Fernen Osten, das im darauf folgenden Jahr unter dem Titel »Die weiße Pyramide« erschien und seither in einem Dutzend Sprachen um die Welt ging.

Bei einem Vortrag Erich von Dänikens lernte ich einen jungen Chinesen, Herrn Chen, kennen, der in Deutschland Touristik studiert hatte und nun bei einem Reiseveranstalter für das

Gebiet China und Fernost verantwortlich war. Mit ihm diskutierte ich auch über mein geplantes Buch, denn ein Kapitel des Werkes würde von Pyramiden handeln, die in der Umgebung der Provinzhauptstadt Xian vermutet werden.

Spätestens hier hätte jeder Archäologe lauthals protestiert, denn Pyramiden in China gab es ja gemäß der offiziellen akademischen Meinung nicht. Nicht so Herr Chen: Geboren in Xian, vermochte er sich an hinter vorgehaltener Hand geflüsterte Erzählungen erinnern, die er in seiner Kindheit über exakt jene Pyramiden gehört hatte.

Und so machte mir der nette Chinese eine verlockende Offerte. Er würde versuchen, alle seine guten Verbindungen zu Ministerien und Kadern in Peking in die Waagschale zu werfen, um mir die Einreise in die geheimnisumwobenen verbotenen Pyramidenzonen der Provinz Shaanxi zu ermöglichen. Klar, dass ich das großmütige Angebot dankend annahm.

Der langen Rede kurzer Sinn: Mitte März 1994 war es endlich so weit. Zusammen mit meinem Wiener Freund Peter Krassa, Koautor meines Buches »Satelliten der Götter«, durfte ich als erster Ausländer meinen Fuß in die gleichermaßen für Touristen wie für »Normalchinesen« gesperrten Zonen setzen. Und ein weiteres Mal dann im Oktober desselben Jahres, als ich eine Gruppe meiner Leser dorthin führte.

Was bislang der erklärte Wunschtraum so manches Autorenkollegen oder Journalisten sowie Inhalt zahlreicher Spekulationen war – endlich wurde es zur Gewissheit! Es gibt in China Pyramiden, und zwar so viele, dass sie die Anzahl der ägyptischen bei weitem, sogar um ein Vielfaches übertreffen. Es sind zwar in aller Regel Pyramiden von dem Typ, wie man ihn in Mittelamerika findet, also oben abgeflacht. Und überdies dürfen wir eines nicht außer Acht lassen: Als man in den Urwäldern Mexikos und Guatemalas die so zahlreich vorhandenen Maya-Pyramiden ausgrub, sahen deren Überreste, als man sie vom üppigen Pflanzenwuchs des Regenwaldes zu befreien begann, kaum anders aus als diese hier beschriebenen Pyramiden Chinas. Angesichts dieser Ähnlichkeiten darf man sogar die Frage nach möglichen Kontakten zwischen den beiden Hochkulturen stellen.

Wo, bitte, geht es hier nach Mao Ling?

Es ist geradezu grotesk, wie wenig man sogar in ihrer unmittelbaren Umgebung von diesen rätselhaften Bauwerken weiß. Erst 1991 wurden drei Pyramiden sowie eine weitere, nahezu abgetragene, etwa 20 Kilometer vor den Toren Xians entdeckt. Und zwar ganz zufällig, als man eine Schnellstraße plante, die den neu gebauten Flughafen mit der Provinzhauptstadt Xian verbindet. Und im Januar 1994 – zwei Monate vor meiner ersten Expedition in Chinas verbotene Zonen – fand man nördlich von Xian, an den Ufern des Flusses Wei Ho, mehrere Pyramiden. Eines dieser Bauwerke steht, wie zwischenzeitlich angestellte Berechnungen ergaben, beinahe exakt auf dem geometrischen Mittelpunkt des alten Reiches der Mitte. Man ahnt es bereits: In den Pyramiden Chinas liegt ein unglaubliches, altes Wissen verborgen.

In derselben Region, unweit der 500 000 Einwohner zählenden Stadt Xianyang, liegt das Pyramidenfeld von Mao Ling. Von der Peripherie Xians aus sind es knapp 50 Kilometer, für die wir aufgrund widriger Verkehrsverhältnisse gute eineinhalb Stunden Fahrtzeit benötigten. Es ist nicht allzu leicht zu finden: Fahrer und Dolmetscher fragten mindestens zehn Leute nach dem Weg, um daraufhin gut 20 Antworten aus berufenem Mund zu bekommen. Biegt man dann aber an der richtigen Stelle ab und überquert die Gleise der dort verlaufenden Lung-Hai-Eisenbahnlinie, so beginnt sich die Silhouette der großen Pyramide von Mao Ling schon von weitem abzuzeichnen. Inmitten landwirtschaftlich genutzter Flächen bietet sich ein Anblick, den man dort zuallerletzt vermuten würde. Fast 100 Meter hoch, erhebt sich ein Bauwerk, das seine Pyramidenform keineswegs zu verleugnen vermag.

Die riesige Pyramide, die wahrscheinlich das Grabmal des

Kaisers Wudi (141–87 v. Chr.) aus der Han-Dynastie enthält und die im Jahre 1934 erstmals von einem deutschen Piloten fotografiert wurde, steht wie ein Fremdkörper in der brettebenen Landschaft. Irgendwie unwirklich. Und ich werde den Verdacht nicht los, dass man an diesem Ort irgendetwas verbergen will. Denn vor mittlerweile zehn Jahren hat man damit begonnen, an den Seitenflächen dieser und einer Reihe anderer Pyramiden – sie bestehen im Gegensatz zu ihren ägyptischen Pendants aus hartgeklopftem Lehm und Löss – kleine Nadelgehölze anzupflanzen. Soll es womöglich in 20 Jahren offiziell heißen, dies wären keine Pyramiden, sondern schlicht und einfach natürliche Hügel?

Ein Tabu für die Wissenschaft?

Bezeichnend für diese Haltung mag die Auskunft sein, die mein Wiener Freund und Autorenkollege Peter Krassa aus dem Munde des Pekinger Professors Xia Nai erhielt, als er diesen nach dem Zeitpunkt der Öffnung jener geheimnisvollen Pyramiden fragte: »Mit diesem Problem soll sich die nächste Generation beschäftigen.«

Offenbar stellen Chinas Pyramiden so etwas wie ein Tabu für die Wissenschaft dar, ein abgrundtiefes Geheimnis, vor dessen Ergründung die Gelehrten aus welchen Motiven auch immer zurückschrecken. Wovor hat man Angst, welche Entdeckungen, die unser traditionelles Weltbild zu Fall bringen könnten, fürchtet man?

Doch langsam, aber sicher ändern sich die Zeiten. Fotos und Videoaufnahmen, die ich – unbehelligt! – von den Pyramiden Chinas gemacht habe, gingen in zahlreichen Ländern durch die Medien. Selbst Nippon-TV und das australische Fernsehen wollten da nicht zurückstehen und berichteten ausführlich in ihren Programmen. Und natürlich ist man auch im Reich der Mitte neugierig geworden auf die Rätsel, welche dort noch ihrer Lösung harren. In der Zwischenzeit sind zwei meiner Bücher –

»Die Weiße Pyramide« und »Wenn Götter Gott spielen« – in chinesischer Sprache erschienen. Der Bekanntheitsgrad des Autors in der Volksrepublik könnte bewirken, dass sich das Reich der Mitte darauf besinnt, dass es noch weit mehr Attraktionen zu bieten hat als »nur« die Große Mauer, die Tonarmee des Kaisers Qin Shi Huangdi und eine Reihe weiterer Highlights. Wait and see!

Was kann ich mir eigentlich mehr wünschen, als dass Tausende von Chinesen, meine »Weiße Pyramide« in der Hand, in ihrem Lande auf die Suche nach einer fantastischen Vergangenheit gehen? Apropos Weiße Pyramide: Die von mir besuchte Pyramidenzone der Provinz Shaanxi dürfte sich etwa auf ein Gebiet von mindestens 2500 Quadratkilometern erstrecken und identisch sein mit jenem »näheren Ende des Tales mit Hunderten von Begräbnispyramiden«, wie es Colonel Maurice Sheahan 1947 beschrieb.

Doch die 300 Meter messende »Mutter aller Pyramiden Chinas« befindet sich am entgegengesetzten, nahezu unzugänglichen Ende des zwischen die Qin-Ling-Berge führenden Tales. Nach neuesten Informationen soll sich in ihrer unmittelbaren Nähe eine Raketenabschussbasis des chinesischen Raumfahrtprogramms befinden. Dies mag wohl der Grund sein, warum mir bislang noch nicht erlaubt wurde, auch jenes gigantische Bauwerk persönlich in Augenschein zu nehmen.

Die NASA oder der US-Geheimdienst CIA dürften wahrscheinlich über Aufnahmen ihrer Spionagesatelliten von diesem Gebiet verfügen, doch die genannten Organisationen hüllen sich in Schweigen ...

Bauwerke aus einer anderen Welt

Die weitaus meisten Pyramiden konnte ich im Umkreis von Xianyang begutachten, einer Stadt gut 40 Kilometer von Xian entfernt. Das die Stadt umgebende Gebiet ist beinahe menschenleer, geradezu unheimlich. Nur eine Hand voll Bauern ackern im

Schatten jener Pyramiden, die da zu Dutzenden in der bretteebenen Landschaft zwischen dem Qin Ling Shan im Süden und den Shensi-Bergen im Norden stehen, mit hölzernen Ochsenpflügen wie zu Olims Zeiten. In dieser ausgedehnten Ebene von Qin Chuan, einem »Tal der Pyramiden«, stehen diese Bauwerke einfach da und erinnern an Fremdkörper aus einer anderen Welt. Man fühlt sich beinahe auf einen fremden Planeten versetzt.

Respektgebietend erhebt sich eine mehr als 70 Meter hohe Pyramide, nur etwas mehr als einen Kilometer von der Stadtgrenze von Xianyang – und doch bereits Zeiten und Welten von unserer modernen Zivilisation entfernt. Wie Spielzeug wirken Bäume und Menschen am Fuße dieses hohen Bauwerkes. Als ich es erklommen hatte, erwartete mich eine große Überraschung.

Ganz oben fand ich einen regelrechten Einsturzkrater. Durch die jahrtausendelange Erosion bedingt, musste ein sich darin befindlicher Hohlraum zum Einsturz gebracht worden sein. Was verbarg sich in dieser Kaverne? Geheime Kammern mit den sterblichen Überresten alter Herrscher, Schätze und Preziosen aus längst vergangenen Epochen?

Aber ich konnte nicht lange solchen Überlegungen nachgehen, denn noch atemberaubender gestaltete sich der Blick in die Umgebung. Mich einmal um die eigene Achse drehend, konnte ich in der unmittelbaren Nähe 17 Pyramiden verschiedener Höhe zählen, teilweise in Gruppen von zwei oder drei Stück angeordnet oder auch alleine stehend. Insgesamt dürften es wohl weit über einhundert dieser Bauwerke sein, die im »Tal der Pyramiden« existieren. Man kann hier auch von einer richtigen Pyramidenstadt sprechen – oder, noch besser, von einem Wald aus Fragezeichen, in den endlich eine Schneise aus probaten Antworten geschlagen werden will.

Als ich dort oben auf dieser Pyramide stand und sprachlos staunend in die Runde blickte, schoss mir plötzlich ein reichlich verwegener Gedanke durch den Kopf: Man sollte den Versuch machen, wenigstens eine dieser zahlreichen Pyramiden zu öffnen und nachsehen, was sie vor uns verbergen. Aber der nächste Gedanke brachte mich wieder in die Realität zurück, denn

Abb. 16: Kein ungewöhnlicher Anblick in dieser Region Zentralchinas, in der mehr als 100 Pyramiden stehen.

schließlich befand ich mich in einem Sperrgebiet. Jeder Versuch würde mit großer Wahrscheinlichkeit reichlich Unannehmlichkeiten nach sich ziehen. Man sollte es unterlassen, an jenen Ästen zu sägen, auf denen man selber sitzt!

Darum verwarf ich den verrückten Plan wieder. Bei soviel Geheimniskrämerei in den vergangenen Jahrzehnten ist man ja schon froh, überhaupt der Erste gewesen zu sein, der diese unglaublichen Bauwerke ansehen, fotografieren, filmen und sogar nach Herzenslust darauf herumklettern durfte.

Erinnerungen an die Himmelssöhne?

Werden wir eines Tages alle Geheimnisse ergründen, die sich um die mysteriösen Pyramiden Chinas ranken? Was stellen diese Bauten dar? Waren es »nur« die Gräber alter Herrscherdynastien, deren Vertreter hier mit Schätzen und Kostbarkeiten standesgemäß zur letzten Ruhe gebettet worden sind? Oder sind sie gleichermaßen Teil jenes gigantischen Systems heiliger Linien, in China unter dem Namen *Feng Shui* oder auch *Drachenwege* bekannt? Diese uralte Tradition aus dem Reich der Mitte schreibt nämlich haargenau vor, an welcher Stelle ein Bauwerk errichtet werden darf und wo nicht. Zuständig für die strikte Einhaltung dieser Vorschriften war in alten Zeiten das kaiserliche *Ritualamt*, dem auch sämtliche ungewöhnlichen Vorkommnisse und Sichtungen aus dem Riesenreich gemeldet werden mussten.

Beruhen diese Vorschriften vielleicht auf den Beobachtungen einfliegender UFOs in alten Zeiten? Es sollte uns nachdenklich stimmen, dass etwa der Begriff des Drachen im alten China viel eher auf ein fliegendes Hightech-Gerät hinweist als etwa auf irgendein mystisch-religiös verklärtes Fabelwesen. In der altchinesischen Mythologie kamen die Drachen stets röhrend und Feuer speiend zur Erde herab und Wesen aus Fleisch und Blut waren sie mit Sicherheit ebenfalls nicht. Wurden sie doch immer als *metallisch* charakterisiert. Und die »Flugdrachen«

des altchinesischen Helden No-Cha lassen sich heute – ohne die Fantasie allzu sehr zu strapazieren – als Hightech-Waffensysteme interpretieren.

Professor Wang Shiping vom Provinzmuseum in Xian – mit ihm führten Peter Krassa und ich lange Gespräche über erregende Geheimnisse aus Chinas großer Vergangenheit – vermutet insgeheim, dass alle Pyramiden in der Provinz Shaanxi nach den Gestirnen ausgerichtet sind. Aber noch ein weiterer Umstand verweist auf die Sterne und führt uns geradewegs in eine fantastische, vielleicht außerirdisch beeinflusste Vergangenheit jener zahlreichen Pyramiden Chinas. So hatten die beiden australischen Handelsreisenden Fred Meyer-Schroeder und Oscar Maman, welche zu Anfang unseres Jahrhunderts in die besagte Region kamen, Gelegenheit, mit einem alten Mönch über die Großbauten zu sprechen. Dieser erklärte ihnen ohne Umschweife, dass in den ältesten Aufzeichnungen seines Klosters, die ihrerseits auch bereits 5000 Jahre alt seien, diese Bauwerke nicht nur erwähnt, sondern sogar als »sehr alt« bezeichnet werden.

Die beiden Reisenden vertrauten ihrem Tagebuch an, was sie zu Gesicht bekommen hatten: »Es war noch viel unheimlicher, als wenn wir sie in der Wildnis gefunden hätten. Aber diese (gemeint sind mehrere Pyramiden; H. H.) lagen gewissermaßen unter den Augen der Welt, sind aber in den westlichen Ländern völlig unbekannt.«

5000 Jahre oder noch älter – das ist eine ganze Menge Zeit. In Europa hockte man da noch mehr oder weniger auf den Bäumen herum. Doch in China war bereits Kultur angesagt. Da sind wir mittendrin in jener Epoche, in welcher die legendären *Urkaiser* geherrscht haben. Und die wurden nicht müde, zu behaupten, dass sie nicht von irdischen Vorfahren abstammten, sondern vielmehr von den *Himmelssöhnen*, die vor sehr langer Zeit auf ihren Feuer speienden, metallenen Drachen aus dem Weltall zur Erde herabgekommen sind.

Womit sie bekanntlich nicht allein dastehen. Denn rund um unseren Globus begegnen wir ihnen mit schöner Regelmäßigkeit: Jenen Fremden aus dem Kosmos, von denen Dynastien von Herrschergeschlechtern ihre Herkunft ableiten.

Sollten uns die geheimnisvollen Pyramiden Chinas vielleicht an die alten Lehrmeister aus dem Kosmos erinnern – uns Menschen einer unbedeutenden kleinen Welt, die wir so gerne so überheblich sind, daran gemahnen, dass wir nicht die Einzigen und schon gar nicht die Klügsten im unendlichen Universum sind?

»Ihr Menschen habt Augen um zu sehen
und seht doch nichts.«
Ezechiel (bibl. Prophet, 6. Jh. v. Chr.)

7 »Wenn es nicht so fantastisch klingen würde ...«

Die Sternenkarte aus dem Mumiengrab

In der Kommune von Wulipai, einem östlichen Randbezirk von Changsha, der Hauptstadt der ostchinesischen Provinz Hunan, steht ein kegelförmiger Hügel von ungefähr 500 Meter Umfang. Schon seit vielen Jahrhunderten trägt dieser Ort den Namen »Ma Wang Dui«, was so viel bedeutet wie »Begräbnishügel des Königs Ma Yin«. Der bewusste König war ein Herrscher aus der unruhigen Zeit der »Fünf Dynastien« (907–960 n. Chr.), in der das Reich der Mitte nach blutigen Kriegen wieder einmal in mehrere Teilstaaten zerfallen war. Doch erst gut 1000 Jahre später rückte dieser Ort in das Bewusstsein von Forschern, zunächst im eigenen Land, später in das von Wissenschaftlern wie interessierten Laien aus aller Welt. Ein geheimnisumwobener Fund hatte die Aufmerksamkeit derselben auf sich gezogen.

Lazarett im Grabhügel

Es war Anfang Januar des Jahres 1972 und der »Kalte Krieg« unseligen Angedenkens zwischen den Mächten des Westens und den kommunistischen Staaten entzweite die Welt, beeinflusste die Politik und das Tagesgeschehen. Die Vereinigten Staaten von

Amerika traten in ihrem Langzeittrauma Vietnam auf der Stelle, und ein Übergreifen auf andere Länder in der Region schien beinahe unvermeidlich. Überall in der Volksrepublik China, die damals nicht nur ideologisch auf der Seite Nordvietnams stand, wurden eilig Vorbereitungen getroffen, falls es tatsächlich zu einer Ausweitung des Indochinakrieges nach Norden kommen sollte.

In Changsha machte sich eine Pionierabteilung der »Volksbefreiungsarmee« daran, am Fuße des Ma Wang Dui einen Stollen in den alten Begräbnishügel zu treiben. Es war geplant, an dieser Stelle für die Zivilbevölkerung und das Militär ein unterirdisches Notlazarett einzurichten.

Nachdem sich die Soldaten ungefähr zehn Meter in das Innere des Berges vorgearbeitet hatten, kam es plötzlich zu einem Erdrutsch. Nachdem sich der Staub verzogen hatte, fanden die Pioniere eine weißlich schimmernde Substanz, die sich als eine Art Tonerde erweisen sollte, wie sie normalerweise an diesem Ort nicht vorkam. Unvermutet war man hier auf eine bislang unentdeckte Grabanlage gestoßen und rief eilends die Archäologen aus dem »Hunan-Museum« herbei. An einen Weiterbau des unterirdischen Notlazaretts war – trotz der unsicheren politischen Lage jener Tage – nicht mehr zu denken. Ich frage mich aber so ganz nebenbei, wie *heute* unsere politischen und militärischen Verantwortlichen entscheiden würden. Sicherlich *nicht* zugunsten von ein paar alten Knochen und Scherben, wage ich hier anzumerken.

Als ich mit meinem Wiener Freund und Autorenkollegen Peter Krassa im Verlauf einer Forschungsreise durch das »verbotene« China im März 1994 den Ma Wang Dui besuchte, bekamen wir diesen Stollen zu Gesicht, der, nach wenigen Metern endend, auch heute noch Zeugnis für das frühe Ende eines Bauvorhabens ablegt.

Bereits am 16. Januar 1972 – nur wenige Tage nach ihrer zufälligen Entdeckung – grub man die später als »Grab Nr. 1« bezeichnete Begräbnisstätte im östlichen Sektor des künstlichen Berges aus. Bis zur vollständigen Bergung des gesamten

Inhalts sollten jedoch noch mehr als drei weitere Monate vergehen.

Die Ausgrabungen wurden offiziell am 28. April 1972 abgeschlossen und sämtliche Fundstücke zur Konservierung und Katalogisierung in das »Hunan-Museum« überführt.

Das »Grab Nr. 2« befand sich im westlichen Sektor der Anlage, während das »Grab Nr. 3« zunächst noch unentdeckt geblieben war. Denn es wurde erst einmal im Verlaufe der Bergungsarbeiten am »Grab Nr. 1« mit dem Schutt desselben zugeschüttet.

In allen drei Gräbern machte man reichhaltige Funde, deren sensationeller Charakter sich erst jetzt, am Übergang zum dritten Jahrtausend, langsam offenbart.

Die »schwebende Mumie«

In der zentralen Kammer des ersten Grabes wurde eine Konstruktion von vier kunstvoll ineinander verschachtelten Sarkophagen gefunden, die zum Berginneren hin durch eine gegen Feuchtigkeit isolierende Holzkohlenschicht geschützt waren. Im Innersten dieser Särge entdeckte man eine weibliche Mumie, die in 80 Litern einer gelblichen Flüssigkeit *schwebte*. Schautafeln im »Hunan-Museum«, in dem auch die Mumie ihre letzte Ruhe gefunden hat, informieren die Besucher darüber, dass die Zusammensetzung der Flüssigkeit bis heute nicht analysiert werden konnte.

Diese Flüssigkeit diente zweifelsohne zur Konservierung der Leiche. Die Verstorbene war 1,54 Meter groß, und sie wog – zum Zeitpunkt ihrer Entdeckung – exakt 34,3 Kilogramm. Wer immer diesen Leichnam für die Nachwelt erhalten hat, musste sein Handwerk auf das Beste verstanden haben. So waren die Zellstruktur und alle inneren Organe, wie die an der medizinischen Fakultät der Universität von Changsha vorgenommene Obduktion ergab, vom Aufbau her immer noch in einem hervorragenden Zustand. Die Muskeln waren noch vollkommen elastisch, und auch der gelbliche Teint war nicht verfärbt. Die Ärzte bezeichneten es als Wunder, dass diese Mumie die Zeiten so tadellos überstanden hat. Es ist nicht abzustreiten, dass die hier angewandte Technik der Konservierung beispiellos ist. Dagegen ist so manche ägyptische Vorzeigemumie *ein Wrack*, sind es doch einzig die Bandagen, welche diese noch zusammenhalten.

Die Archäologen fanden heraus, dass es sich bei der Toten um Xin Zhui handelte. Sie war zu Lebzeiten die Frau von Li Chang, einem hochrangigen Adeligen aus dem Volk der Dai (Thai). Jener bekleidete während der Periode der westlichen Han-Dynastie das Amt des Premierministers im Hofstaat des Prinzen von Changsha. Xin Zhui segnete im Jahre 168 v. Chr. das Zeitliche, also vor mehr als 2170 Jahren.

War im alten China die Kunst der Mumifizierung nicht gerade weit verbreitet, so ist Xin Zhuis so erstaunlich gut erhaltene Mumie weder die einzige noch die älteste im Reich des Drachens. Erst 1981 wurde in der Provinz Xinjiang eine weitere, tadellos erhaltene Mumie entdeckt. Experten schätzen, dass die »Young Lady of Loulan« ein Alter von über 6400 Jahren besitzt und sich deshalb mit den Mumien der ältesten Dynastien Ägyptens messen kann. Manche Wissenschaftler in China halten sie sogar für die älteste Mumie der Welt.

Zehn Bücher über Medizin

Xin Zhui war zu ihren Lebzeiten eine hochrangige Persönlichkeit gewesen, eine *Very Important Person* (VIP), wie man heute sagen würde. So verwundert es nicht, dass man ihr, nachdem sie im Alter von gut 50 Jahren verstorben war, reiche Grabbeigaben auf ihren letzten Weg mitgab.

Es waren nicht nur Gegenstände von alltäglichem oder künstlerischem Wert, die man in dieser und den beiden anderen Begräbnisstätten fand. So wurden auch zehn Bücher über Medizin ausgegraben, die einen ungewöhnlich hohen Stand der Heil-

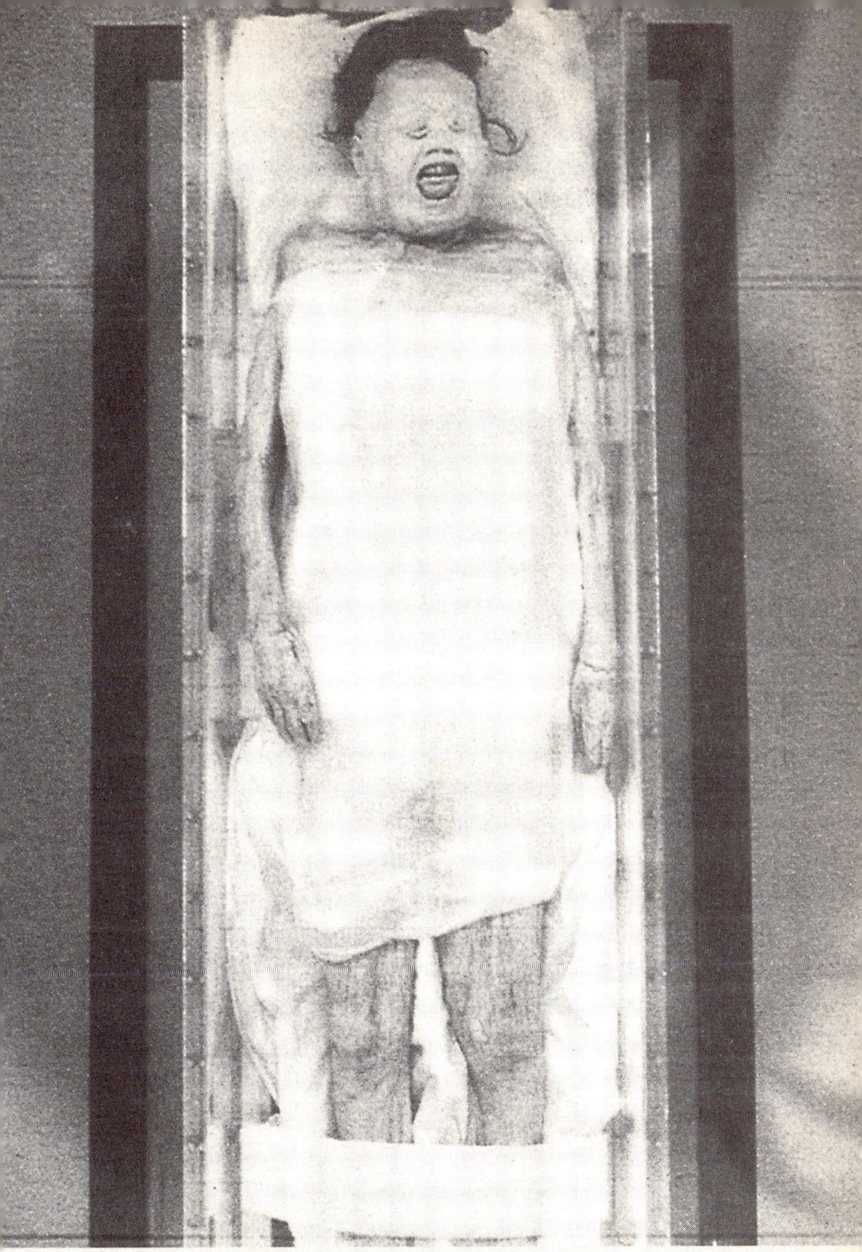

Abb. 17: Die tadellos erhaltene Mumie der 168 v. Chr. verstorbenen Adeligen Xin Zhui. Sie liegt heute im »Hunan-Museum« in Changsha.

künste im alten Reich der Mitte belegen. Ein Umstand, der mich – nebenbei bemerkt – schon einmal die Frage stellen ließ, ob denn die phänomenalen medizinischen Kenntnisse der alten Chinesen nicht gar ein von den »Göttern« aus dem All gebrachtes Geschenk darstellen.

In akademischen Kreisen wird heute überwiegend die Ansicht vertreten, dass die Chirurgie erst in der neuzeitlichen Medizin des Westens ihren aktuellen Stellenwert erhielt, die traditionelle chinesische Heilkunde sich dagegen in der Hauptsache auf die Herstellung von Medikamenten beschränkte. Die in der Grabanlage von Ma Wang Dui gefundenen Folianten beweisen zweifelsfrei, dass bereits vor mehr als 2000 Jahren in der chinesischen Medizin komplizierte chirurgische Eingriffe ebenso auf der Tagesordnung standen wie in den Operationssälen unserer Zeit. In dem Buch »Beschreibungen von 52 Krankheiten« findet man detaillierte Anweisungen für die Durchführung so schwer wiegender Operationen wie der Entfernung eines Tumors oder anderer nicht ungefährlicher Eingriffe. Und das »Buch über die elf Arten des Pulses an Armen und Beinen« stellt ein modernen Werken fast in nichts nachstehendes Kompendium angewandter Diagnostik dar. So führt es die genauen Symptome einer in vielen Fällen letal verlaufenden Gefäßkrankheit auf, welche der deutsche Arzt und Pathologe Dr. Ludwig Traube – in unserer Zeit – erstmals im Jahr 1872 beschrieben und kommentiert hat.

An dieser Stelle unbequeme Fragen zu stellen ist längst überfällig. Woher stammte dieses exakte medizinische Know-how, auf welches die in Ma Wang Dui gefundenen Fachbücher aufbauen konnten? Das detaillierte Fachwissen kann vor fast 2200 Jahren sicher nicht *ad hoc* greifbar gewesen sein, es muss auf älteren Erkenntnissen basieren. Unsere westliche Medizin stieß auf viele der hierin beschriebenen Fakten erst im ausgehenden 19. und dem beginnenden 20. Jahrhundert. Aber es kommt noch besser!

Abb. 18: Fragment des mehr als 2000 Jahre alten Buches »Beschreibungen von 52 Krankheiten«, gefunden in Ma Wang Dui, Provinz Hunan.

Wissen über die Sterne – von den Sternen?

Im »Grab Nr. 3« von Ma Wang Dui wurde ein weiteres Buch entdeckt, dessen Inhalt eine einzige Provokation für unsere etablierte Wissenschaft darstellt. Es ist das Manuskript »Umläufe von fünf Planeten«, eine auf Seide verewigte Tabellierung der Umlaufzeiten der fünf »inneren« Planeten Merkur, Venus, Mars, Jupiter und Saturn um unser Zentralgestirn.

Diese Aufzeichnungen verraten geradezu unglaubliches Wissen auf dem Gebiet der Astronomie. So werden etwa die relativen Positionen der Planeten Venus, Jupiter und Saturn für den Zeitraum von 246 bis 177 v. Chr. verzeichnet. Besondere Aufmerksamkeit wurde auch den Bahndaten unseres Nachbarplaneten Venus gewidmet. Die Dauer eines synodischen Umlaufes – damit kennzeichnet man das Zeitintervall, nach welchem der Planet wieder dieselbe *relativ zur Sonne* gesehene Position einnimmt – wird hier mit 584,4 Tagen angegeben. Dieser Wert differiert gerade mal um 0,48 Tage von dem von den heutigen Astronomen errechneten synodischen Umlauf von 583,92 Tagen.

Der Inhalt dieser phänomenalen Aufzeichnungen wird den Astronomen *Gan De* und *Shi Shen* zugeschrieben. Es waren dies zwei geniale Wissenschaftler aus der unruhigen Zeit der »rivalisierenden Staaten« (475–221 v. Chr.). In China werden diese akribischen Aufzeichnungen der Planetenbewegungen zu den ältesten Büchern der Himmelskunde gezählt.

Aber genauso gut sind sie auch ein weiteres Beispiel für mit konservativen Theorien nicht zu erklärende Kenntnisse aus einer Zeit, der wir nur allzu gerne den Stempel des Barbarentums und des Nichtwissens aufdrücken würden. So stellt sich ein ums andere Mal die beinahe schon zur Gewohnheit gewordene Frage: Woher, aus welchen Quellen, stammt dieses Wissen, das uns stets aufs Neue verblüfft und unser scheinbar festzementiertes Weltbild in seinen Grundfesten zu erschüttern vermag?

Sind es womöglich wieder Geschenke jener »Götter« und »Himmelssöhne«, die aus dem All kamen und uns Menschen erst dazu verhalfen, eigene Wege zu gehen?

Kartographie aus dem Orbit?

Der sensationellste Fund wurde gleichfalls im »Grab Nr. 3« von Ma Wang Dui gemacht. Professor Wang Shiping vom Provinzmuseum in Xian hatte Peter Krassa und mich, als wir uns auf der Suche nach den legendenumwobenen Pyramiden befanden, auf eine Entdeckung hingewiesen, die unter seinen Kollegen für beträchtlichen Wirbel gesorgt hatte.

Es handelt sich hierbei um eine topographische Landkarte, 96 mal 96 Zentimeter im Quadrat und auf feiner Seide dargestellt. Darauf sind die Gebiete der aneinander grenzenden Provinzen Guangxi, Guangdong und Hunan abgebildet. Genau gesagt erstreckt sich die Karte vom Distrikt Daoxian in der Provinz Hunan über das Tal des Xiao-Flusses bis zur Umgebung der Stadt Nanhai, in der Provinz Guangdong gelegen. Das im Maßstab 1:180000 gehaltene Kartenwerk ist dabei unglaublich genau!

In Xian hatte sich Professor Wang in geheimnisvollen Andeutungen ergangen, die uns aufhorchen ließen. Wörtlich sagte er uns: *»Wenn es nicht so fantastisch klingen würde, müsste man sagen, dass das Vorbild für diese Karte eine Satellitenaufnahme ist, die vor Jahrtausenden von einem fremden Raumfahrzeug aus dem Erdorbit gemacht worden ist.«*

Wir mussten uns – angesichts solcher Worte aus wissenschaftlichem Munde – erst einmal setzen, das soeben Vernommene ordentlich verdauen. Denn es gehört wohl eher zu den Sternstunden in unserem Forscherleben, wenn Zeitgenossen mit höchsten akademischen Weihen *nicht* zu nahe liegenden, »vernünftigen« Erklärungen greifen, sondern im krassen Gegensatz dazu Möglichkeiten im Sinne eines »Fantastischen Realismus« in Betracht ziehen.

Und tatsächlich: Der Vergleich mit einer modernen Aufnahme, wie etwa vom »NASA-Landsat«, offenbart uns geradezu verblüffende Übereinstimmungen. Gleich dem modernen Pendant schlängeln sich auf der uralten Karte Flüsse, zeigen sich vielfältige andere Details. Selbst ausgetrocknete Wasserläufe sind auf der Ma-Wang-Dui-Karte auszumachen. Sie sind in einer blasseren, sich aber trotzdem vom Grundton abhebenden Farbe gehalten. Heute kennen wir die Möglichkeiten, welche die Kartographie aus großer Höhe bietet: Es lassen sich auch Einzelheiten erkennen, die ein auf dem Boden stehender Betrachter nie sehen würde.

Die Archäologen haben auf diese Weise Funde gemacht, die der Erdboden und die Vegetation längst verschlungen hatten. Auf den Luftaufnahmen tauchten sie indessen als blasse Umrisse wieder auf.

Unser sogar ungewöhnlichen Blickrichtungen aufgeschlossener Wissenschaftler in Xian gab denn auch unumwunden zu, dass es unzählige Dinge zwischen Himmel und Erde gibt, die sich auch die exakte Wissenschaft nicht erklären kann. Würden sich doch alle akademischen Häupter solch edler Ehrlichkeit befleißigen, anstatt häufig so zu tun, als wären sie bei sämtlichen Vorfällen der Geschichte live und höchstpersönlich dabei gewesen! Professor Wang Shiping prägte im Verlauf unserer Gespräche den Ausdruck »heimliche Kultur«. Er fand dabei nur eine Umschreibung für die uns Menschen in alten Zeiten von den »Göttern« gewährte »Entwicklungshilfe«. Professor Wang neigt im Übrigen zu der Annahme, dass die topographische Karte aus dem »Grab Nr. 3« nur einen Bruchteil einer gesamten kartographischen Erfassung Chinas in vorgeschichtlicher Zeit darstellt.

Die Gegenüberstellung jener in einem beinahe 2200 Jahre alten Grab entdeckten Landkarte mit einer modernen Satellitenaufnahme ist in der Tat äußerst provokant. Natürlich behaupte ich hier keinesfalls, dass jene Grabbeigabe selbst ein Weltraumfoto darstellt – dies dürfte sich zwar von selbst verstehen, der Vorsicht halber weise ich hier jedoch darauf hin. Doch das Vorbild für diesen verblüffenden Fund, kopiert und immer wieder kopiert: War es ein Satellitenbild? Bleibt nur noch die Frage zu klären, *wer* vor Tausenden von Jahren die technologischen Möglichkeiten hierzu besaß.

Abb. 19: Die Landkarte aus dem »Grab Nr. 3« von Me Wang Dui. Ein chinesischer Archäologe zog fantastische Schlussfolgerungen…

Es mag völlig absurd klingen, aber es existieren Hinweise darauf, dass derlei kühne Gedankengänge einen durchaus realen Hintergrund besitzen. Und es ist keineswegs ausgeschlossen, dass jener Flugkörper einer fremden Intelligenz noch heute in unserem Sonnensystem seine Kreise zieht!

Im Dezember 1927 wurde der norwegische Professor Carl Störmer von den beiden Amerikanern Taylor und Young darüber informiert, dass diese im Verlauf ihrer Experimente mit Radiowellen seltsam verzögerte Signale aus dem erdnahen Weltraum empfangen hatten. Der Spezialist für elektromagnetische Wellen setzte sich daraufhin mit dem Holländer Van der Pol in Verbindung, der Versuchsleiter bei der Firma Philips in Eindhoven war. Am 25. September 1928 begannen die beiden ihrerseits mit ausgiebigen Versuchsreihen. In Intervallen von jeweils genau 30 Sekunden strahlten sie Radiozeichen in verschiedenen Wellenlängen aus. Es vergingen sage und schreibe drei Wochen, danach wurden am 11. Oktober dieselben Zeichen wieder im Empfänger registriert. Allerdings mit deutlich messbaren Rücklaufverzögerungen, die zwischen drei und fünfzehn Sekunden lagen. Am 24. Oktober 1928 wurden, gleichfalls mit den charakteristischen Verzögerungen, weitere 48 zuvor ausgestrahlte Signale empfangen. Rat suchend wandten sich die verblüfften Experimentatoren Van der Pol und Störmer an die Fachwelt.

Es wurde nun eine ganze Reihe von Spekulationen angestellt, wie dieser zeitlich versetzte Rücklauf von Kurzwellen-Impulsen erklärt werden könnte. Man dachte an kosmische Strahlungen, an Anomalien innerhalb der Stratosphäre, aber auch an Reflexionen vom Mond oder von anderen Himmelskörpern. Doch damit kam man keinen Schritt weiter, denn die mysteriösen Echos trafen ja in *unterschiedlichen* Intervallen ein.

Im Jahre 1929 wiederholte sich dieses Phänomen am 14., 15., 18., 19. und 28. Februar, ebenso am 4., 9., 11. und 23. April. Diese Echos wurden von verschiedenen Wissenschaftlern auf

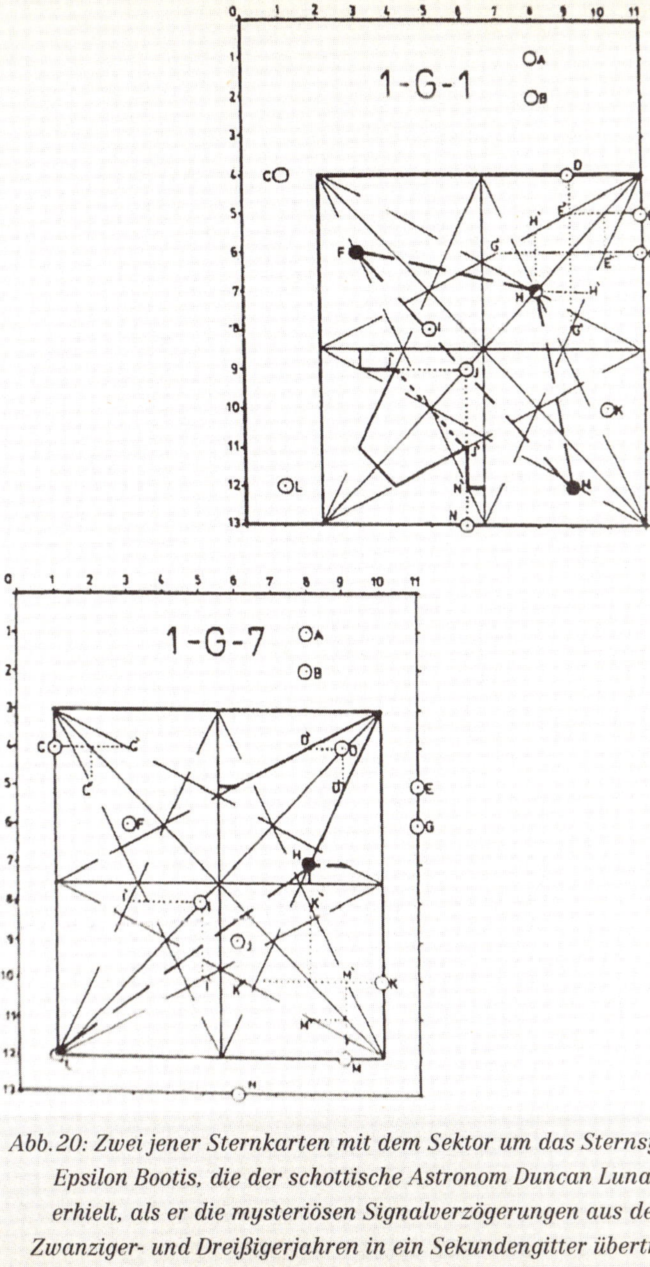

Abb. 20: Zwei jener Sternkarten mit dem Sektor um das Sternsystem Epsilon Bootis, die der schottische Astronom Duncan Lunan erhielt, als er die mysteriösen Signalverzögerungen aus den Zwanziger- und Dreißigerjahren in ein Sekundengitter übertrug. (Erklärung s. nachfolgende Seiten)

der ganzen Welt aufgezeichnet. So notierte der norwegische Gelehrte Störmer während einer Zeitspanne von 15 Minuten die folgenden Empfangsintervalle (in Sekunden):

15 – 9 – 4 – 8 – 13 – 8 – 12 – 10 – 9 – 5 – 8 – 7 – 6 – 12 – 14 – 12 – 8 – 12 – 5 – 8 – 12 – 8 – 14 – 14 – 15 – 12 – 7 – 5 – 5 – 13 – 8 – 8 – 8 – 13 – 9 – 10 – 7 – 14 – 6 – 9 – 5 – 9.

Entsprechende Beobachtungen wiederholten sich in den Jahren 1934, 1947, 1949 und 1970. In den frühen Siebzigerjahren war der schottische Astronom *Duncan Lunan* auf das rätselhafte Phänomen aufmerksam geworden und beschloss sich eingehend mit den Signalverzögerungen zu befassen. Lunan war kein unbedeutender Zeitgenosse, der sich durch ebenso weit hergeholte wie schockierende News ins Rampenlicht der Medien zu setzen versuchte. Anfang der Siebzigerjahre hielt er das Amt des Präsidenten der »Scottish Association for Technology and Research« inne, darf demnach als ernst zu nehmende Kapazität auf seinem Fachgebiet angesehen werden.

Das Ergebnis von Lunans Untersuchungen war so sensationell wie unglaublich: In ein Sekundengitter eingetragen, ergaben die am 11. Oktober 1928 aufgefangenen Echos eine *Sternenkarte*, welche das 103 Lichtjahre (1 Lichtjahr – 9,461 Billionen Kilometer) entfernte Sonnensystem *Epsilon Bootis* darstellte! Immer wieder überprüfte der Astronom gewissenhaft seine Daten, um mögliche Irrtümer weitestgehend auszuschließen. Ebenso wertete er die in der Folge empfangenen Funksignale aus, doch letztlich war auch hier die Überraschung perfekt. Zum Schluss lagen dem Forscher sechs detaillierte Sternenkarten vor. Es waren jeweils Vergrößerungen der Umgebung des Weltalls um das Sternensystem Epsilon Bootis herum und jedes Mal aus einer leicht geänderten Perspektive.

»Späher« von einem anderen Stern?

So fantastisch die Schlussfolgerungen des schottischen Astronomen auch immer klingen mögen: Bereits im Jahre 1960 hatte

Professor R. N. Bracewell vom Radio-Astronomischen Institut der Stanford-Universität in Kalifornien ein entsprechendes Szenario in Betracht gezogen. Bracewell stellte damals emotionslos fest: »Wenn eine außerirdische Intelligenz mit uns Kontakt aufnehmen wollte, so könnte dies möglicherweise durch die Verzögerungen von Radiosignalen erfolgen.«

Und ein gutes Jahrzehnt später kommentierte derselbe Forscher die unglaublichen Resultate des schottischen Astronomen Duncan Lunan wie folgt: »Die aufgrund von Lunans Analyse erstellten Karten können als eine Möglichkeit der Verbindung mit einer anderen Intelligenz ausgelegt werden. Wenn ich jemandem, dessen Sprache ich nicht spreche, mitteilen will, woher ich komme, so benutze ich dazu am besten ein Bild ... Die von Lunan beschriebene Sonde könnte von der Erde aus mit den stärksten Teleskopen nicht gesichtet werden. Wir sehen unsere eigenen Weltraumsonden, die den Mond umkreisen, selbst mit unseren stärksten Teleskopen gleichfalls nicht.«

In der Zeitschrift »Spaceflight« veröffentlichte Duncan Lunan 1973 unter dem Titel »Space-Probe from Epsilon Bootis« die Ergebnisse seiner Berechnungen. Und im darauf folgenden Jahr erschienen sie auch in Buchform. Mit diesem seinen Werk schockierte er das wissenschaftliche Establishment auf der gesamten Welt. Der schottische Astronom gelangte nämlich aufgrund der Konstellation des Fixsternes Epsilon Bootis in den Sternkarten zu der Schlussfolgerung, dass bereits *seit etwa 12 600 Jahren* ein künstlicher Satellit, geschaffen von einer uns überlegenen, im Weltraum reisenden Zivilisation, in unserem Sonnensystem seine Bahn zieht. Dieser sei dergestalt programmiert, dass er auf Radiowellen vom Planeten Erde reagiert, sobald die Position seiner Umlaufbahn für einen Empfang geeignet ist.

Diese vom dritten Planeten unseres Systems kommenden Signale würden registriert und dann mit absichtlichen Verzögerungen auf derselben Wellenlänge zurückgefunkt. Solche Vorgehensweise verrät Weitblick und Strategie. Jene unbekannten Intelligenzen müssen gewusst haben, dass sich die auf der Erde vorherrschende Spezies technisch entwickeln würde. Früher oder später müssten die Empfänger dann merken, dass »dort oben« etwas nicht stimmt, und würden der Sache auf den Grund gehen.

Moderne Inquisition

Von wem auch immer diese Raumsonde stammen mag, sie muss *mit Absicht* im erdnahen Bereich unseres Solarsystems ausgesetzt worden sein. Und die Intelligenzen, die dies bewerkstelligten, mussten zu jener Zeit auf unserem Planeten gewesen sein. Als Duncan Lunan in den Siebzigerjahren mit seinen Schlussfolgerungen an die Öffentlichkeit trat, fühlte sich die Fachwelt auf das Äußerste provoziert.

Hatte man nicht kurz zuvor die Bücher eines Erich von Däniken, Robert Charroux oder Peter Kolosimo, die sich positiv mit der Möglichkeit eines Besuches außerirdischer Intelligenzen in der Vergangenheit auseinander setzten, als haltlose Spekulationen abgelehnt? Wie groß musste jetzt erst der Schock sein, wenn jemand aus den Reihen der etablierten Wissenschaft auf dieselben ketzerischen Gedanken kam und auch noch die Frechheit besaß diese zu publizieren?

So trat eiligst die allmächtige Phalanx der *Widerleger* und *Dementierer* auf den Plan, die den angeblichen Gegenbeweis anzutreten vorgaben. Sie sind ihn freilich bis heute schuldig geblieben. Im Brustton tiefster Überzeugung stellten diese ehrenwerten Herrschaften fest, Lunan müsse sich ganz einfach geirrt haben und die mysteriösen Signalverzögerungen seien einzig auf »natürliche Ursachen« in der Stratosphäre zurückzuführen. Müssten sich nach dieser messerscharfen Logik nicht schon all unsere Radio- und Fernsehprogramme selbstständig gemacht haben, der weltweite Funkverkehr in einem Chaos von ungleichmäßigen Verzögerungen untergegangen sein?

Und die Sternkarten? »Alles reiner Zufall«, setzten die modernen Nachfahren der Inquisition eilig hinzu.

Bald darauf – leider viel zu schnell – wurde es wieder ganz still um die unser Weltbild infrage stellende Entdeckung des mutigen Astronomen. Einmal mehr war es gelungen unbequeme Tatsachen unter den Teppich zu kehren, zu vertuschen. Selbst bei uns Insidern wären sie beinahe der Vergessenheit anheim gefallen, hätten wir nicht Kenntnis von einer alten chinesischen Landkarte bekommen, die dem Betrachter den Eindruck einer Satellitenaufnahme aus großen Höhen vermittelt. Wie gut, dass diese Einschätzung zuerst aus berufenem Wissenschaftlermunde kam …

An einer Wand im »Hunan-Museum« hängt diese uralte Landkarte und sie weiß – wie auch ein Stockwerk tiefer die Mumie der vor fast 2200 Jahren verstorbenen Xin Zhui – noch immer ihre Geheimnisse zu bewahren.

»Die Wissenschaft fängt eigentlich erst da an interessant zu werden, wo sie aufhört.«
Justus von Liebig (1803–1873)

8 »Terra australis incognita«

Mysteriöse Funde aus der »Traumzeit«

Australien ist mit ungefähr 7,7 Millionen Quadratkilometer Fläche der kleinste Kontinent auf unserem Planeten. Nicht mehr als 17 Millionen Einwohner sind es, die sich die riesigen Weiten von »down under«, wie die Australier ihr formell noch zur Krone Großbritanniens gehörendes Land mit einer Portion Ironie nennen, teilen.

In geologischen Abläufen gemessen, trennte sich der »fünfte Kontinent« an der Grenze der Kreidezeit zum Tertiär, also vor ungefähr 60 Millionen Jahren, von der asiatischen Festlandmasse. Diesem Umstand ist es zu verdanken, dass wir in Australien – und nur dort – eine ungewöhnliche, altertümliche Fauna finden, die andernorts auf der Erde längst ausgestorben ist. Vertreter jener einmaligen Tierwelt, wie etwa Lungenfische, Schnabeltiere und natürlich die bekanntesten Repräsentanten der Beuteltiere, die Kängurus, konnten in diesem isolierten Ökosystem ohne grundlegende Weiterentwicklung überleben.

Die ersten europäischen Seefahrer, die zur »Terra australis incognita« (die »unbekannte Welt des Südens«) vorstießen, waren im Jahre 1601 der Portugiese *de Eredia* und fünf Jahre später der Spanier *Luis Vaez de Torres*, welcher die nach ihm benannte Meerenge zwischen Australien und Neuguinea befuhr. Aber erst 1770 landete der berühmte englische Weltumsegler *James Cook* (1728–1779) an der Ostküste, und ab dem Jahre 1818 fanden die ersten Expeditionen in das Landesinnere statt.

Von den Briten wurde Australien von 1788 bis 1854 einzig als Zwangsexil für abgeurteilte Gesetzesbrecher benutzt, danach erhielten die Kolonien Queensland, New South Wales, Victoria, Süd- und Westaustralien sowie die Insel Tasmanien ein beschränktes Selbstverwaltungsrecht. Seit 1901 bilden diese zusammen mit den »Northern Territories« den »Commonwealth of Australia«, den australischen Bund. Heute, am Übergang zum 21. Jahrhundert, stimmt Australien über die endgültige Ablösung vom Mutterland Großbritannien ab und bereitet seine Umwandlung in eine Republik vor. Dieses Losbrechen von der Krone ist letztlich nur konsequent, denn aufgrund der wenig ruhmreichen Geschichte als Sträflingskolonie sind gewisse Ressentiments in der Bevölkerung des Kontinents noch heute kaum zu übersehen.

Noch immer wird Australien zuweilen als »Kontinent ohne Geschichte« bezeichnet. Zu Unrecht, wie ich im Folgenden zeigen werde: Denn es gibt auf diesem angeblich geschichtslosen Weltteil reichlich mysteriöse Funde, die sehr weit in die Vergangenheit reichen.

Kam Wondijna im Raumschiff?

Die ursprüngliche Bevölkerung (»Aborigines«) lebte bis vor kurzem noch wie in der Steinzeit. Schlank und hoch gewachsen, mit schwarzen Haaren und dunkelbrauner Haut, fristeten sie in nomadisierenden Horden von 25 bis 200 Menschen ihr karges Dasein. Höhlen, einfachste Laubhütten oder auch nur Windschirme dienten ihnen als Wohnung und mit Bumerang, Speer und Keule gingen sie zur Jagd. Zahlreiche mythologisch begründete Riten, ebenso Schamanismus und Zauberglauben beherrschten ihren alltäglichen Kampf um das nackte Überleben.

Immer wieder ist in ihren überlieferten, monotonen Gesängen die Rede von der so genannten *Traumzeit*, jener sagenhaften Ära, als die »Götter« auf dem fünften Kontinent noch gegenwärtig waren. In dieser »Zeit ohne Anfang und Ende«, unendlich weit zurückliegend und noch vor unserer Geschichtsschreibung, stiegen Wesen in großen leuchtenden »Vögeln« vom Himmel herab und lebten eine Zeit lang unter den Eingeborenen, um danach wieder in den Himmel zurückzukehren. Der Höchste dieser Kulturbringer war *Birramee der Vogelmensch.* Er wurde auf zahlreichen Felsmalereien als humanoides Geschöpf abgebildet, das, in seltsame Gewänder gekleidet, an die Astronauten unserer Tage erinnert.

Ebenso regelmäßig taucht auf Felsbildern und Höhlenmalereien der Aborigines *Wondijna* auf, die Göttin des Himmels, in ihrem »Strahlengewand«. Besonders häufig findet man diese Zeichnungen, die auf frappierende Weise an astronautenähnliche Gestalten unserer Tage erinnern, in den unwirtlichen Kimberley Mountains im Nordwesten Australiens.

Wondijna ist indessen nicht die einzige Gestalt dieser Art und das kosmonautenartige Outfit ist beinahe Standard bei den Felsbildern des fünften Kontinents:

– Im Arnhemland, westlich von Darwin, wurde ein mit einer Gestalt in einem plumpen Anzug und mit überdimensionalem Helm verzierter Monolith gefunden.

– Bei Laura im Norden von Queensland ist auf einer Felsmalerei ein wie schwerelos fliegender Mensch abgebildet.

– Etwa zehn Kilometer östlich von Alice Springs entdeckte man auf den Felsen der Ndahla-Schlucht Zeichnungen von Göttergestalten mit antennenähnlichen Gebilden auf ihren Köpfen. Am selben Ort gibt es auch in Fels geritzte Göttergesichter mit regelrechten Schutzbrillen.

Noch immer stößt man in den Weiten des fünften Kontinents auf Darstellungen dieser Art. Den genauen Ort seiner spektakulären Entdeckung wollte mir der Hubschrauberpilot Tony Carmody aus Noosa, Queensland, mit dem ich anlässlich meiner Australienreise im Juni 1996 sprach, nicht preisgeben. Tony zeigte mir zahlreiche Fotografien, die er auf seinen Rundflügen durch den »Gregory National Park«, der in den Northern Territories liegt, gemacht hat. Darunter waren Aufnahmen von Felszeichnungen der Aborigines, auf denen exakt jene unheimlichen Gestalten zu sehen sind, die heute – »kleine Graue« genannt – als Protagonisten der albtraumhaften Entführungsszenarien hervortreten. Vielleicht sorgten sie bereits in der »Traumzeit« für unheimliche Begegnungen der dritten und der vierten Art ...

Der Umstand, dass zahlreiche Göttergestalten aus dieser Periode regelrechte Schutzbrillen zu tragen scheinen, rettete dem deutschen Flugpionier Hans Bertram einst das Leben. In einer Eingeborenen-Reservation in den Weiten des Outback war er gezwungen, eine Notlandung zu machen – und die Ureinwohner griffen ihn und seinen Begleiter einzig deshalb nicht an, weil beide dicke Fliegerbrillen trugen. »Einmal im Leben durfte ich mir wie ein Gott vorkommen und das rettete mir das Leben vor den böse dreinblickenden Aborigines«, resümierte Hans Bertram.

Abb.21: Uralte Felsmalerei der Aborigines. Auffallend ist die Ähnlichkeit der abgebildeten Gestalten mit Astronauten.

Und schon 1973 schrieb der Archäologe *Rex Gilroy*, Direktor des »Mount York Natural History Museum« in Mount Victoria: »Ich habe beispielsweise in den Blue Mountains von New South Wales (nördlich von Sydney gelegen; H. H.) eine Reihe primitiver Felszeichnungen und Gravuren gefunden, die unter anderem fremdartige Figuren und unübliche Objekte wiedergeben, welche heute nur als Raumschiffe beschrieben werden können, die offenbar von den australischen Ureinwohnern gesehen wurden.«

Besagte Blue Mountains sind übrigens noch heute häufig Schauplatz von UFO-Beobachtungen.

Das Geheimnis von Moon City

Trotz seiner riesigen Weiten sind die bedeutendsten Städte Australiens hauptsächlich an der Ostküste, im Südosten und im Südwesten des Kontinents zu finden. Die Hauptreservationen der Aborigines liegen hingegen vorwiegend in den Northern Territories, in Zentral- und in Westaustralien.

Im nördlichsten Zipfel jener Northern Territories liegt die Halbinsel Arnhemland. Neuguinea und Indonesien sind nur wenige hundert Kilometer entfernt. Nördlich des Roper River liegt »Moon City«, die geheime Stadt der Ureinwohner. Auf den ersten Blick eher wie bizarre Launen der Natur wirkend, kann man sich doch nicht des Eindrucks erwehren, dass dort einmal unheimliche Hitze geherrscht haben muss. Alles sieht aus, als sei es vor unglaublich langer Zeit durch apokalyptische Gewalten vernichtet worden. Was wissen die Legenden der Aborigines über diesen sinistren Ort zu erzählen?

An dieser Stätte sei der »Sonnengott« mit seinem Schiff vom Himmel herabgekommen. Der Erdengott hätte sich in einem barbarischen Kampf gegen ihn zur Wehr gesetzt, sei aber schließlich durch die immense Hitze besiegt worden. Kamen hier vor Zeiten nukleare Waffen zum Einsatz, was über die Jahrtausende von den Aborigines als »Krieg zwischen den Göttern« fehlinterpretiert worden ist? Wir kennen solche Szenarien zur Genüge aus dem Mythenschatz der Völker rund um die ganze Welt.

In den Vierzigerjahren wurde eine Ordensschwester von den sieben Ältesten der Stadt eingeladen. Sie berichtete, man habe sie in eine Höhle geführt, deren Wände über und über mit Felszeichnungen bedeckt gewesen waren. In den Sechzigerjahren gelangte der australische Journalist Colin McCarthy nach Moon City. Er fand die von der Schwester beschriebene Höhle und konnte auch noch die Reste von Zeichnungen erkennen, doch der ganze Komplex wirkte wie von Sprengstoff zerstört. Was war in der Zwischenzeit geschehen?

Die Aborigines beriefen sich auf einen Befehl ihrer Götter: Die Schriften und Zeichnungen seien nach einer bestimmten Zeit zu zerstören. So pfropften sie also die Höhle mit dem in jener Gegend reichlich wachsenden spröden und paraffinhaltigen Gras voll und zündeten es an. Als sie Luft in die Glut pumpten, begann der ganze Fels zu glühen und zum Schluss »schreckten« sie ihn mit kaltem Wasser ab. Moderner Sprengstoff vermag kaum zerstörerischer zu wirken.

Welche Geheimnisse aus der »Traumzeit« wurden hier für alle Zeiten vernichtet?

Pyramiden – auch in Australien!

Wie ich bereits kurz angedeutet habe, kamen den Mythologien der Aborigines zufolge die »Kulturbringer der Traumzeit« in ihren »großen Vögeln« vom Himmel. Gleichfalls hätten sie zahlreiche megalithische Steinmonumente errichtet.

Nach und nach lüftet sich um jene Bauwerke aus uralten Zeiten der Schleier der Vergessenheit und es darf heute als unumstößliche Tatsache gelten, dass auch in Australien mehrere, zum Teil recht ansehnliche Pyramiden existieren. Bereits 1890 fand ein Farmer im nördlichsten Teil von Queensland, nahe Atherton westlich von Cairns, eine steinerne Pyramide. Aus

Angst vor ungläubigem Spott auf der einen Seite – bekanntlich galt Australien bis in unsere Tage als geschichtsloser Kontinent – und aus Rücksicht auf die Aborigines, die den Standort aus religiösen Gründen geheim hielten, wurde der Fund damals nicht öffentlich bekannt gemacht.

Nicht mehr unbekannt, wenigstens auf dem fünften Kontinent, ist die Existenz einer Pyramide bei Gympie, auf halber Strecke zwischen Brisbane und Fraser Island gelegen. Diese wurde im Jahre 1975 von dem bereits erwähnten Archäologen Rex Gilroy entdeckt, nachdem immer wieder uralte Gegenstände von den Farmern der Region gefunden worden waren. Gilroy beschrieb seinen Fund, der damals zahlreiche Neugierige in diese Gegend lockte: »Als wir uns die bergige Gegend näher ansahen, fiel mir eines Tages im Jahre 1975 ein felsiger ›Hügel‹ auf, der dicht bewaldet war. Meine Frau Heather begleitete mich, als wir gemeinsam durch den Laubwald nach oben stiegen.

Mit einem Mal bemerkte ich, dass ich über eine Mauer aus groben Steinbrocken stolperte, nach wenigen Fuß über eine andere und so weiter, bis wir den Gipfel des Hügels erreichten. Jede dieser Mauern war etwa vier Fuß (1,20 Meter) hoch und bildete Terrassen, die bis zu sechs Fuß (1,80 Meter) breit waren. Nachdem wir einen Weg durch das dichte Unterholz freigekämpft hatten, fanden wir heraus, dass die unteren Stufen aus kleineren Brocken Sandstein bestanden, während die obersten vier Terrassen aus viel größeren Felsbrocken zusammengesetzt schienen, die zwischen einer und vier Tonnen Gewicht haben mussten. Die Spitze wurde von einer gewaltigen Sandsteinplatte gekrönt, deren Gewicht wohl um die acht Tonnen betrug.

Bald wurde mir auch klar, dass diese geheimnisvolle Struktur vierseitig ausgeführt war. Sie erhob sich auf etwa 60 Metern, während ihr Umfang an der Basis ungefähr 500 Meter ausmachte. Bis zu 600 Jahre alte Bäume wuchsen in dieser zerfallenen Formation und bewiesen, dass diese Anlage nicht aus jüngerer Zeit stammen konnte. Ich hatte keinen Zweifel, dass es sich hier um eine grob gebaute Stufenpyramide von der Art handelte, wie sie in Ägypten vor über 3000 Jahren gebaut wurde.«

Leider machte Gilroy damals den unverzeihlichen Fehler, einem Journalisten zu vertrauen, der ihn auf einer seiner Exkursionen zur »Gympie-Pyramide« begleiten durfte. Der brach seine gegebene Zusage, den Standort der Ruinen geheim zu halten. Sofort nach seiner Rückkehr publizierte er die Entdeckungen in vielen Zeitungen von Queensland und sogar die örtlichen Tourismusbehörden witterten ein Geschäft.

Lokaltermin in Gympie

Wahre Horden von Neugierigen, hierunter ganze Familien mit Kindern, strömten nach Gympie, Möchtegern-Schatzsucher wie auch Vandalen hinterließen eine Spur der Verwüstung. Sie alle glaubten, dass das Bauwerk eine geheime Kammer mit Schätzen darin enthalte, und begannen die Pyramide mit Hacken und Schaufeln abzutragen. Den Vogel schoss ein Wahnsinniger ab, der mit einem Bulldozer anrückte und die östliche Seite der Pyramide völlig dem Erdboden gleichmachte. Überflüssig zu erwähnen, dass keiner dieser verhinderten Schatzsucher in seinem irren Goldrausch etwas fand.

Im Juni 1996 war ich, auf Einladung von David Summers, der an der australischen Ostküste sein »Exposure Magazine« herausgibt, vor allem der Frage nachgegangen, was sich hinter den immer lauter werdenden Gerüchten um Pyramiden auf dem fünften Kontinent verbergen mochte. Auf staubigen Wegen näherten wir uns dem Ort, bis David an einem kleinen Haus anhielt, vor dem ein paar Autowracks vor sich hin rosteten. Von dort aus ging es – nach der Überwindung eines Stacheldrahtzaunes – zu Fuß weiter.

In einem kleinen Tal lag, inmitten der für Australien so typischen Schafweiden, eine kleine Farm. »Hartwig, be careful, for that crazy guy's sometimes shooting at uninvited visitors«, raunte mir David zu und Mark, unser Begleiter, seines Zeichens Leiter einer örtlichen UFO-Forschungsgruppe, nickte nur stumm. Offenbar hatte der Besitzer dieser Farm, auf dessen

Grund und Boden die »Gympie pyramid« zum Teil liegt, etwas gegen ungebetene Besucher, die die uralte Kultstätte aufsuchen wollen. Nach den oben beschriebenen Exzessen, welche ihre Entdeckung im Jahre 1975 nach sich gezogen hatte, kann ich ihm dies wirklich nicht verdenken.

So entschlossen wir uns, die in der Tat nur noch sehr schwer erkennbaren Strukturen von jener Seite anzugehen, die nicht im Sichtbereich des Farmers mit dem nervösen Zeigefinger liegt. Bereits beim Aufstieg durch den dichten Bewuchs entsetzte ich mich darüber, welch klägliche Überreste von dieser Pyramide geblieben waren, die vor knapp 25 Jahren noch deutlichst erkennbare Stufen und Terrassen besaß. Was nicht gerade ein gutes Licht auf das Kulturverständnis unserer ach so »glorreichen« Zivilisation wirft.

Noch relativ gut erkennbar sind auf der obersten Terrasse – um das bei einer Stufenpyramide abwegige Wort »Spitze« zu vermeiden – zwei Monolithen, die so positioniert waren, dass exakt zu den Zeitpunkten der Sonnenwende unser Zentralgestirn seine Strahlen hindurchschickte.

Nicht die einzige Pyramide

Als wir nach eingehender Besichtigung in den einige Kilometer von der Pyramide entfernten Ort Gympie fuhren, konnte ich ein weiteres Mal sehen, wie unsere Zeit mit den geheimnisumwobenen Relikten einer längst vergangenen Epoche umgeht. So wurden in den Jahren 1936/37 ungezählte Lastwagenladungen mit den Sandsteinblöcken der Pyramide davongekarrt, nachträglich bearbeitet und für den Bau der Umfassungsmauer der methodistischen Kirche von Gympie zweckentfremdet. Und wahrlich, ein gottgefälliges Werk: Als Folge dieser ausgemachten Barbarei liegen heute viele der herausgebrochenen Gesteinsquader weit entfernt von ihrem ursprünglichen Standort, wie auch an den umliegenden Hängen verstreut. Ähnliches soll sich noch während der Sechzigerjahre auf einem Truppenübungsplatz der australischen Armee abgespielt haben, der einige Meilen östlich von Gympie liegt.

Man vermutet indes ganz richtig: Gympie ist bei weitem nicht das einzige Pyramidenbauwerk auf dem fünften Kontinent. Etwas weiter in nördlicher Richtung, ganz in der Nähe der Stadt Rockhampton, steht eine aus Doloritgestein erbaute Pyramide, die gleichfalls fast vollständig von der Vegetation überwuchert ist. Nur an ihrer westlichen Seite ragen noch einige sechseckige Basaltsäulen heraus. Vor der gesamten Westfront war einst eine 30 Zentimeter hohe und 35 Meter im Durchmesser große Terrasse aus Doloritgestein angelegt worden. Von dieser Terrasse aus zieht sich eine exakt von Ost nach West verlaufende Kette von 54 steinernen Hügeln in einer Länge von über einem Kilometer hin. Rex Gilroy, der Archäologe aus New South Wales, vermutet in dieser Anlage eine Sternwarte aus uralter Zeit.

Wer waren die unbekannten Erbauer dieser monumentalen Artefakte? Die Aborigines verneinen vehement, dass ihre Urahnen als Bauherren der Pyramiden in Frage kommen, und verweisen ein weiteres Mal auf eine Rasse »von anderswoher gekommener, hellhäutiger Kulturbringer«. Was hier nachdenklich machen sollte, ist die Tatsache, dass, als die ersten europäischen Einwanderer in diese Region kamen, sie auf Ureinwohner stießen, die sich doch recht deutlich von den übrigen Aborigines unterschieden. Jene hatten eine auffallend helle Haut, blaue Augen, rote Haare und ähnelten auch der Gesichtsform nach nicht den »normalen« Eingeborenen mit ihren breiten Nasen und der wulstigen Stirn.

Im südlichen Teil des Bundesstaates Queensland wurden mehrere aus Erde aufgeschüttete Pyramiden – ähnlich jenen, die ich im Jahre 1994 in China entdeckte – gefunden. Drei von ihnen liegen nahe der Stadt Toowoomba und sollen annähernd 300 Meter hoch sein. Auch im Süden von New South Wales und im angrenzenden Norden des Staates Victoria stieß man auf ähnliche Bauten.

Während meines Aufenthaltes in Australien wurde auch die Information an mich herangetragen, dass sich im Westen des

Kontinents, und zwar auf militärischem Sperrgebiet, drei sehr hohe Pyramiden befinden sollen. Leider lässt sich diese Information im Augenblick weder bestätigen noch dementieren. Denkbar wäre es – nach Lage der Dinge – allemal.

Besuch aus dem Lande der Pharaonen?

Wie weit zurück die ersten Besuche fremder »Kulturbringer«, die möglicherweise nicht von diesem Planeten stammten, datiert werden müssen, darüber lässt sich derzeit allenfalls spekulieren. Neueste Funde weisen jedoch darauf hin, dass der Kontinent auf der südlichen Erdhalbkugel vor einigen tausend Jahren aus einer ganz anderen Region Besuch erhalten haben muss. Und zwar aus Ägypten, dem Land der Pharaonen am Nil.

Seit den Fünfzigerjahren des 19. Jahrhunderts gruben Siedler und Farmer rund um Gympie immer wieder Artefakte aus, welche unbestreitbar aus dem Nahen Osten stammen mussten – aus Palästina, Phönizien und vor allem aus Ägypten. Im Jahre 1966 stieß der Farmer Dal Berry beim Pflügen auf eine grob geformte Statue, die offenbar so etwas wie ein Idol darstellt. Als das Artefakt gereinigt war, stellte Berry fest, dass es sich um die Darstellung eines *Affen* handelt.

Für Rex Gilroy besitzt diese Statue, die heute im Gympie-Museum für Heimatgeschichte in einem Glaskasten steht, deutliche Anklänge an den altägyptischen Gott *Thot*, der in den alten Dynastien – bis etwa 1000 v. Chr. – zumeist als Affe dargestellt worden ist. Thot galt als der Gott der Gelehrsamkeit und als Schreiber der Götter.

Weitere Hinweise, dass die Ägypter zur Zeit der Pharaonen im fernen Australien weilten, gibt es mittlerweile zur Genüge. In der Kupfermine von Mareeba wurde eine Statuette des ägyptischen Gottes *Aton* ausgegraben, die stilistisch dem »Alten Reich« (etwa 2620–2100 v. Chr.) zugeordnet werden kann. Nördlich von Cooktown wurden die Abbilder eines Streitwagens sowie Sonnenscheiben entdeckt und bereits 1912 hatten Arbeiter in Gordenvale einen scharfkantigen Monolithen gefunden, auf welchem ein altägyptisches *Rammboot* dargestellt war.

Schließlich wachsen in der Region von Cairns, im Norden von Queensland, wilde Lotos- und Papyruspflanzen, die erst im 19. Jahrhundert von weißen Siedlern entdeckt wurden. Lotos und Papyrus gehören aber – was jeder Botaniker bestätigen kann – *nicht* zu der natürlichen Flora Australiens. Und im Central Kimberley District bedienten sich die Aborigines eigentümlicher Mumifizierungsriten, die den zur Zeit der 21. Dynastie Ägyptens (ca. 900 v. Chr.) gebräuchlichen auf verblüffende Weise ähnelten.

Abrunden möchte ich diese Betrachtungen über einen Besuch aus dem Reich der Pharaonen mit einer brandaktuellen Neuigkeit. So entdeckte der australische Forscher, Autor und Filmemacher *Paul White* erst Mitte der Neunzigerjahre im nordöstlichen Teil von New South Wales an Felswänden Hieroglyphen unzweifelhaft altägyptischer Herkunft.

Vieles deutet darauf hin, dass der fünfte Kontinent offenbar vor undenklich langen Zeiten Besuch der »Lehrmeister aus dem Weltall« erhielt. Und in geschichtlich viel näheren Zeiten kamen die Ägypter – möglicherweise um die reichen Bodenschätze auszubeuten. Mir bleibt hier nur die Frage zu stellen, *woher* die alten Ägypter von der Existenz Australiens wussten. Waren deren »Lehrmeister« am Ende dieselben?

Fragen über Fragen. Was indessen nicht mehr angezweifelt werden darf, ist die Tatsache, dass Australien *keinesfalls* ein geschichtsloser Kontinent ist.

»Immer wieder finden sich Eskimos, die den Bewohnern des Kongo sagen, was diese zu tun haben.« Stanislaw Lem (*1921)

9 Wenn Steine reden könnten

Die Riesen der Osterinsel hüten ihr Geheimnis

Seit nun schon annähernd dreihundert Jahren beschäftigt eine kleine, in den endlosen Weiten des Pazifischen Ozeans verlorene Vulkaninsel, nicht ganz so groß wie Malta, die Fantasie von Archäologen ebenso wie von interessierten Laien. Die Rede ist von der Osterinsel, die ihren Namen erhielt, weil der holländische Admiral Jacob Roggeveen, der im Sommer zuvor im Auftrag der Holländisch-Ostindischen Handelsgesellschaft mit drei Schiffen in See gestochen war, sie am Ostersonntag, den 5. April 1722 entdeckt hat.

Erst 1770 erreichte der Spanier Don Felipe Gonzales y Haedo als Nächster die in der Landessprache Rapanui genannte Insel, nachdem sie der französische Weltumsegler Louis-Antoine de Bougainville aufgrund der Angaben Roggeveens nicht finden konnte. Im Jahre 1774 erreichte dann der Engländer James Cook dies Eiland, der es weit weniger paradiesisch beschrieb als Jacob Roggeveen. Und schließlich sollte man noch den Franzosen La Pérousse nicht unerwähnt lassen, der 1785 auf Rapanui angelandet ist. Er hinterließ der Nachwelt die wohl genaueste zeitgenössische Beschreibung von Land und Leuten, deren Anzahl er auf etwa 2000 schätzte. Die Behausungen der Insulaner beschrieb er als umgedrehten Booten ähnlich, die an die 200 Personen aufzunehmen vermochten. Fundamente davon sind noch heute an verschiedenen Stellen der Osterinsel zu finden, wovon ich mich mehrmals an Ort und Stelle überzeugen konnte.

Mururoa ist näher ...

Schon sehr lange stand die Osterinsel auf meiner Wunschliste der zu besuchenden rätselhaften Orte dieser Welt ganz oben. Und obwohl die Zeiten längst vorbei sind, da dieses politisch zu Chile zählende Eiland nur ganze zweimal im Jahr von einem Kriegsschiff angelaufen wurde, ist der Weg dorthin noch immer sehr weit. Für die Anreise darf man mindestens zwei volle Flugtage veranschlagen. Zweimal in der Woche wird »Isla de Pascua« von einer Boeing 767 der »Linea Aerea Nacional de Chile« angeflogen, die nach einem kurzen Zwischenstopp Kurs auf Papeete nimmt, die Hauptstadt von Tahiti. Den Landeanflug auf die Osterinsel sollte man am besten von einem Fensterplatz aus genießen: Denn um die im äußersten Westen der Insel unweit des Kraters Rano Kao gelegene Landebahn anzusteuern, dreht die Maschine erst eine atemberaubende Runde, um dann mit Südkurs auf der Runway aufzusetzen.

Was allen Reisenden, die zum ersten Mal die Osterinsel besuchen, am meisten auffällt, sind nicht die Blumenkränze, die von hübschen Mädchen am Flugplatz nach bester Südsee-Tradition verteilt werden. Vielmehr ist es die unglaubliche Abgeschiedenheit des Eilandes. Ein paar hundert Kilometer weiter im Osten liegt die Felseninsel Sala y Gomez. Und zum sinistren Mururoa-Atoll, jenem unheilbehafteten Ort französischen Atommachtgebarens, ist es noch näher als zur 3800 Kilometer entfernten Küste von Chile. Ansonsten gibt es nur das blaue Wasser des Südpazifiks und den endlosen Horizont.

Häufig wird die Osterinsel als sehr winzig bezeichnet, doch ist das nur relativ zu verstehen: Sie misst 22 Kilometer in der Länge, gemessen als Grundlinie des annähernd rechtwinkligen Dreiecks, dessen Form sie in etwa besitzt. Die größte Breite, die »Dreieckshöhe«, beträgt rund elf Kilometer. An den beiden Endpunkten der Grundlinie befinden sich schwach abgesetzte, abgerundete Halbinseln. Im Südwesten das Massiv des großen Kraters Rano Kao, im Nordosten Poike. Das Hauptmassiv der Insel steigt nach Norden mit dem Berg Terevaka auf

507,64 Meter über dem Meeresspiegel an. Und die Gesamtfläche der Isla de Pascua beträgt in etwa 160 Quadratkilometer.

Zwar fehlt der Osterinsel einiges, was den Flair einer Südsee-Trauminsel ausmacht, wie etwa ausgedehnte Sandstrände oder ein schützendes Ringriff aus Korallen und Lagunen. Gerade an einer einzigen Stelle, in der im Norden gelegenen Bucht von Anakena, gibt es eine flache Bucht mit einem Palmenhain und Sandstrand, aber keine Lagune. Dafür kann die Insel mit Funden aufwarten, die auf unserem Planeten ihresgleichen suchen. Über das gesamte Eiland verteilt stehen und liegen Hunderte von gewaltigen Statuen. Sie wurden aus dem vulkanischen Gestein herausgearbeitet, sind im Durchschnitt zwischen zehn und 20 Meter hoch und bis zu 100 Tonnen schwer, Robotern gleich, die anscheinend nur darauf warten, wieder in Betrieb gesetzt zu werden.

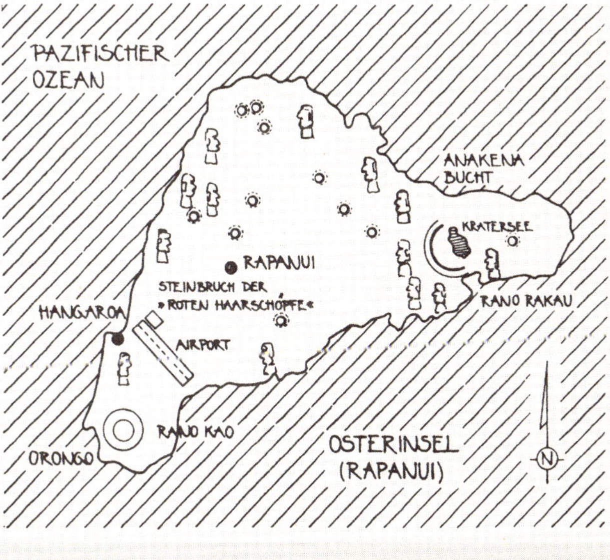

Abb.22: Die abgeschiedene Rätselinsel in den Weiten des Pazifischen Ozeans. Nach wie vor geben Hunderte von Riesenstatuen auf der kleinen Osterinsel Anlass zu mehr oder weniger kühnen Spekulationen.

Die ungelösten Rätsel, die sich um diese als *Moais* bezeichneten Kolosse ranken, sind Legion. Bereits die Frage, wie sie bewegt und transportiert wurden, lässt sich aus Mangel an geeignetem Holz für Rollen nicht beantworten. Die Einheimischen wissen von einer uralten Überlieferung, die hierzu kryptisch bemerkt: »Sie gingen zu Fuß.«

Die Einsamkeit der Insel verleiht den Statuen ein unwirkliches und gleichzeitig grandioses Aussehen. So ist Rapanui heute ein aus grauer Vorzeit stammendes überdimensionales Freilichtmuseum, mit unzähligen Überresten einer Kultur, von der wir so gut wie nichts wissen und an die sich selbst die wenigsten ihrer Erben erinnern können.

Als nämlich die Europäer die Osterinsel betraten, da befand sich keiner der Moais mehr aufrecht stehend auf den *Ahus*, den eigens für sie aufgeschichteten Plattformen. Was wir heutzutage wieder an Ort und Stelle finden, verdankt man dem Einsatz eines eigens auf dem Seewege herbeigeschafften Autokrans. Der hatte bisher Lasten von bis zu 80 Tonnen Gewicht zu bewältigen. Auch restaurieren ein paar Archäologen mit viel Geschick

Abb. 23: Sieben Moais, zum Teil mit Kopfschmuck, auf ihren Ahus. Die Osterinsel ist ein einziges, überdimensionales Freilichtmuseum.

Moai um Moai sowie Ahu um Ahu. Antrieb für diese Wiederaufbauaktionen dürften die zwar erwarteten, im Moment jedoch in Ermangelung einer adäquaten Hotellerie eher noch spärlich tröpfelnden Touristenströme sein. Nun gut – Hauptsache, es wird überhaupt etwas getan, um diese einmaligen Relikte der staunenden Nachwelt zu erhalten.

Am Berg der unfertigen Riesen

Alle diese Moai-Statuen stammen ausnahmslos aus einem einzigen Steinbruch, dem Vulkankrater *Rano Raraku*. Schon von weitem bietet er das Bild einer gigantischen Steinmetz-Werkstatt, in der die Arbeit scheinbar gerade erst unterbrochen wurde. Horizontal und vertikal, kreuz und quer liegen fertige, halb fertige sowie eben erst begonnene Statuen herum. Sie stecken größtenteils in den Hängen des Kraters, die samt und sonders aus den von der Bearbeitung abgefallenen Gesteinssplittern bestehen. Doch niemand weiß, was in den vulkanischen Schuttkegeln am Fuße des Rano Raraku noch alles verborgen liegt. Bis heute wurde noch nicht einmal ein Suchschnitt durchgeführt, von einer eigentlichen, das heißt grabenden archäologischen Forschung kann gar keine Rede sein. Weiter oben, in den Felsen, stecken noch viele weitere Statuen – einige fast vollendet, andere gerade einmal in das Vulkangestein skizziert. Hierunter befindet sich auch, mit einer Länge von 23 Metern, die längste aller bis dato aufgefundenen Steinfiguren.

Nur wenige Meter von dieser entfernt vermag man bei näherer Betrachtung auf einer Länge von ungefähr sechs Metern so etwas wie einen schwachen Umriss im Gestein zu erkennen. Dies ist die Stelle, an welcher der weltbekannte norwegische Forscher Thor Heyerdahl in den Jahren 1955/56 zahlreiche Osterinsulaner drei Tage lang mit Faustkeilen auf den Fels einhämmern ließ. Mit einem ausgesprochen mageren Ergebnis, das ich selbst vor Ort in Augenschein nehmen konnte. Trotzdem rechnete er daraus ableitend den Arbeitsaufwand hoch, wobei er auf ein Jahr für die Fabrikation einer mittelgroßen Figur kam. Was allerdings angesichts des bescheidenen Ausgangs des heyerdahlschen Experimentes stark angezweifelt werden darf.

Ist es überhaupt denkbar, dass die Statuen mittels einfacher Faustkeile aus dem harten Vulkangestein herausgehämmert worden sind? Wenn man nach einem steilen, etwa zwanzigminütigen Aufstieg am Rano Raraku dann vor den halb herausgearbeiteten, halb mit dem Fels verwachsenen Statuen steht, erscheint diese Theorie reichlich unwahrscheinlich. Die Oberflächen der Figuren befinden sich in einem makellosen, beinahe perfekten Zustand – niemals schien einer der Arbeiter danebengeschlagen zu haben. Und der Zwischenraum zum gewachsenen Fels beträgt durchschnittlich 1,50 bis 1,80 Meter: Das Gestein wurde ausgehöhlt wie Butter!

Abb. 24: An den Hängen des Kraters Rano Raraku stehen etliche bereits fertig gestellte Riesenstatuen.

Womit wurden die Statuen dann aus dem Gestein herausgelöst und, noch wichtiger, von wem? Die karge Insel beherbergt heute nur wenig über 1500 Einwohner, die überdies auch noch auf die Versorgung vom Festland angewiesen sind. Sehr viel mehr Bewohner können es auch in früheren Zeiten nicht gewesen sein; darüber hinaus musste ein nicht unerheblicher Prozentsatz der Bevölkerung für die angemessene Beschaffung von Nahrungsmitteln für die »arbeitende Klasse« sorgen. Die ins Kalkül gezogenen 1500 Inselbewohner hätten jedoch keinesfalls genügt – selbst wenn sie Tag und Nacht sowie ohne Feiertage geschuftet hätten –, um mit primitiven Faustkeilen an die tausend makellose Kolossalfiguren aus den Hängen des Rano Raraku zu hämmern. Und eine zahlreichere Bevölkerung wäre auf der Osterinsel einfach nicht denkbar, da sie tragischerweise verhungert wäre.

Es gibt kein Holz auf Rapanui

Dem bereits erwähnten norwegischen Forscher Thor Heyerdahl gelang es seinerzeit mit Hilfe einer großen Anzahl Insulaner und zahlreicher (mitgebrachter) Holzrollen in 18-tägiger Schwerstarbeit eine mittelgroße Statue aus dem Steinbruch fortzuschaffen und auf einer dafür vorbereiteten Plattform aufzurichten. Doch an dieser Stelle offenbart sich das nächste Problem: Bisher lieferten keinerlei Funde irgendwelche Nachweise, dass man auf dem Eiland jemals über ausreichend Holz verfügt hätte. Die wenigen Bäume, die man heute zu Gesicht bekommt, wurden vor nunmehr 25 Jahren auf die Insel gebracht. Es sind Eukalyptusbäume, die dort ganz prächtig gedeihen – doch sie stammen aus dem über 9000 Kilometer entfernten Australien.

Steigt man an den Hängen des Kraters Rano Raraku, der Bildhauerwerkstatt mit ihren zahllosen im Geröll des Abhangs feststeckenden Statuen, herum, so fragt man sich unwillkürlich, wie viel von den steinernen Riesen wohl im Boden den Blicken entzogen sein mag. Einen Hinweis darauf dürfte die

Freilegung dreier Moais durch Thor Heyerdahl im Verlaufe seiner 1955/56er Expedition geben. Tatsächlich steckten von diesen drei Statuen, von denen wie bei den anderen am Rano Raraku nur die Köpfe zu sehen waren, zehn bis zwölf Meter ihrer bis zu 20 Meter messenden Gesamtlänge im Erdreich. Beim zweiten dieser Moais fielen übrigens sorgsam herausgearbeitete, langfingrige und daumenlose Hände auf. Wir spekulieren ja noch immer, *wen* die ungefähr 1000 auf der Insel gefundenen Statuen nun darstellen sollen …

»Rongo-Rongo«

Und so hüten die steinernen Riesen der Osterinsel, deren ungewöhnliche Physiognomie so gar nicht zu dem Bild der in aller Regel den Polynesiern zugerechneten Inselbevölkerung passen will, hartnäckig ihre Geheimnisse. Zu diesen zählen auch die mit eigenartigen Hieroglyphen beschrifteten Holztäfelchen, *kohau rongo-rongo* (»sprechendes Holz«) genannt, die bei mehreren Statuen gefunden wurden. Noch im Jahre 1864 bekam der französische Geistliche Eyraud Hunderte dieser Täfelchen zu sehen, doch lassen sich heute in den Museen der Welt keine zehn Originale mehr auftreiben. Eifrige Missionare haben auch hier ganze Arbeit geleistet. So sind die wenigen, im einzigen Museum der Insel ausgestellten Rongo-Rongo-Tafeln nur Duplikate, welche erst vor wenigen Jahren hergestellt wurden. Und der letzte Schriftkundige, der die Zeichen entziffern konnte, nahm im Jahre 1914 sein Geheimnis mit ins Grab, ohne das Wissen um diese Zeichen einem Nachfolger anvertraut zu haben.

So sind es letztlich zahlreiche Spekulationen und viel zu wenige Erkenntnisse, die uns über die mysteriösen Tafeln vorliegen. Wie etwa die Behauptung, es sei auf den *rongo-rongos* die Rede vom Himmel, von den Sternen und der Milchstraße oder auch von einem Archipel, der im weiten Ozean versank, als vor vielen tausend Jahren ein Feuerball auf die Erde fiel. Eine

Anspielung auf den mystischen Kontinent Lemuria, der von Esoterikern auf dem Boden des Pazifischen Ozeans – sozusagen als Gegenpol zum nicht minder mythischen Atlantis – vermutet wird?

Einige Forscher sprechen von auffälligen Übereinstimmungen der osterinsulanischen Schriftzeichen mit jenen, die bei den Überresten einer versunkenen Hochkultur gefunden wurden, welche vor 5000 Jahren im Tal des Indus ihre Blütezeit erlebte. Die Rede ist hier von der Kultur von Mohenjo-Daro und Harappa, beide auf dem Territorium des heutigen Staates Pakistan gelegen. Tatsächlich sehen von 270 Schriftzeichen, welche dort gefunden wurden, etwa 130 den Zeichen auf den Rongo-Rongo-Tafeln der Osterinsel beinahe zum Verwechseln ähnlich.

Nur ein gewöhnlicher Zufall? Man wäre versucht, eine derartige Übereinstimmung tatsächlich dem noch viel zu häufig strapazierten »Zufall« in die Schuhe zu schieben, wenn es sich hierbei nur um elementare Zeichen handeln würde wie etwa Kreise, Dreiecke und Quadrate. Doch hier sehen wir uns mit hochspezialisierten Idiomen konfrontiert, die auf komplizierte Art und Weise ausgeführt sind und häufig wiederkehren. Auf den *kohau rongo-rongo* sieht man beispielsweise menschliche Gestalten, die u-förmige Röhren in verschiedenen Lagen in den Händen halten. Mehrere dieser Gestalten halten eine Röhre, in deren Innerem etwas zu erkennen ist, was einem Taucher ähnlich zu sehen scheint. Auch in Mohenjo-Daro fanden sich identische Gestalten mit den u-förmigen Röhren und es findet sich auf einer der Darstellungen gleichfalls eine Gestalt, die eine jener charakteristischen Röhren mit einem »Taucher« darin schwingt.

Götter in unbekannten Flugobjekten

Die Bewohner von Mohenjo-Daro sollen Götter angebetet haben, die auf weit entfernten Sternen im Weltall wohnten. Trifft das auch für die Insulaner auf dem kleinen Eiland im Südpazifik zu?

Es gibt eine uralte Rapanui-Überlieferung, nach der sieben Fremde, auch als Götter bezeichnet, von einem achten angeführt auf die Insel gekommen seien. Von ihnen sei schließlich einer, der für die Insel zuständig gewesen wäre, auf dieser geblieben. Einer etwas veränderten Version zufolge hätten besagte sieben sogar die ganze Erde vom »Nabel der Welt« aus regiert. In der alten Rapanui-Sprache heißt die Insel denn auch so: *te pito o te henua*, zu Deutsch *der Nabel der Welt*. Andere Überlieferungen besagen, dass diese Götter aus einem Ei auf die Insel gekommen wären. Damit befinden sie sich in bester Gesellschaft identisch lautender Mythen aus der ganzen Welt.

Noch deutlichere Hinweise auf eine mögliche Verbindung der alten Insulaner mit Intelligenzen aus dem Weltraum vermochte ich während meines Aufenthaltes Anfang März 1996 auf der

Abb. 25: Am »Nabel der Welt«:
Der Autor am Rand des erloschenen Vulkans Rano Kao.

Rätselinsel am Nabel der Welt zu sammeln. Es sind dies spezielle Indizien linguistischer Art, die bislang völlig unbeachtet geblieben sind.

So kennt man in der alten Sprache der Osterinsel zahlreiche Wortschöpfungen, die auf außerirdische Einflüsse hindeuten. Wohlgemerkt: Dies sind keine neuzeitlichen Lehnwörter, etwa aus dem Spanischen oder Englischen stammend, sondern *uralte* Begriffe, wie sie von den Rapanui-Leuten von alters her benutzt werden.

Sehr vertraut ist den Osterinsulanern der Begriff *atua-hiva* – wörtlich übersetzt: »Gott, der von woanders gekommen ist«. Derselbe Ausdruck wird jedoch genauso für unbekannte fliegende Objekte am Himmel benutzt. Die Gesänge des Eilands, seit jeher Träger alter Überlieferungen, sind voll von Schilderungen über die *papa-ahiro*, die »fremden Wesen vom Himmel«. Beobachtet von den aufmerksamen *papa-hirangi* unter den Inselbewohnern – heute würde man wohl »Kontaktler« oder »Abductee« sagen –, denen der Mond und die Sterne weitaus vertrauter sind als jedes andere, in weiter Ferne liegende Land.

Selbst Objekte, die mit den aus heutigen Tagen häufig beobachteten »Unterwasser-UFOs« identisch zu sein scheinen, wurden von den Fischern der Osterinsel seit jeher oftmals gesichtet. Diese auch »USO« genannten Objekte stellen eine gesonderte Beobachtungskategorie dar und zeichnen sich durch Geschwindigkeiten aus, wie sie von keinem konventionellen Fahrzeug unter Wasser erreicht werden können. Für diese Objekte wurde vor unbekannten Zeiten der Begriff *ura-titia-moana* geprägt, was soviel bedeutet wie »glühende, schnelle Bewegung im Meer«. Bei den Rapanui-Leuten indes sind diese Ausdrücke noch immer »unheimlich« aktuell, denn derartige Phänomene werden selbst in unseren Tagen nicht selten gesichtet. So wurde mir zugetragen, dass nur zwei Tage vor meiner Ankunft eine spektakuläre UFO-Beobachtung die Bewohner der kleinen Pazifikinsel in hellen Aufruhr versetzt hatte.

Was würden uns die steinernen Kolosse der Osterinsel alles berichten, wenn sie nur sprechen könnten: Antworten geben auf so viele brennende Fragen. Statt dessen blicken sie uns heutige Besucher nur stumm an. Fast wirken sie ein wenig überheblich ...

»Ich lache nicht mehr über Menschen, die behaupten, sie hätten ein UFO gesehen, weil ich selbst eines gesehen habe.«

Jimmy Carter, ehem. Präsident der USA

10 Horrornacht im Dreiländereck

Am Originalschauplatz einer UFO-Entführung

Putre, ein kleiner Ort im Norden Chiles, am 27. Februar des Jahres 1996. Zusammen mit Dr. Johannes Fiebag (1956–1999), dem damals prominentesten deutschen Erforscher des UFO-Entführungs-Phänomenes, war ich am Original-Schauplatz eines der spektakulärsten Abduktionsfälle des ausgehenden 20. Jahrhunderts angekommen. Die Rede ist von der Entführung des chilenischen Unteroffiziers *Armando Valdes*, der in den frühen Morgenstunden des 25. April 1977 vor den Augen seiner vor Entsetzen gelähmten Kameraden in ein nichtidentifiziertes Flugobjekt entführt worden war. Der Vorfall wirbelte damals soviel Staub auf, dass die Medien weltweit darüber berichteten. Auch hierzulande erregte der »Fall Valdes« die Gemüter.

Um fünf Tage gealtert

Was war damals geschehen? Gegen 4.15 Uhr früh an dem schicksalhaften Aprilmorgen saßen sechs Soldaten der chilenischen Armee um ein Lagerfeuer vor ihrer Militärbaracke in den Anden bei Putre, während zwei weitere Kameraden in unmittelbarer Umgebung Wache schoben. Plötzlich tauchten am Himmel zwei gleißend helle Flugobjekte auf, die sich langsam auf das von Bergketten eingerahmte Gelände herabsenkten und umhermanövrierten. Wie die Soldaten später übereinstimmend aussagten, ging offenbar eines der beiden UFOs hinter einem der nahen Berge nieder. Es befand sich außerhalb des Sichtbereichs, doch war über dem mutmaßlichen Landeplatz ein heller Schein zu beobachten. Das andere UFO hingegen schwebte nur ein paar hundert Meter von den Soldaten entfernt dicht über dem Boden und kam schließlich ganz nahe an die kleine Truppe heran. Es hatte eine violett leuchtende Färbung und im Objekt schienen sich zwei intensiv rote Punkte zu befinden.

Angesichts dieser bedrohlich wirkenden Situation befahl der Patrouillenführer, der damals 22-jährige Unteroffizier Armando Valdes, seine Leute augenblicklich in Gefechtsposition. Als das unbekannte Objekt noch näher an die Gruppe herankam, machte Valdes sich selbst auf, um die rätselhafte Erscheinung

Abb. 26: Militärisches Gelände: Die Armeebaracken bilden den Vorposten der Garnison, die in Putre stationiert ist.

eingehend zu untersuchen. Was daraufhin geschah, ließ seinen Leuten das Blut in den Adern gefrieren.

Aus der wenige Meter über dem Boden schwebenden Untertasse, unter welcher der Korporal nun stand, schoss ein blendend heller Lichtstrahl. Im nächsten Augenblick war Valdes wie vom Erdboden verschluckt. Und dies nur wenige Meter von seinen neben ihm stehenden Kameraden entfernt! Nun flog auch das UFO davon. Fieberhaft begannen die Soldaten nach ihrem Vorgesetzten zu suchen, doch fürs Erste fanden sich keine Spuren von dem so unvermittelt Verschwundenen. Ratlosigkeit mischte sich in das Entsetzen der Männer.

Eine Viertelstunde später jedoch war Valdes wieder da. Als hätte er sich rematerialisiert, tauchte er genauso plötzlich wieder vor seinen Leuten auf. Dabei versuchte er ihnen noch etwas zu sagen, doch aus seinem Mund drangen nur wirre, unverständliche Laute. Dann fiel er in Ohnmacht.

Gut zwei Stunden später an diesem Morgen, gegen 7 Uhr, erlangte der Unteroffizier das Bewusstsein wieder. Nun offenbarte ein Blick auf seine Armbanduhr höchst Erstaunliches. Diese zeigte, wie alle Zeugen berichteten, noch immer 4.30 Uhr an. Es war dies exakt die Zeit, zu der Valdes wieder aufgetaucht war. Doch der Datumsanzeiger der Uhr war um *volle fünf Tage vorgerückt*. Und was noch unheimlicher war: Dem Soldaten war während seiner nur viertelstündigen Abwesenheit ein Bart gewachsen, als hätte er sich genau fünf Tage lang nicht rasiert. Oder anders ausgedrückt: Armando Valdes war während dieser 15 Minuten um volle fünf Tage gealtert!

Harte Realität am Ende der Welt

Nur wenig später an diesem ereignisreichen Morgen – das unheimliche Erlebnis des Soldaten ging in der 2000-Seelen-Gemeinde Putre um wie ein Lauffeuer – kam die Geschichte dem damaligen Schullehrer zu Ohren. Der fackelte nicht lange und eilte mit seinem kleinen Kassettenrekorder zum Schauplatz des

Abb. 27: Unheimliche Begegnung der vierten Art im Morgengrauen des 25. April 1977. Vor seinen entsetzten Kameraden wurde der damals 22-jährige Korporal Armando Valdes in ein unbekanntes Flugobjekt entführt.

mysteriösen Vorfalls. Es gelang ihm tatsächlich, bevor die militärische Zensur durchgriff, ein Interview mit dem Entführungsopfer und den Augenzeugen aufzunehmen.

Don Pedro de Araneda, jenen beherzten Lehrer, dem die UFO-Forschung einen detaillierten Bericht über die Valdes-Entführung verdankt, trafen wir am 26. Februar 1996 in Arica. Dies ist die nördlichste Stadt Chiles, an der Grenze zu Bolivien liegend, die wir einen Tag zuvor mit dem Flugzeug aus der bolivianischen Hauptstadt La Paz kommend erreicht hatten. Und nun saßen wir dem Mann gegenüber, dessen Neugier und mutige Entschlossenheit wider die militärische Zensur dafür gesorgt hatten, dass die Welt von einem der spektakulärsten Entführungsfälle Kunde bekam. Es wurde ein langer, aufregender Abend, in dessen Verlauf ich weit mehr Einzelheiten in Erfahrung brachte, als seinerzeit in den Medien berichtet wurden. Denn damals herrschte, kurz nachdem der Entführungsfall publiziert wurde, eine plötzliche und anhaltende Funkstille ...

Zu diesem Treffen brachte Don Pedro, dem man seine mittlerweile 60 Jahre wirklich nicht ansieht, auch die Original-Tonbandaufnahmen jenes unvergessenen 25. April 1977 mit. Simultan von einer Dolmetscherin übersetzt, konnten wir uns ein lebhaftes Bild von den damaligen Ereignissen machen. An den aufgeregten, sich zeitweise sogar vor Panik überschlagenden Stimmen Armando Valdes' und seiner zu Augenzeugen des Unfassbaren gewordenen Kameraden konnten wir hautnah miterleben, in welch emotionalem Ausnahmezustand die Beteiligten allesamt gewesen waren. Immer wieder wurden Gebete gemurmelt, wurde die Bitte gefleht, dass das Ganze doch nur ein böser Traum sein möge – und das von hart gesottenen Burschen. Sie werden die panische Angst, welche sie in jenen Stunden erlebten, wahrscheinlich bis zum Ende ihrer Tage nicht mehr vergessen können. Immer wieder hörten wir die Ungläubigkeit über das Ereignis, den Wunsch, endlich aus diesem schrecklichen Albtraum zu erwachen.

Doch es war die harte Realität, hier, im chilenischen Hochland am Ende der Welt.

Für mich bot sich dort, beinahe 19 Jahre nach den spektakulären Vorgängen, endlich die Möglichkeit, vor Ort neue, bisher nicht bekannt gewordene Details zu finden.

So war es mir bei dem Lokaltermin möglich, eine Angabe zu korrigieren, die seinerzeit in den Medien falsch verbreitet worden war. Bei den Soldaten handelte es sich keineswegs um eine »Patrouille auf Ausritt«, sondern um die Besatzung des der Garnison von Putre vorgelagerten Außenpostens, der etwa drei bis vier Kilometer vom Ort entfernt liegt. Dieser Außenposten existiert noch heute und es sind dort in der Hauptsache Pferde und Maultiere des Bataillons untergebracht. Nichtsdestoweniger gilt das Areal als militärische Sicherheitszone und der staubige Weg zu dem Camp ist nur zu Fuß, zu Pferde oder mit geländegängigen Fahrzeugen zu bewältigen.

Kehren wir hier noch einmal zurück zu den dramatischen Vorgängen jenes 25. April 1977, wie sie sich unter Berücksichtigung meiner vor Ort neu recherchierten Einzelheiten darstellen. Kurz vor der Beobachtung der beiden unbekannten Flugkörper waren die im genannten Außenposten untergebrachten Tiere außergewöhnlich ruhig – doch eher im Sinne einer ängstlichen Gespanntheit. Ein Hund duckte sich leise winselnd und mit gespitzten Ohren zu Boden.

Dann erschienen die beiden UFOs, von denen eines hinter der Bergkette niederging, welche sich hinter dem Camp in Hauptrichtung der Kordilleren erstreckt. Das zweite UFO schwebte in der Nähe und flog dann direkt auf die Soldaten zu. Korporal Valdes ging auf das Objekt zu und schien wie angezogen von einem solide wirkenden Lichtstrahl, der von dem Flugkörper ausging. Als er sich unmittelbar unter dem UFO befand, verschwand er von einem Augenblick zum anderen.

Die Aufregung seiner Kameraden war eher noch größer geworden, als Valdes nach ziemlich genau 15 Minuten ebenso unvermittelt wieder auftauchte. Aber erst nachdem er sich einigermaßen von seinen wiederholten Ohnmachtsanfällen erholt hatte, konnte er sich an einige Einzelheiten seines unfreiwilligen Aufenthaltes an Bord des UFO erinnern. Er vermochte zwar nichts über die Wesen zu sagen, welche ihn gekidnappt hatten – dieser Teil seiner Erinnerungen schien wie ausgelöscht –, dafür aber konnte er sich eine Mitteilung merken. Die fremden Entitäten hatten ihm nämlich gesagt, dass es nicht das erste Mal in Valdes' Leben sei, dass er sie sehe. Und sie fügten das Versprechen hinzu: »... wir kommen wieder!«

Ein unheimlicher Ort

Am Tag nach dem Interview mit Don Pedro de Araneda, dem beherzten Schullehrer, fuhren wir – eine Gruppe Leser, der erwähnte Dr. Johannes Fiebag und meine Wenigkeit – an den Schauplatz des damaligen Geschehens. Von Arica aus windet sich die einzige Überlandstraße über teilweise Schwindel erregende Serpentinen durch die Andenkordillere in Richtung auf das Dreiländereck Chile-Peru-Bolivien. Nach ungefähr 150 Kilometer Fahrt erreichten wir das Städtchen Putre, das noch immer so verschlafen wirkt wie vor mehr als 20 Jahren. Nach dem Ortsende – linkerhand stehen die Gebäude der dort stationierten Militäreinheit, in deren Vorposten sich der Entführungsfall abgespielt hatte – führt ein staubiger Weg zunächst in einen Cañon. Unser Bus musste bereits zu Beginn anhalten und wir begannen Wetten abzuschließen, ob es dem Fahrer je gelingen würde, das schwere Fahrzeug zu wenden und wieder heil aus der Schlucht herauszubringen. Ich weiß zwar bis heute noch nicht, wie er dies bewerkstelligte, aber er schaffte es. Nachdem wir später zu Fuß wieder zurückgekehrt waren, wartete der in die richtige Richtung bewegte Bus mit dem obligatorisch qualmenden Motor schon auf uns.

Als wir die Sohle des Cañons durchquert hatten, mussten wir noch etwa zwei Kilometer ein von steilen Bergen eingesäumtes Flusstal entlangwandern. Schließlich erweiterte die Landschaft sich zu einer gleichfalls von Bergketten eingerahmten Ebene, in

Abb. 28: Lokaltermin an einem unheimlichen Ort.
Der Autor (rechts) zusammen mit Dr. Johannes Fiebag am
Originalschauplatz der Valdes-Entführung.

der wir mehrere Militärbaracken in Flachbauweise ausmachen konnten. Der Fußmarsch hatte sich gelohnt und unser Ziel war erreicht.

Ein Kollege des Lehrers Don Pedro de Araneda, der ebenfalls ortskundig und mit den damaligen Geschehnissen vertraut war, führte uns um den Gebäudekomplex herum zum genauen Schauplatz jener Entführung. Wir schritten das Gelände mehrmals ab und fotografierten eifrig, waren wir doch aller Wahrscheinlichkeit nach die ersten Forscher unseres Landes, welche an diesen unheimlichen Ort kamen. Dann schreckten wir auf. Fast gleichzeitig blickten Johannes und ich in die Richtung der benachbarten Kasernengebäude hinüber und ahnten Übles. Die Soldaten in ihren Tarnanzügen, ihre schussbereiten G3-Schnellfeuergewehre im Anschlag, kamen rasch näher – auf jeden Fall viel schneller, als uns lieb gewesen wäre. Uns war ja von vornherein klar gewesen, dass wir unbefugt einen militärischen Sicherheitsbereich betreten hatten, was in südamerikanischen Ländern bekanntlich zu größten Verwicklungen führen kann. Immerhin hatten wir bereits beim Anmarsch auf das Camp unentwegt fotografiert und versuchten auch jetzt noch, so schnell wie möglich viele Fotos zu schießen. Doch als uns der schwer bewaffnete Trupp eingekreist hatte, da wurde uns mulmig und wir machten uns auf gewaltigen Ärger gefasst.

Schließlich hatten wir die rettende Idee. Als wir unsere Kameras demonstrativ einpackten und uns zum Gehen wandten, drehten auch die Soldaten wieder ab. Glück gehabt!

Mauer des Schweigens

Wie ging es eigentlich mit dem Entführungsopfer Valdes weiter? Damals, 1977, waren die Informationen aus Chile ganz plötzlich wie abgeschnitten, doch die Geschichte hat tatsächlich eine Fortsetzung. Noch am selben Morgen, kurz nachdem der Lehrer aus Putre sein Interview »im Kasten« hatte, wurde der Unteroffizier vom Militär völlig abgeschirmt, ebenso die anderen

Zeugen des Zwischenfalls. Von Putre aus wurde Valdes zunächst nach Arica verlegt und von dort in die Hauptstadt Santiago de Chile geflogen, wo er in ein Militärhospital kam.

Nach ungefähr einem Jahr kehrte Valdes noch einmal zurück nach Putre – und zwar in Begleitung zweier Männer in Zivil. Es waren aller Wahrscheinlichkeit nach Agenten des militärischen Geheimdienstes, die ihn nicht mehr aus den Augen ließen. Er holte noch einige persönliche Sachen ab und verabschiedete sich von Freunden. Doch die beiden Agenten achteten unnachgiebig darauf, dass die Entführung nicht zur Sprache kam: Jede Unterhaltung darüber wurde rigoros und sofort abgeblockt!

Wie ich in Arica erfuhr, ist Armando Valdes – heute über 40 Jahre alt – noch immer im Dienste der chilenischen Streitkräfte. Seit seiner Entlassung aus dem Militärhospital in Santiago ist er in *Conception* stationiert, einer Garnison 500 Kilometer südlich der Hauptstadt. Ein Ort, der im wahrsten Sinn des Wortes am Ende der Welt liegt. Dort wird er noch immer streng abgeschirmt, Interviews sind nicht erlaubt. Eine hohe Mauer des Schweigens wurde um ihn herum errichtet.

In Conception kam es im Jahre 1979 erneut zu einer Sichtung unbekannter Flugobjekte, und in diesem Fall waren alle Soldaten der Garnison Zeugen der Erscheinung. Hier funktionierte die militärische Abschirmung so gut, dass die Welt darüber bislang nichts erfuhr. Lösten die Außerirdischen ihr in Putre gegebenes Versprechen ein und kamen wieder?

Auch einen höchst rätselhaften Aspekt aus dem familiären Umfeld des Unteroffiziers möchte ich hier noch erwähnen. Ob er allerdings primär mit den Entführungserfahrungen des Armando Valdes zusammenhängt, vermag ich an dieser Stelle ohne tiefer gehende Informationen weder positiv noch negativ zu beantworten. Valdes ist inzwischen verheiratet und hat eine kleine Tochter, die unter einer »unbekannten Krankheit« leidet. Was wohl im Klartext bedeuten soll, dass die das Mädchen behandelnden Ärzte hinsichtlich der Krankheitssymptome vor einem Rätsel stehen.

Parallelfall aus China

Leider war es seither nicht möglich, genauere Informationen über die mysteriöse Erkrankung von Valdes' Tochter zu bekommen. Zu dicht ist das Netz der Abschirmung über den Offizier der chilenischen Armee und seine Familie gezogen. Ich vermochte jedoch Informationen über eine weitere Entführung zu sammeln, die beinahe identische Details aufweist mit dem Fall des Südamerikaners. Ereignet hatte sich diese aber bereits fast zwei Jahre zuvor, und zwar am anderen Ende der Welt. Um genauer zu sein: in der Volksrepublik China.

An einem Herbstabend im Jahre 1975 waren zwei Soldaten der Volksbefreiungsarmee zum nächtlichen Wachdienst am Kasernentor des Armeebataillons von Jianshui in der Provinz Yünnan abkommandiert. Plötzlich sahen sie sich mit einem riesigen, rotorange leuchtenden Flugobjekt konfrontiert, das am Himmel schwebte und die gesamte Umgebung der Kaserne in ein grelles, unwirkliches Licht tauchte. Das UFO drehte sich und manövrierte über dem Militärcamp hin und her.

Die Wachsoldaten befürchteten, dass sie es mit einem Spionageflugzeug einer fremden Nation zu tun hatten, und so verließ einer der beiden seinen Posten, um bei seinen Vorgesetzten Meldung zu erstatten. Als er kurz hierauf mit Verstärkung zum Ort des Geschehens zurückkehrte, fand sich jedoch von seinem Kameraden keine Spur mehr! Sofort wurde das gesamte Bataillon in Alarmbereitschaft versetzt und schwer bewaffnete Suchtrupps schwärmten aus. Zunächst ohne Erfolg.

Erst einige Stunden später wurde eine Streife von vier Soldaten durch ein leises Stöhnen aufmerksam gemacht. Sie fanden ihren vermissten Kameraden halb besinnungslos unter dem Kasernentor liegen. Dieser war zwar ansprechbar, machte jedoch einen vollkommen verstörten Eindruck und verlor immer wieder das Bewusstsein – wie sein chilenischer »Leidensgefährte« zwei Jahre später.

Bei näherem Hinsehen durchfuhr die Soldaten ein fürchterlicher Schreck: Dem wieder Aufgetauchten waren in den zwei, drei Stunden seiner Abwesenheit die Kopf- und Barthaare so stark nachgewachsen, als hätte er sich wochenlang weder rasiert noch den Truppenfriseur aufgesucht. Auch seine Uhr war stehen geblieben. Doch was noch rätselhafter war: Sowohl seine Uhr als auch das mitgeführte Schnellfeuergewehr waren magnetisch geworden!

Zwei beinahe identische Fälle einer Entführung aus dem Raum- und Zeitkontinuum, wie wir es kennen, lassen nur den einen beunruhigenden Schluss zu: »Da draußen« wartet irgendetwas auf uns, dem wir relativ schutzlos gegenüberstehen. Wollen wir hoffen, dass »es« sich nicht früher oder später als ernsthafte Bedrohung erweist!

»Gelegentlich stolpern die Menschen über eine Wahrheit. Aber sie richten sich auf und gehen weiter, als sei nichts geschehen.«

Sir Winston Churchill (1874–1965)

11 Verkehrte Welt

Bergauf geht's nach unten!

Stellen Sie sich einmal vor, Sie stünden am Rande einer auf den ersten Blick vollkommen normal aussehenden Straße, die von Ihnen aus gesehen aufwärts führt. Sie sind mit dem Auto unterwegs und haben angehalten. Dabei haben Sie den Gang eingelegt und die Handbremse angezogen, damit Ihr Wagen nicht wieder den Berg rückwärts hinunterrollt. Und als Sie wieder losfahren wollen und für einen kurzen Augenblick weder ein Gang eingelegt noch die Bremse angezogen ist, setzt sich Ihr Fahrzeug in Bewegung. Zu Ihrer maßlosen Verwunderung allerdings nach oben – im Klartext: bergauf!

Sie werden jetzt ungläubig Ihren Kopf schütteln, denn nach dem »gesunden Menschenverstand« und Ihrem Schulwissen ist so etwas schlichtweg unmöglich.

Irrtum. Denn so eine Situation wie diese habe ich selbst bereits einmal sozusagen »live« erlebt.

Ich befand mich auf halbem Weg zwischen der nordchilenischen Hafenstadt Arica und dem Ort Putre. Zusammen mit meinem leider viel zu früh verstorbenen Freund und Forschungskollegen Dr. Johannes Fiebag und einer Gruppe unserer Leser war ich unterwegs zu dem Schauplatz der Entführung des Korporals Armando Valdes in ein unbekanntes Flugobjekt (s. Kapitel 10). Eine Stelle der Landstraße, die dort am Quebrada Cardones durch die beinahe menschenleere Einsamkeit der Anden führt, besticht durch ein außergewöhnliches, wenn auch keineswegs einmaliges Phänomen.

Bereits tags zuvor hatte man uns darauf aufmerksam gemacht, dass an einem bestimmten Punkt nichts so sei, wie wir es normalerweise erwarten dürften. Einheimische hatten immer wieder beobachtet, dass Kraftfahrzeuge den Berg *hinaufrollten*, wenn sie an einer gewissen Stelle den Gang herausnahmen. Umgekehrt würde es hingegen eines kräftigen Tritts auf das Gaspedal bedürfen, um bergab zu fahren.

Als wir die Stelle erreichten, konnten wir feststellen, dass dort in der Tat ein leichtes Gefälle in Richtung Nordosten besteht – was umgekehrt natürlich eine leichte Steigung in der Gegenrichtung bedeutet.

Auf den Kopf gestellt

An diesem Platz schienen wirklich alle uns bekannten Gesetze der Physik hoffnungslos auf den Kopf gestellt zu sein. Beinahe jeder versuchte mit Cola-Dosen und anderen runden Dingen den anomalen Ort auf die Probe zu stellen. Mancher kippte zudem etwas Flüssigkeit auf die Straße, die dann in Richtung auf den Scheitelpunkt der kleinen Anhöhe zu fließen begann, über welche die Straße in Richtung Arica führt.

Für unbeteiligte Zuschauer, die nichts von der Besonderheit dieser Stelle wussten, musste es ein sonderbarer Anblick gewesen sein. Gut zwei Dutzend erwachsener Menschen, mit Fotoapparaten und zum Teil mit Videokameras ausgerüstet, knieten, rutschten oder lagen bäuchlings auf dem Asphalt. Ungläubig staunend mussten wir zur Kenntnis nehmen, dass der schwere Bus im Leerlauf nach oben rollte, sobald der Fahrer den Gang herausgenommen und die Bremse gelöst hatte.

Was mit dem Bus so akkurat zu funktionieren schien, wollten wir in der Folge auch mit einer Flasche ausprobieren, deren Inhalt, nebenbei bemerkt, schon zuvor den Weg nach oben

Abb.29, 30: Verkehrte Welt:
Die Flasche rollte über eine Distanz von mehreren hundert Metern nach oben, während Johannes und ich geduldig hinterhertrabten.

genommen hatte. Es klappte tatsächlich: Die Buddel setzte sich auf der Stelle in Bewegung. Allem Augenschein nach rollte das Ding stetig und unbeirrt bergauf, anstatt – wie es sich für runde Gegenstände nun einmal geziemen würde – den umgekehrten Weg zu nehmen. Insgesamt trabten Johannes und ich mehrere hundert Meter hinter der Flasche her und dokumentierten das unglaubliche Geschehen auf zahlreichen Fotos. Und der eine oder andere unserer Mitreisenden dürfte das Duo Fiebag/Hausdorf auch auf Video aufgenommen haben, wie es Meter um Meter hinter der bergwärts rollenden Flasche hergelaufen ist.

Wir täten besser daran, uns darüber klar zu werden, dass die so genannte *Realität* zuweilen die unglaublichsten Überraschungen für uns parat hält.

Rocca di Papa

Über einen weiteren mit einer solchen Anomalie »gesegneten« Ort berichtete der mit mir befreundete Fernsehmoderator Rainer Holbe in seiner Serie »Fantastische Phänomene«. Dieser liegt indessen diesseits des Atlantischen Ozeans, man muss also nicht erst in Richtung Südamerika aufbrechen, um sich von den hier berichteten Effekten überzeugen zu können.

Unweit der italienischen Hauptstadt Rom, in den Albaner Bergen, liegt der kleine Marktflecken Rocca di Papa. Dort, an der schmalen Via dei Laghi, scheint – gleichsam wie in den nordchilenischen Anden – auf einer Länge von ungefähr 100 Metern unsere Welt auf dem Kopf zu stehen. Das Phänomen hat sich mittlerweile schon den Rang einer lokalen Attraktion erkämpft: Meist an den Wochenenden fahren zahlreiche Bewohner der nahen Hauptstadt die gut 30 Kilometer hinaus, um sich auf ihre Art und Weise von dem an diesem Ort präsenten Phänomen zu überzeugen. So lassen sie Getränkedosen den Berg hinaufrollen, und so mancher Radfahrer fährt ohne jede Mühe und Anstrengung nach oben, ohne auch nur ein einziges Mal in die

Pedale treten zu müssen. Oft herrscht richtiggehende Volksfeststimmung.

Selbst der Lastwagen des Fernsehteams, das mit Rainer Holbe filmte, bewegte sich aus dem Stand bergwärts, sobald die Handbremse gelöst wurde.

Orte offenbar anomalen erdmagnetischen Verhaltens gibt es – abgesehen von dem Weg nach Putre und der Via dei Laghi in Rocca di Papa – noch häufiger auf unserem Planeten. An dieser Stelle möchte ich, ohne Anspruch auf Vollständigkeit zu erheben, noch einige weitere dieser Rätselorte anführen:

– Auf der polnischen Seite der Schneekoppe, der mit 1603 Metern über dem Meeresspiegel höchsten Erhebung des Riesengebirges, existiert eine schmale Straße, welche zu einem Ort mit Namen *Kr* führt. Nur einige wenige Einheimische wissen dort von der Besonderheit dieser Stelle.

– Zwischen Ayr und Maidens, in der Nähe des Firth of Clyde, liegt im Westen Schottlands eine Stelle. Die dortigen Bewohner nennen das seltsame Straßenstück der A 719 »Electric Brae«.

– In New Brunswick, Kanada, gibt es den »Magnetic Hill«. Auch dort rollen Autos im Leerlauf bergan, wogegen die Fahrer für den Weg bergab kräftig auf das Gaspedal treten müssen. Sollten Sie, verehrte Leserinnen und Leser, von weiteren Orten mit denselben phänomenalen Eigenschaften wissen, würde ich mich sehr freuen, wenn Sie mir – über den Verlag, dessen Adresse sich im Anhang zu diesem Buch befindet – nähere Informationen zukommen lassen könnten.

Der »Oregon-Strudel«

Von einer noch bizarreren Natur scheinen jene Anomalien zu sein, die sich an einem »Oregon-Strudel« genannten Ort manifestieren. Nicht weit von der Grenze der US-Bundesstaaten Oregon und Kalifornien gelegen, am Rande des *Sardine Creek*, ungefähr 30 Meilen von Grant's Pass entfernt, stimmt nichts mehr mit jenem Wissen überein, das unsere Naturwissenschaftler über die Gesetze der Physik besitzen.

Diese Zone der Anomalien ist annähernd rund und besitzt einen Durchmesser von gut 50 Metern, der aber dem Vernehmen nach in einem 90-tägigen Intervall leichten Schwankungen unterworfen sein soll. Ist es eine Art magnetischer Pol, der – ähnlich dem magnetischen Nord- und Südpol – gleichsam wandert? Vergessen wir an dieser Stelle eines nicht: Allein die »normalen« Auswirkungen des Erdmagnetfeldes geben Geologen wie Physikern immer noch zahlreiche Rätsel auf!

Im Inneren des »Oregon-Strudels« steht eine alte Holzhütte, die gegen Ende des 19. Jahrhunderts als Prüfbüro für Edelmetalle und Münzen gedient hat. Der anomale Gravitationseinfluss erwies sich in der Folge jedoch als so störend, dass die Hütte bereits 1890 wieder aufgegeben wurde. In den damaligen Jahren stand sie noch aufrecht am Fuße eines Hügels, doch im Lauf der Zeit glitt sie mit einem Teil des Erdreiches unaufhaltsam in den Sog des Strudels. Dort steht sie noch heute – von nichtidentifizierten Kräften regelrecht verdreht. Betritt man sie, so glaubt man sich in einer Welt, in der unsere bekannten Naturgesetze keine Gültigkeit mehr haben.

Man fühlt sich nach unten zur Erde gezogen, als sei die Anziehungskraft mit einem Mal um ein Vielfaches stärker geworden. Unwillkürlich nimmt man eine Körperhaltung ein, die einen deutlichen Winkel zur üblichen Vertikale aufweist. Versucht man, sich in die Gegenrichtung zu lehnen, wird dies durch den starken Gravitationseinfluss nahezu unmöglich gemacht. Zigarettenrauch dreht sich spiralförmig; dasselbe geschieht mit in die Luft geworfenem Papier. Und beinahe schon unnötig zu erwähnen: Runde Gegenstände rollen je nach Standpunkt nach oben oder in den Mittelpunkt des Strudels.

Wissenschaftler stellten Messungen an, versuchten jahrelang die ungewöhnlichen, ja abnormen Vorgänge an diesem Ort zu enträtseln. Doch bis heute Fehlanzeige. Elektromagnetische Felder scheinen irgendwie im Spiel zu sein, vermögen jedoch nicht die Einflüsse auf *alle Arten* von Materie zu erklären. Welche bislang noch unidentifizierte Kräftekonstellation mag verantwortlich dafür sein, dass sich Stöcke oder Besenstiele erst in einem Winkel von zehn Grad im Gleichgewicht befinden? Eine ungefähr 15 Kilogramm schwere Stahlkugel, die man mit einer Kette an der Decke der Hütte befestigte, hing deutlich *schräg* nach unten und konnte nur mit großer Mühe aus dieser Position bewegt werden. Und Kompasse, Lichtmesser sowie weitere Instrumente spielen innerhalb des Strudels »verrückt«.

Noch heute entzieht sich die Erklärung, warum an diesem Platz die physikalischen Gesetze gänzlich anders definiert sind, unserer Vorstellung. Was bleibt, sind mehr oder weniger exotisch klingende Spekulationen, die uns jedoch im Augenblick mangels besseren Wissens keinen Schritt voranbringen.

»Du stehst ja absolut schräg!«

Dies betrifft auch einen mysteriösen Platz unweit meines Domizils, an dem ich den Effekt, erst in deutlicher Abweichung von der Vertikalen in einem Zustand des Gleichgewichts zu stehen, am eigenen Leib erfahren konnte.

Mit schöner Regelmäßigkeit bin ich zu Gast bei einem lokalen Radiosender, nur wenige Kilometer von meinem Wohnort entfernt. Irgendwann im Frühjahr 1997 – ich stellte damals gerade mein brandneu erschienenes Buch »Wenn Götter Gott spielen« vor – nahm mich Tom, einer der Moderatoren im Sender, nach der Sendung beiseite. Bereits wiederholte Male war ich bei ihm »on air« gewesen, wie die Rundfunkleute sagen. Darum vertraute er mir einige seltsame Erlebnisse an, die ihn an diesem nicht allzu weit entfernten Ort widerfahren waren. Nicht umsonst fordere ich bei jeder sich bietenden Gelegenheit in den Medien, unser altes Weltbild endlich grundlegend zu erweitern.

Bei besagter Stelle handelt es sich um den Scheitelpunkt einer Anhöhe, von wo aus man einen weiten Blick über das Inntal bis hinein ins benachbarte Österreich genießen kann. Der weitaus größte Teil der Anhöhe ist mit lichtem Mischwald bewachsen.

Nur wenige Menschen wissen, dass es mit dieser Stelle dort, die nur ein paar Meter im Durchmesser misst, eine ungewöhnliche Bewandtnis haben soll. Auf jeden Fall erging sich Tom in Andeutungen, dass dort wohl die Gesetze der Schwerkraft nicht mehr ihre volle Gültigkeit hätten. Alles sei ein wenig anders, als wir dies gewohnt wären.

Meine Neugier war – wieder einmal – geweckt.

Mein notorisch überfüllter Terminplan brachte es mit sich, dass ich erst in den Anfangstagen des Jahres 1998 Zeit fand, zusammen mit Christian, einem an Phänomenen aller Art reichlich interessierten Freund, den gleichzeitig so nahen und doch so mysteriösen Ort aufzusuchen. Tom, der Radiomoderator, hatte die Stelle hinlänglich beschrieben und so wurden wir nach kurzer Suche auch fündig.

Tatsächlich lassen schon beim ersten Hinsehen charakteristische Besonderheiten auf ungewöhnliche Einflüsse schließen. So gedeiht auf einer wenige Quadratmeter messenden Fläche keinerlei Vegetation. Für sich allein genommen, wäre das noch nicht der Rede wert. Aber die Bäume, die rund um die Stelle wachsen, weisen ohne Ausnahme eine geradezu frappierende Verbiegung auf, welche von dem Ort *weg* weist. Vollends mysteriös wird es dann, sobald man das Innere dieser annähernd ovalen Fläche betritt. Genau wie bei dem zuvor beschriebenen Oregon-Strudel nimmt man auch an diesem Platz unwillkürlich eine schräge Haltung ein, bei der sich das Gleichgewicht erst bei einem Winkel von mindestens 20 Grad zur Vertikalen einstellt. Christian kommentierte dies, als er mich an der bewussten Stelle stehen sah, mit den Worten: »Du stehst ja absolut schräg!« Was ihn selbst jedoch keineswegs daran hinderte, dieselbe Position einzunehmen, als er sich gleichfalls in das Oval begab.

Unsere bizarre Realität

Während auf einer nahe gelegenen Wiese ahnungslose Hobby-Piloten ihre Flugzeugmodelle durch die Lüfte kreisen ließen, staunten wir über einen weiteren Platz auf unserer Welt, an dem offenbar fundamentale Erkenntnisse, wie sie an Schulen und Universitäten gelehrt werden, einen anderen, vollkommen konträren Stellenwert haben.

Ich ertappe mich oftmals bei dem Gedanken, welche revolutionären Neuerungen allein die vergangenen 50 Jahre gebracht haben. Was werden wir in weiteren 50 Jahren – ich bin sicher, bereits wesentlich früher! – an Wissen in unser Weltbild eingebracht haben, über das zu spekulieren unsere gewagteste Fantasie im Moment noch nicht ausreicht? Wissen auch um bizarre Phänomene, die den einen Teil der Menschheit faszinieren, während sie der andere mit geradezu missionarischem Eifer rigoros ablehnt.

Die Geschichte der Wissenschaft steckt voller peinlicher und arrogant verteidigter Fehleinschätzungen, die den heute selbstverständlichsten Dingen im Vorfeld jegliche Chance auf Realisierbarkeit abgesprochen haben. Ist unser wissenschaftliches Establishment überhaupt noch lernfähig? Ich hoffe inständig, zu jenen zu zählen, welche diesen ersten wirklichen Fortschritt in unserer langen Menschheitsgeschichte noch erleben dürfen.

Dann erübrigt sich auch eine derzeit noch gültige Klassifizierung: Denn es gibt keine »paranormalen« Phänomene. Wir wissen einzig noch nicht, wo ihr Platz in einem Weltbild ist, in dem *alle* Aspekte jener unbegreiflichen Manifestation berücksichtigt sind, die wir *Realität* nennen …

»Aus dem theologischen Nebel steigen dauernd neue Wolken hervor – nur nie plausible Antworten über Gott und die Götter.«

Erich von Däniken

12 Rätsel der Anden

Die zeitlosen Ruinen von Puma Punku

Über die geheimnisumwitterten Ruinenstätten von *Tiahuanaco* und *Puma Punku*, in 4000 Meter Höhe über dem Meeresspiegel auf dem bolivianischen Altiplano unweit des Titicacasees gelegen, wurden schon zahlreiche Spekulationen aufgestellt. Es ist aber auch faszinierend, was eine unbegreifliche, unzweifelhaft technisch orientierte Vergangenheit uns dort hinterlassen hat. Auf einer 450 mal 1000 Meter großen Fläche erstrecken sich Acapana und Kalasasaya, die Hauptbauwerke Tiahuanacos. Von der Letzteren sind nur noch einige riesige, rechteckige Blöcke aus hartem Ergussgestein übrig geblieben. Beiden Bereichen gemeinsam jedoch sind die vielen Mauerteile und Bauelemente, deren Bruchstücke noch heute, im Zustand der Zerstörung, bis zu zehn Meter lang sind und zwischen 30 und 50 Tonnen wiegen. Einige von diesen müssen dereinst sogar ein Gewicht von 100 Tonnen und mehr besessen haben.

Das letzte Wort über die Anlagen sowie ihre unbekannten Erbauer ist indes noch lange nicht gesprochen. Denn es gibt sensationelle Neuigkeiten zu berichten, wie ich Anfang des Jahres 1996 anlässlich eines neuerlichen Lokaltermins bei den mysteriösen Ruinen feststellen konnte ...

Zusammen mit dem bereits erwähnten deutschen Phänomene-Forscher und Wissenschaftsautor Dr. Johannes Fiebag führte ich im Verlauf einer Südamerikareise eine Gruppe unserer gemeinsamen Leser auch in die bolivianische Hochebene, drei Autostunden von der Hauptstadt La Paz entfernt. Für Johannes und mich war es nicht der erste Besuch an dieser sinistren Stätte, deren Ursprung sich im Grau der Zeiten verloren hat. Wurde ihr Alter früher noch mit mehr als 15 000 Jahren angenommen, schreiben heutige Archäologen den Bau von Tiahuanaco und Puma Punku den Aymara-Indianern zu, welche, nur mit Steinwerkzeugen ausgestattet, das Werk vor etwa 2000 Jahren geschaffen haben sollen. Diese Annahme geht jedoch einige Lichtjahre an der Realität vorbei, wie ich im Folgenden zeigen werde.

Als erster Historiker hat sich der Spanier Garcilaso de la Vega, dem wir einen genauen Abriss über die Eroberung des Inkareiches verdanken, mit Tiahuanaco und Puma Punku befasst. Vega stellte fest, dass »kein Mensch Tiahuanaco anders als in Ruinen gesehen habe, denn es sei in einer einzigen Nacht von den Göttern erbaut worden«. Er beruft sich dabei auf die Überlieferungen der Aymara, die behaupten, diese Stätte sei die der ersten Menschen und sei von dem Schöpfergott Viracocha noch vor der Entstehung der Sonne und der Sterne geschaffen worden.

Präzisionsarbeiten

Unbestreitbar liegt über diesen Ruinen, die ein unvorstellbares Alter haben müssen, der Nebel der Vergangenheit und ihrer undurchdringlichsten Rätsel. Leider wurde bis heute wenig, ja viel zu wenig getan, um wenigstens den Versuch zu unternehmen, diese ein wenig zu erhellen.

Im letzten Jahrhundert benutzte die bolivianische Armee die zyklopischen Relikte, um Schießübungen abzuhalten. Der damals noch in den Kinderschuhen steckenden Militärtechnologie sei es gedankt, dass diese Barbareien gottlob nicht allzu viele sichtbare Schäden anrichteten. Nur ab und an bemerkt man kleinere Einschuss-Spuren an den herumliegenden Blöcken aus zum Teil stahlhartem Gestein.

Ungleich schwerer wog da schon, dass man etwa zur selben Zeit die Ruinenfelder als Rohstofflager für moderne Bauwerke zu entdecken begann. Und selbst die Archäologen unserer Tage begingen teilweise nicht wieder gutzumachende Sünden. Beispielsweise, als sie die Zwischenräume, welche zwischen den riesigen Monolithen klafften, völlig willkürlich mit kunterbunten Steinquadern auffüllten, um auf diese Art eine Mauer zu rekonstruieren, die es in dieser Form wahrscheinlich nie gegeben hat. In Erich von Dänikens Bestseller »Zurück zu den Sternen« können wir noch jene frei stehenden, bis zu zehn Meter hohen Monolithen mit ihren wie maschinell eingefrästen Rillen und Bohrlöchern von vier bis fünf Millimeter Durchmesser bewundern. Dank der archäologischen »Meisterleistung« – ich sollte an dieser Stelle wohl besser den Terminus »Todsünde« verwenden – gehören diese Bilder wohl leider für immer der Vergangenheit an.

Oder versuchten die Herren von der scherbensammelnden Zunft ein für alle Mal vor neugierigen Blicken zu verbergen, dass diese genannten Bearbeitungen unmöglich das Werk eines mit Steinfäustlingen arbeitenden Indiovolkes sein können?

Vieles wurde bisher über das »Sonnentor« von Tiahuanaco geschrieben, genauso oft wurde es sicher auch abgebildet. In den 48 Figuren auf der Vorderseite des Tores glaubte Robert Charroux, der verstorbene französische Reiseschriftsteller, gar eine fantastische Geschichte herauslesen zu können. Sie handelte von der Göttin *Orejona*, die von der Venus zur Erde gekommen sei und sich hienieden mit einem Tapir paarend als Ahnherrin der Menschheit betätigt haben soll.

Was diese nette Geschichte betrifft, habe ich da schon meine Schwierigkeiten – vor allem, seit wir wissen, dass menschenähnliches Leben auf dem Nachbarplaneten ausgeschlossen werden kann. Doch die Realität, die sich dort auf dem Hochplateau der Anden abgespielt hat und noch immer abspielt, ist noch weitaus fantastischer!

Ich für meinen Teil werde nie verstehen, warum man jenes »Sonnentor« immer nur von vorne abbildet. Denn die Rückansicht des drei mal vier Meter messenden Monuments aus Andesitgestein ist noch viel interessanter. Die unglaublich exakt gearbeiteten Einschnitte und Vertiefungen sprechen ihre eigene Sprache. Da muss mit einer Technologie gearbeitet worden sein, die der unseren zumindest ebenbürtig war. Wie mit einer Hartstahlfräse oder gar mit dem Laser geschnitten, sind die Kanten haarscharf und millimetergenau und auch die Winkel stimmen exakt auf den Bruchteil eines Grades. Wie konnten die Aymara-Indianer, nach offizieller Lesart die Erbauer der Anlage, mit primitiven Werkzeugen aus Stein dreidimensionale Arbeiten in den stahlharten Stein applizieren, für die wir modernen Zeitgenossen computer- und lasergestütztes Know-how und Präzisionswerkzeuge benötigen? Die klugen Herren Archäologen gestehen den angeblichen Bauherren ja nicht einmal Metallwerkzeuge zu!

Aber wahrscheinlich wurde die unser Weltbild sprengende Anlage sowieso von jemand ganz anderem errichtet. Hat man am Ende aus diesem Grunde einen Stacheldrahtzaun um das »Sonnentor« gezogen, weil es mit dem Weltbild, das unsere Archäologen noch immer so vehement vertreten, nichts, aber auch gar nichts mehr gemein hat?

Ein Stützpunkt der Außerirdischen

Stehen wir bereits staunend vor dem Ruinenfeld der »Andenmetropole« Tiahuanaco, so werden wir vollends sprachlos über die Anlage von Puma Punku, dem »Löwentor«, das knapp einen Kilometer Luftlinie entfernt liegt. Hier stehen wir – und ich vermag es nicht anders zu beschreiben – vor den in die Luft gesprengten Resten eines ehemaligen Basislagers, der »Energiezentrale« einer uns überlegenen Intelligenz. Kreuz und quer liegen Zahllose, zum Teil gigantische Bauelemente, die den Eindruck von Betonfertigteilen vermitteln. Sie sind jedoch nicht aus

Betonguss, sondern aus den viel härteren vulkanischen Ergussgesteinen *Andesit* und *Diorit* gefertigt, die es in ihrer Härte beinahe mit Granit aufnehmen können. Und auch sie sind allesamt bearbeitet, exakt geschliffen und poliert. An einem fünf Meter langen Monolithen beispielsweise verläuft eine Rille mit exakt sechs Millimeter Breite und zwölf Millimeter Tiefe. Undenkbar, dass diese Präzisionsarbeit von steinzeitlichen Menschen ohne Metallwerkzeuge und ausgefeilte Konstruktionszeichnungen ausgeführt werden konnte.

Ebenso undenkbar aber ist auch der Transport von bis zu 43 Meter langen, sieben Meter breiten und bis zu 1000 Tonnen schweren Blöcken ohne die zwingende Annahme, hier seien modernste Techniken zum Einsatz gekommen. Die Archäologen sollten sich endlich der Tatsache bewusst werden, dass alle Versuche, die steinernen Ungetüme mit modernen Raupen zu bewegen, bislang fehlgeschlagen sind. Wer um alles in der Welt

Abb. 31: Gesprengte Reste des einstigen »Basislagers« Puma Punku. Wer war imstande, diese gigantischen Blöcke aus Andesit zu bearbeiten und zu bewegen?

hat hier, auf 4000 Meter Höhe über dem Meeresspiegel, in der dünnen Luft, die das Herz wie rasend schlagen lässt und uns das Atmen schwer macht, eine solch gigantische Anlage aus dem Boden gestampft? Und welcher Zweck stand hinter alledem?

Wer Erich von Dänikens Fernsehserie »Auf den Spuren der All-Mächtigen« verfolgt hat, wird sich wahrscheinlich noch an eine Computeranimation erinnern, welche an einer Reihe von in Puma Punku aufgefundenen Bauteilen vorgenommen wurde. Die bewussten Bauelemente wirken samt und sonders wie Normteile – und tatsächlich stellten sie sich genau als solche heraus. Alle diese Elemente sind wie bei einem Baukastensystem miteinander kombinierbar, wobei ein Verbund entsteht, der nicht nur wasserdicht, sondern möglicherweise sogar luftdicht abschließt! Wer, so frage ich an dieser Stelle noch einmal in die Runde, kommt wirklich als Erbauer dieser phänomenalen Anlage in Betracht?

Fremde Astronauten schufen sich auf der Hochebene von Bolivien einen Stützpunkt. Sie verfügten über eine hoch entwickelte Technologie wie etwa Laser, Präzisionsfräsen und elektronische Geräte. Damit erstellten sie eine Reihe nüchterner Zweckbauten. Was jene Fremden dort auf dem Altiplano getrieben haben, bevor sie ihr technisches Meisterwerk in die Luft sprengten und heimwärts zu den Sternen flogen, darüber können wir im Moment nur spekulieren …

Unglaubliche Effekte

Keine Spekulation allerdings ist, was wir an so ziemlich allen dieser Steinbearbeitungen in Tiahuanaco und Puma Punku feststellen konnten: Wie es aussieht, wurde in den Hightech-Anlagen mit hochfrequenten Energien gearbeitet.

Der Berliner Prä-Astronautik-Forscher Wolfgang Siebenhaar, der uns auf unserem Lokaltermin am Ende der Welt begleitete, hatte »rein zufällig« einen Kompass eingesteckt. Denselben legten wir auf einige der größeren Steinblöcke in der Anlage von

Tiahuanaco. Plötzlich begannen sich die Nadeln in ihrem Gehäuse zu bewegen, an einigen Stellen taten sie dieses mit dramatischer Heftigkeit. Das war etwas Neues! So startete ich mit dem Instrument regelrechte Versuchsreihen, maß einen Großteil der bearbeiteten Blöcke systematisch aus. Danach ließ es sich nicht mehr wegdiskutieren: An allen diesen Monolithen unbestimmbaren Alters war ein ausgeprägter Deklinationseffekt festzustellen, ganz besonders aber an den zuvor erwähnten Bauelementen aus Puma Punku, die durch die Computeranimation in Erich von Dänikens Fernsehserie bekannt wurden. Waren sie alle vor unbekannten Zeiten einer hochfrequenten Energie ausgesetzt?

Geradezu unglaublich mutete jener Effekt auf den Kompass an, den ich immer und immer wieder – und dies vor zahlreichen Augenzeugen – an einem Monolithen demonstrieren konnte, der ein wenig abseits der überdimensionierten Steinplatten von Puma Punku liegt. Hier offenbart sich unübersehbar die Aus-

Abb. 32: Ein Phänomen, das sich jederzeit experimentell und vor Zeugen wiederholen lässt: Bei diesem Bauelement verdoppelt sich die Kompassabweichung von einer Vertiefung zur jeweils nächsten. Natürlicher Magnetismus scheidet hier eindeutig aus!

wirkung einer einst zum Einsatz gebrachten Hochtechnologie. In diesem Bauelement (s. Abb. 32) zählt man von links nach rechts fünf kleine Einschübe, welche – wie sollte es auch anders sein – haarscharf und millimetergenau gearbeitet sind. Mit exakten Kanten, an denen man sich noch heute ohne weiteres die Finger aufschneiden kann. Ich führte also den bewussten Kompass in die erste Nische von links ein und bemerkte eine Abweichung, die zwischen drei und fünf Winkelgrade ausmachte. Dann führte ich den Kompass in die zweite Vertiefung ein, wobei sich auf der Skala eine Deklination von genau zehn Grad einstellte.

Seltsame Sache, dachte ich mir noch, als ich das Instrument in die nächste Nische, nun die dritte von links, einführte. Es ergaben sich dieses Mal 20 Grad Abweichung und ich kam bald aus dem Staunen nicht mehr heraus. Was ging da vor? Meine Verwirrung wurde indes nicht geringer, als die Kompassdeklination bei der vierten Nische exakt 40 Grad betrug und – um die Konfusion vollständig zu machen – haargenau 80 Grad bei der letzten Aussparung ganz rechts!

Im Klartext heißt das: Von Einschub zu Einschub *verdoppelte* sich hier die jeweilige Abweichung der Kompassanzeige. Und dies ist – ich vermag es nicht mehr anders auszudrücken – vollkommen verrückt! Wir haben es hier mit einem fantastischen Phänomen zu tun, das in einem *jederzeit wiederholbaren Experiment* dargestellt werden kann – für alle Skeptiker.

Was sich in dem bewussten Bauelement vor unbekannten Zeiten befunden haben mag, kann ich an dieser Stelle nur vermuten. Eine nicht unlogische Annahme dürfte aber sein, dass es sich hierbei um eine Apparatur gehandelt hat, die im weitesten Sinn mit einem *Transformator* vergleichbar ist. Ein Transformator – wer kennt ihn nicht vom Modellbau oder der elektrischen Eisenbahn – hat die Aufgabe Stromspannungen zu verändern. Auf der einen Seite wird die Energie zugeführt, auf der anderen abgenommen. Hier muss es sich wohl um fünf in Reihe geschaltete Transformatoren gehandelt haben, die lange in diesem Bauelement tätig gewesen sein dürften. Mit einem Effekt, der noch in unseren Tagen zu messen ist. Benötigten die Außerirdischen auf ihrem Basislager Puma Punku Unmengen von Energie für ihre Zwecke?

Bereits 1969 vermutete Erich von Däniken anhand der seltsamen, von den Archäologen beiläufig als »Wasserleitungen« betitelten Halbröhren, es könne sich bei diesen viel eher um Schutzhüllen für Energiekabel gehandelt haben. Erich von Däniken fiel insbesondere auf, dass nur die Oberteile dieser ominösen Röhren existierten. Wären es tatsächlich Wasserleitungen gewesen, so hätte man doch bestenfalls auf die Oberteile verzichten können, niemals jedoch auf die Unterteile. Höchstwahrscheinlich hat der Schweizer Bestsellerautor mit seiner Vermutung Recht und mit meinen Entdeckungen könnte sich der Kreis nun schließen.

Eine Kamera spielt verrückt

Ob es die Auswirkungen damaliger Aktivitäten sind oder aber die einer UFO-Sichtung aus jüngster Zeit, die für die folgende rätselhafte Begebenheit verantwortlich zu machen sind, vermag ich nicht endgültig zu beurteilen, wenngleich ich eher letzterer Annahme zuneige. Es geht um eine gewissermaßen »verunglückte« Fotografie, die mich über alle Maßen verblüffte, als ich – wieder daheim in Deutschland – das entwickelte Bildmaterial vom Studio abholte.

Aufgenommen habe ich das Foto auf jener Wiese, die auf dem Ruinengelände von Tiahuanaco genau gegenüber dem Restaurant »La Cabana« und dem kleinen Museum liegt. Und benutzt habe ich eine schlichte und einfache Pocket-Kamera, die sich schon seit bald 20 Jahren in meinem Besitz befindet und die ich, für alle Fälle, neben der normalen Ausrüstung immer in meinem Gepäck habe.

Das Bild zeigt einen dieser zahllosen bearbeiteten Andesitblöcke, die unmöglich mit Steinfäustlingen von Aymara-Indianern bearbeitet worden sein können, wie uns die Archäologen noch immer weiszumachen versuchen. Der Block steht übrigens auch ziemlich genau dort, wo sich vor wenigen Jahren, nach einer UFO-Nahbegegnung, ein kreisrunder Fleck abgestorbenen Grases gezeigt hatte. Quer über das Bild verläuft eine waagerechte Linie, unter der die Farben deutlich blasser erscheinen als im oberen Teil. Was für eine Energie, welche Strahlung wirkte auf die Emulsion des verwendeten Filmes, dessen Ablaufdatum, nebenbei bemerkt, noch lange nicht erreicht war?

Dies war auf der ganzen Filmrolle die einzige Abweichung dieser Art. Außerdem hatte der verwendete Fotoapparat nie zuvor und auch danach nicht irgendwelche vergleichbaren Störungen. Er funktioniert auch jetzt noch immer tadellos, was das Rätsel noch undurchschaubarer macht.

Nachdem unser deutsch sprechender Reiseführer, Señor Reinaldo, eine Weile interessiert zugeschaut hatte, was ich mit dem Kompass anstellte, ließ ich beiläufig die folgende Äußerung fallen: »Magnetische Anomalien werden häufig an solchen Orten gemessen, die Schauplatz einer nahen UFO-Sichtung oder sogar einer Landung jener Objekte waren.«

Kehren sie zurück?

Mit dieser Bemerkung hatte ich eine unerwartete Lawine losgetreten. Señor Reinaldo war nämlich, wie ich jetzt erfuhr, an »unserer« Thematik durchaus nicht uninteressiert. Ganz im Gegenteil. Er wusste uns von geradezu unirdischen Ereignissen zu berichten, die sich in jüngster Zeit an den Ruinenstätten auf dem bolivianischen Andenplateau abgespielt haben sollen. Mehr noch: Er arrangierte auf der Stelle ein spannendes Interview mit der am Ort lebenden Zeugin einer unheimlichen Begegnung der dritten Art.

Gloria al Diaga Cortez ist die Wirtin des kleinen, von den in letzter Zeit seltener werdenden Touristen besuchten Restaurants »La Cabana«, das sich gerade einen Steinwurf entfernt gegenüber den eingezäunten Ruinen von Tiahuanaco befindet. Eines Abends – es dürfte etwa April oder Mai 1989 gewesen sein – war die Frau auf dem Rückweg von dem ungefähr 800 Meter entfernten Dorf zu ihrem Restaurant. Bereits beim Aufbruch war ihr aufgefallen, dass es immer wieder zu Stromausfällen kam. Noch dachte sie sich aber nichts weiter dabei, denn derlei Unzulänglichkeiten stehen in den abgelegeneren Landstrichen Südamerikas sozusagen auf der Tagesordnung. Ein paar Minuten später erreichte sie dann auch wohlbehalten die »Cabana«.

Als sie das Haus betrat, fiel ihr das Verhalten ihrer zwei Hunde auf, die starr vor Angst am Boden kauerten und leise vor sich hin winselten. Irgendetwas schien nicht zu stimmen. Plötzlich gewahrte sie den hellen Lichtschein, der grell ins Haus fiel – viel zu hell, um von einem der ab und zu hier vorbeifahrenden Lastwagen zu stammen. Und als sie dann aus dem Fenster blickte, erkannte sie über der großen Wiese, die sich im eingezäunten Bereich der Anlagen von Tiahuanaco befindet, eine riesige, hell erleuchtete Scheibe, die dort schwebend verharrte.

Nie zuvor hatte Gloria al Diaga Cortez an diese verrückten Geschichten über »fliegende Untertassen« geglaubt, alles stets als Ammenmärchen belächelt. Doch nun bekam sie es mit der nackten Angst zu tun. Zwei- oder dreimal wagte sie sich zaghaft vor die Tür, um beim letzten Mal Zeuge zu werden, wie sich das Flugobjekt mit unfassbarer Geschwindigkeit am abendlichen Horizont entfernte.

Schon am darauf folgenden Tag begann auf der Wiese, über der das UFO geschwebt hatte, das Gras im Bereich einer kreisrunden Fläche abzusterben. Drei Jahre lang wuchs dort nichts mehr, dann begann sich die Vegetation langsam wieder zu erholen. Es war, nebenbei bemerkt, auch dieselbe Stelle, an der sich auf einem von mir aufgenommenen Foto seltsame Effekte manifestierten.

Gloria war indes nicht die einzige Augenzeugin der Vorgänge in jener Nacht. Auch einige Bewohner des nahen Dorfes, hierunter ein Nachtwächter, konnten das UFO über den Ruinen beobachten. Und ein anderes Mal, an einem nicht mehr genau zu bestimmenden Tag im Jahre 1992 oder 1993, sahen Augenzeugen über dem »Mondtor« gegen zwei Uhr morgens ein helles Licht. Auch dieses ging von einer Scheibe aus, die nur wenige Meter über dem Erdboden schwebte. Auf der Erde konnten die fast zu Tode erschrockenen Dorfbewohner ein paar große, weiße Gestalten erkennen.

Wie es aussieht, sind die alten »Götter«, die vor ungezählten Jahrtausenden das Basislager Tiahuanaco/Puma Punku errichtet haben, in unseren Tagen zurückgekehrt. Da stellt sich die spannende Frage: Wann werden sie sich uns endlich wieder offen zeigen?

»Die gefährlichste Weltanschauung ist die Weltanschauung der Leute, welche die Welt nie angeschaut haben.«
Alexander von Humboldt (1769–1859)

13 Am »Gipfel der grausamen Götter«

Weltwunder im Hochland von Kolumbien

Wann immer der Name des südamerikanischen Staates *Kolumbien* fällt, denken unter Garantie mindestens 99 von 100 Personen an ihren morgendlichen Kaffee. Was sicher in gewisser Weise nicht unverständlich ist, denn die in aller Welt so beliebten Bohnen stellen den Hauptausfuhrartikel des an den Pazifischen Ozean grenzenden Staates dar – einmal abgesehen von den Drogen Marihuana und Kokain, die in den tiefer liegenden Regionen angebaut und von bestens ausgerüsteten Milizen im Auftrag der Drogenbosse mit Argusaugen bewacht werden. Es ist noch nicht lange her, da Medellin, die Hauptstadt der großen Drogenkartelle des Landes, in aller Munde war. Inzwischen ist es in den Medien etwas ruhiger geworden um Kolumbien, der Anbau von Hanf- und Kokapflanzen ist aber keineswegs zurückgegangen.

Um mich dem zweifelhaften Laster des Marihuanarauchens oder Kokainschnupfens hinzugeben, war ich aber nicht nach Kolumbien gereist. Stattdessen war *San Agustin*, ein Ort in der Provinz Huila, mein Ziel, welches schon lange auf meiner Agenda ganz oben stand.

Im Vergleich zu so bekannten und wohlklingenden Stätten in Mittel- und Südamerika wie Palenque, Nazca oder Tiahuanaco gehört San Agustin eindeutig zu den unbekannteren Attraktionen abseits der großen Weltwunder. Eigentlich zu Unrecht: Dort, im Urwald in den Höhen der Anden Kolumbiens, sah ich Unmengen an staunenswerten Preziosen einer unbekannten Vergangenheit. Rätselhafte Statuen, die uns fragend anstarren, als erhofften sie von uns endlich Aufschluss über ihre ungeklärte Herkunft.

Es ist auch nicht eben erst ein paar Jährchen her, dass San Agustin entdeckt wurde. Bereits Mitte des 18. Jahrhunderts beschrieb der spanische Mönch Juan de Santa in seinem Werk »Maravillas de la Naturaleza« (»Wunder der Natur«) die geheimnisumwobenen steinernen Figuren und Idole, die rund um San Agustin von den dort lebenden Indios verehrt wurden. Im Jahre 1857 verschlug es den italienischen General Codazzi, der die Geografische Kommission des seit 1830 bestehenden Staates Kolumbien leitete, nach San Agustin. Er skizzierte damals 34 der herausragendsten Statuen und vier Altäre. Als Soldat, der sein Metier von der Pike auf gelernt hatte, legte er einen militärisch exakten Lageplan an und setzte jede der Statuen genau an ihren Standort.

35 Jahre später brachte der deutsche Forschungsreisende und Archäologe Alphons Stübel (1835–1904) einen Bericht über die Steindenkmäler zu Papier, den er in seinem 1906 erschienenen Buch »Vulkanberge von Kolumbien« einer aufmerksam gewordenen Fachwelt präsentierte. Dies wiederum setzte den Heidelberger Gelehrten Karl Theodor Stöpel auf die Spur der Geheimnisse im Hochland um San Agustin. Er stellte fest, dass die Figuren überwiegend aus den Mineralien Granit und Eisensandstein, aber auch aus verschiedenen vulkanischen Ergussgesteinen bestanden, und ließ in mühevoller Arbeit Gipsabdrücke von den meisten der Statuen anfertigen. Stöpel entdeckte aber noch etwas anderes: ein ausgedehntes Labyrinth von

unterirdischen Gängen, durch welche die Anlagen miteinander in Verbindung zu stehen schienen. Heutzutage erfährt man vor Ort kein Sterbenswörtchen von diesem unterirdischen Teil San Agustins, über den Professor Stöpel im Jahre 1911 feststellte:

»Derselbe Tempel ist mit mächtigen Steinfliesen zu beiden Seiten ausgelegt und ebenso wie der vorhergehende mit einer großen Steinplatte bedeckt. Unter Baumwurzeln hindurchkriechend gelangte ich in das Innere und war überrascht, dort einen seitlich in südwestlicher Richtung führenden Gang vorzufinden, wahrscheinlich in der Richtung zu den anderen Tempeln, deren Lage bis jetzt noch nicht bestimmt worden ist. Ich hätte gerne diesen Gang vollständig erforscht, hatte jedoch hierzu keine Zeit. Ich verfolgte ihn etwa 30 Meter, konnte jedoch meine Begleiter nicht dazu bewegen, mir weiter zu folgen. Man kann jedoch außerhalb, in der Region des undurchdringlichen Waldes, an den im Grund befindlichen, oft mehrere Meter tiefen Löchern erkennen, dass diese Tempel unter sich unterirdisch in Verbindung standen.«

Nur ein Jahr später, 1912, begab sich der damalige Direktor des Berliner Museums für Völkerkunde, der Ethnologe Professor Konrad Theodor Preuss, zu Ausgrabungsarbeiten nach San Agustin. Ein Musterbeispiel deutscher Gründlichkeit, vermaß und notierte er akribisch alles, was ihm unter die Augen kam, und schuf so die erste wissenschaftliche Bestandsaufnahme der rätselhaften Anlage. Er öffnete eine Reihe von Gräbern, durchstöberte riesige steinerne Sarkophage und wunderte sich letztendlich, dass sie alle leer waren:

»Die Himmelsrichtungen, nach denen die Schreine mit ihrer Öffnung hinwiesen, sind zu mannigfaltig, als dass daraus etwas über die Bedeutung der Figuren geschlossen werden könnte, und auch die Gräber haben nicht durchwegs dieselbe Längsrichtung, während die Lage des Kopfes der Verstorbenen nicht festzustellen ist aus dem einfachen Grunde, weil keine Spur von den Skeletten übrig geblieben ist ...«

Das Rätsel um die leeren Grabstätten oder die verschwundenen sterblichen Überreste, wie immer man es auch bezeichnen mag, sorgt bis zum heutigen Tag für Spekulationen.

Angeregt durch ein früheres Werk des Schweizer Bestsellerautors Erich von Däniken, stand San Agustin schon länger ganz oben auf meiner Wunschliste der noch zu besuchenden rätselhaften Stätten dieser Welt. Im Februar 1996 war es endlich soweit, als eine Leserreise, die ich zusammen mit Dr. Johannes Fiebag durchführte, ihren Anfang in Kolumbiens Metropole Bogotá nahm.

Mit einer Propellermaschine der privaten Fluggesellschaft »Neiva Air« starteten wir am 21. Februar von Bogotá aus zu dem etwas mehr als eine Stunde dauernden Flug in die knapp 300 Kilometer entfernte Provinzhauptstadt Neiva. Die durchgehende, letzte Sitzbank der etwa vierzigsitzigen Maschine weckte Reminiszenzen an den täglichen Weg per Schulbus in jungen Jahren, darum machte ich es mir ganz hinten gemütlich. Kaum hatte jedoch das Flugzeug die Reiseflughöhe erreicht, als ich mit einem absolut ungewöhnlichen Phänomen konfrontiert wurde, das ich noch nie zuvor und auch bis zum heutigen Tag kein zweites Mal erleben durfte: Es regnete – und zwar im Flugzeug!

Wahrscheinlich hatte sich Kondenswasser unter den Deckenverkleidungen gesammelt, welches nun getreu dem Motto »Alles Gute kommt von oben« munter herabplätscherte. Was der ganzen Situation jedoch noch zusätzlich eine slapstickhafte Note verlieh, war die Tatsache, dass auf der eine Handbreit messenden Ablage hinter der Sitzbank ein alter Regenschirm lag. Den spannte ich spontan zur Belustigung der übrigen Mitreisenden auf: Derart beschirmt ließ sich auch dieser Flug mit Würde und vor allem trockenen Hauptes überstehen.

Nach der sehnlich erwarteten Landung in Neiva ging es dann nochmals per Landstraße gut vier Stunden gen San Agustin, wobei ein guter Teil des Weges am Rio Magdalena entlangführte, der im Andenhochland unweit des heute etwa 3000 Einwohner zählenden Städtchens entspringt.

Am »Gipfel der grausamen Götter«

Mehrere Male starteten wir vom für diesen Teil der Welt erstaunlich guten Hotel »Yalconia« aus, wo wir unser Quartier genommen hatten, zu den Fundstätten, die San Agustin wenigstens in Archäologenkreisen bekannt gemacht haben. Ganz grob unterteilt man die dortigen Sehenswürdigkeiten in vier separate Abschnitte: Den archäologischen Park mit dem so genannten »Wald der Statuen«, die »Quelle der Fußwaschung« mit dem benachbarten »Hügel der Fußwaschung« sowie den »Hügel der Götzenbilder«, eine künstlich in Hufeisenform angelegte Hochebene. Hoch über dem Rio Magdalena liegen noch, dies sei hier der Vollständigkeit halber erwähnt, La Chaquira und El Tablon, zwei markante Punkte mit Statuen und aus dem Fels gehauenen Bildern.

Immer wieder faszinierte mich die atemberaubende Landschaft dort oben. Unweit des »Hügels der Götzenbilder« gähnte ein bodenloser Abgrund. Gerade hatte ich mich ein wenig über diesen Abgrund gebeugt, in den ein Wasserfall etwa 150 Meter tief hinabstürzte, als unser Reiseführer vernehmen ließ, dass an dieser Stelle erst vier Wochen zuvor drei amerikanische Touristen in den Tod gestürzt waren. Ob solch »verlockender« Aussichten zog ich mich instinktiv aus der Gefahrenzone zurück.

Außerdem sollten in dieser Gegend bewaffnete Rebellen ihr Unwesen treiben. Der Reiseführer machte sich einen perfiden Scherz daraus, uns den Unterschied zwischen den Guerillas und regulären Regierungssoldaten zu erklären. Es sei ganz einfach: Die Uniformen wären gleich, aber die Soldaten der Regierungsarmee würden Stiefel tragen, während die Freischärler zuweilen barfuß im kolumbianischen Hochland unterwegs seien. Wäre alles doch so einfach! Aber die rätselhaften Relikte San Agustins bergen weit mehr Fragezeichen.

Der archäologische Park mit dem »Wald der Statuen« ist eine einzige Götzenparade, ein *Gipfel der grausamen Götter*. Inmitten tropischer Gewächse wie auch auf den Wiesen rundum wurden bisher weit über 300 Statuen gezählt. Etliche der Statuen stehen

Abb. 33, 34: Der archäologische Park von San Agustin ist eine einzige Götzenparade. Mitten im Urwald (oben) wie auch am »Hügel der Götzenbilder« stehen weit mehr als 300 Statuen mit teils grotesken Darstellungen.

einzeln, wie etwa eine glotzäugige Figur auf einem Steinsockel im feuchtheißen Urwald, die wie Flöten spielend ein undefinierbares Objekt zum Munde führt. Bei einer weiteren Statue, vier Meter hoch und mit der offiziellen Bezeichnung »Der Bischof« tituliert, bleibt für Spekulationen weniger Spielraum. Er hält in seinen Händen ein Kleinkind, das mit dem Kopf nach unten baumelt. Dem gierig-lüsternen Antlitz der Riesenfigur nach zu urteilen, scheint der »Bischof« das bedauernswerte Kindlein im nächsten Augenblick zwischen seinen vorstehenden Draculazähnen zerreißen und genüsslich verspeisen zu wollen.

Haben hier dereinst Kannibalen ihr Unwesen getrieben?

Das »doppelte Ich«

Andere Statuen wiederum sind nicht allein: Sie stehen entweder in kleinen Gruppen oder tragen hierbei sogar – genau wie bei den Dolmen der alten Megalithkulturen Europas – gewaltige darüberliegende Steinplatten. Ich fotografierte zwei Figuren, die zusammen mit zwei grob bearbeiteten Menhiren die tonnenschwere Last eines Daches tragen. Die beiden »Wächter« tragen Beile oder Ähnliches in ihren Händen und haben Helme auf den Köpfen. Über ihnen ist je ein weiteres Gesicht aus dem Stein modelliert und dazwischen steht, wie in einem Unterstand geschützt, eine plumpe Gestalt, die in ihren Händen ein Band mit einem daranhängenden Totenkopf hält.

Überhaupt fällt immer wieder bei zahlreichen dieser Statuen auf, dass sie quasi »doppelstöckig« angelegt sind, die »Hauptfigur« also eine zweite auf ihrem Rücken trägt. Dies führte den bereits erwähnten Berliner Völkerkundler Konrad Theodor Preuss im Jahre 1912 zu der Annahme, die Figuren würden so etwas wie ein »zweites Ich« symbolisieren. Auch auf dem »Hügel der Fußwaschung«, dem *Alto de Lavapatas*, steht eine dieser Gestalten, hier *El doble Yo* genannt: eine offenbar männliche Gestalt mit angewinkelten Armen, die Hände trotzig vor der Brust verschränkt. Aus ihrem nichts Gutes verheißenden

Gesicht stehen drohend vier Draculazähne hervor und auch ihr Kopf scheint durch einen eng anliegenden Helm (!) geschützt zu sein. Außerdem trägt die mysteriöse Figur ein Zweites, ein »doppeltes Ich« auf ihrem Rücken spazieren.

Doch letztlich verliert sich alles, was wir über die Relikte von San Agustin zu wissen glauben, in Hypothesen und Spekulationen. Keiner war dabei. Die Archäologen indes schreiben die Funde der präkolumbianischen Kultur der *Chibcha* zu, einer Gruppe von kulturell fast einheitlichen Völkern, die in losen Staatsverbänden unter ihren Stammesfürsten Ackerbau, Handel und verschiedene Gewerbe betrieben. *Wen* die seltsamen Statuen jedoch darstellen, das vermögen auch die Archäologen nicht zu sagen.

Sie gaben ihnen wohlklingende Namen wie »Sonnengott«, »Mondkönigin« oder auch »Bischof« und »Das doppelte Ich«, nur sind dies alles willkürliche Namensschöpfungen aus unserer Epoche, aus unserem Verständnis heraus.

Abb. 35: Zur Abwechslung ein konkretes Motiv. Dieser Greifvogel verspeist eine Schlange, die sich um seinen Bauch ringelt.

Ebenso willkürlich ist die Bezeichnung »Quelle der Fußwaschungen«. Am Fuße des »Hügels der Fußwaschung«, den man über eine schier endlos nach oben verlaufende Treppe erreicht, rieselt der Bach *Quebrada de Lavapatas* durch die üppige Vegetation. Dabei fließt er über einen etwa 300 Quadratmeter messenden Felsen, dem die vorzeitlichen Steinmetze ein hochkompliziertes Netz von Kanälen, Rinnen und Vertiefungen eingeprägt haben. Auf einem umlaufenden Gerüst aus Planken und Treppen führt man die staunenden Touristen um das kleine Wunderwerk herum.

Insgesamt sind es drei rechteckige Becken und zahllose labyrinthartige Kanäle, durch die das Wasser geführt wird. Es ist wirklich faszinierend, dem Weg des Baches zu folgen: Von einer Rinne tropft das Wasser in die Nächste und setzt seinen Lauf erst fort, wenn ein bestimmter Pegel erreicht ist. Und wie zur

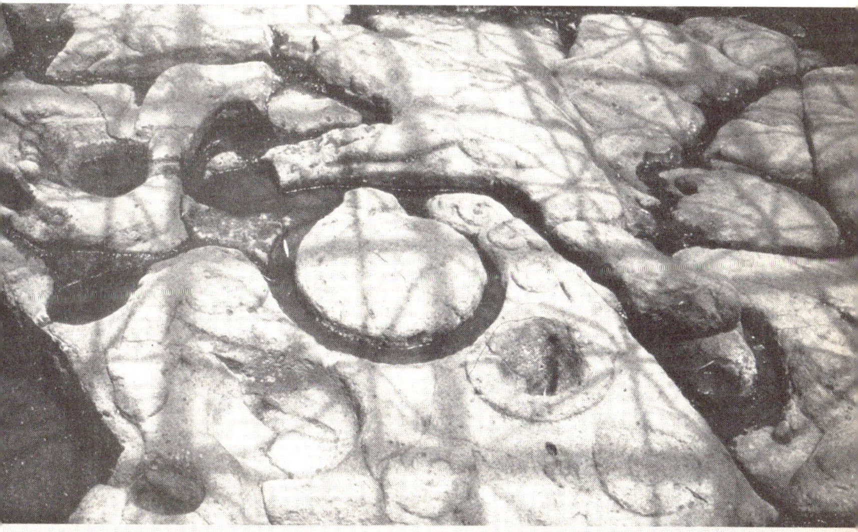

Abb. 36: »Quelle der Fußwaschung«:
Dieser Felsen im Bach Quebrada de Lavapatas zeigt ein kompliziertes Netz aus Kanälen, Rinnen und Vertiefungen.

Verzierung der staunenswerten vorzeitlichen Wasserspielerei schmiegen sich die Reliefs von abstrakten Ornamenten, von Reptilien und affenartigen Tieren an die Felsen und die Beckenränder.

Die Ansichten der Archäologen über die Bedeutung der »Quelle der Fußwaschung« gehen indes auseinander. Während die einen an einen Wasser- oder Fruchtbarkeitskult glauben, sehen andere darin eine geheiligte Stätte für religiöse Zeremonien sowie rituelle Bäder.

Um was es sich letztlich bei all diesen mysteriösen Hinterlassenschaften im Hochland Kolumbiens handelt, vermochte auch ich nicht zu sagen, als ich einige Tage später wieder das Flugzeug von Neiva nach Bogotá bestieg. Wenigstens fiel dieses Mal kein Wasser von der Decke herab.

Der Bach Quebrada de Lavapatas aber wird noch eine kleine Ewigkeit durch die kunstvoll in die Felsen gemeißelten Rinnen, Becken und Rondelle plätschern, bis wir auch nur ansatzweise die alten Rätsel und Geheimnisse nicht nur im Hochland der Anden Kolumbiens zu deuten vermögen.

»Wenn sie wieder herniedersteigen werden, die dreizehn Götter und die neun Götter, werden sie neu ordnen, was sie einst erschufen.«

Aus dem »Chilam Balam«
(»Buch der Priester des Jaguar«)

14 »Baut ein Abbild eures Sonnensystems!«

Teotihuacan – ein gigantisches Planetarium in Stein

August 1993. Ich war in die Glücksspielermetropole Las Vegas in der glühend heißen Wüste von Nevada geflogen, um dort am Weltkongress der »Ancient Astronaut Society« (AAS) teilzunehmen. Wir feierten das zwanzigjährige Bestehen dieser Organisation, deren Mitglieder das Sammeln und Publizieren von Indizien betreiben, die darauf hinweisen, dass unsere Vorfahren schon seit frühesten Zeiten Besuche außerirdischer Intelligenzen erhalten haben. Gegründet wurde die AAS im Jahre 1973 von dem Chicagoer Rechtsanwalt Dr. Gene Phillips, nachdem Erich von Dänikens Film »Chariots of the Gods?« (deutsch: »Erinnerungen an die Zukunft«) bei ihm das Interesse an der spannenden Thematik geweckt hatte. Gottlob fand die fünf Tage dauernde Veranstaltung in den klimatisierten Räumen des »Imperial Palace Hotel« statt. Bei Mittagstemperaturen um die 50 Grad Celsius im August ein unverzichtbares Muss.

Auf Dauer konnte ich aber den hochsommerlichen Temperaturen nicht entkommen, denn im Anschluss an die Weltkonferenz der AAS gesellte ich mich einer Reisegruppe zu, die von Erich von Däniken höchstpersönlich an die Stätten seiner

Bücher geführt wurde. Es ging nach Mexiko, wo ebenso geheimnisumwitterte wie wohlklingende Orte wie Uxmal, Palenque, Chichen Itza (»Chicken Pizza«), Tula und andere mehr aufgesucht wurden.

Auch für mich war es nicht der erste Besuch in diesem mittelamerikanischen Land. Knapp zwei Jahre zuvor war ich bereits mit einer Reisegruppe »auf Götterspuren« dort gewesen, bestens vorbereitet durch einen Lichtbildervortrag, den Erich mir eigens zu diesem Zweck im südostbayerischen Städtchen Burghausen gehalten hatte. Die Reise mit Erich von Däniken jedoch geriet natürlich ungleich spannender und ereignisreicher. Für mich war diese Tour aber auch persönlich ein Highlight der ganz besonderen Art. Denn fast genau 25 Jahre, nachdem ich mich – angeregt durch den Däniken-Bestseller »Erinnerungen an die Zukunft« – erstmals für diese faszinierenden Rätsel der Menschheitsgeschichte zu interessieren begann, weilte ich in Palenque, einem der spurenträchtigsten Schauplätze der Theorie von den raumfahrenden Göttern. Zusammen mit *dem* Menschen, welcher die ganze »Lawine« erst ins Rollen gebracht hatte. Ich fühlte mich hervorragend, trotz der beinahe hundertprozentigen Luftfeuchtigkeit des dampfenden tropischen Regenwaldes.

»Der Ort, wo man zum Gott wird«

Ungefähr 40 Kilometer nordöstlich von Mexiko-Stadt, diesem niemals stillstehenden Moloch mit dem nie enden wollenden Verkehrschaos, liegen die archäologischen Stätten von *Teotihuacan*. Als im Juli des Jahres 1520 der Spanier Hernándo Cortés, in die Geschichte eingegangen als blutrünstiger Eroberer Mexikos, mit einer Hand voll verbliebener Soldaten den ersten Sturm auf die damalige Azteken-Hauptstadt Tenochtitlan aufgeben musste, floh er nach Otumba. Hier, auf den Anhöhen, musste der Konquistador seltsam gleichmäßig geformte Hügelstrukturen bemerkt haben. Womöglich ritt er zwischen diesen hindurch, ohne zu ahnen, an welch geheimnisvollem Ort er sich befand. Die Azteken wussten es zwar, doch sie verschwiegen es wohlweislich. Sie nannten das überwucherte Areal *téotihuacan*, was so viel bedeutet wie »der Ort, wo man zum Gott wird«. Der ursprüngliche Name des Ortes allerdings ist unbekannt; niemand weiß, wer die Bewohner Teotihuacans waren, woher sie kamen und in welcher Sprache sie miteinander gesprochen haben.

Aber in jedem Fall gilt dieser Ort als die älteste Zivilisation auf der mexikanischen Hochebene und als Stadt, die keine Vorgängerin hatte. So schrieb die französische Archäologin Laurette Séjourné über diese Stätte voller Rätsel und Geheimnisse: »Die Ursprünge dieser Hochkultur stellen mithin das unzugänglichste aller Geheimnisse dar. Wenn es schon schwer fällt anzunehmen, dass Kulturmerkmale ... bereits im Anfang ihre definitive Prägung gefunden haben sollten, so ist es noch schwerer, sich vorzustellen, dass der zugehörige Komplex geistiger Voraussetzungen dann plötzlich – vollständig ausgebildet – einfach vorhanden gewesen sei. Wir haben keinerlei materielle Zeugnisse für diesen erstaunlichen Entwicklungsprozess.«

Architektonischer Kunstgriff

Stellt uns die tief ins Grau der Zeiten zurückreichende Historie Teotihuacans vor schier unergründliche Rätsel, so lehrt uns ihre gewaltige Erhabenheit darüber hinaus das Staunen. Die Ausdehnung der Stadt betrug zu ihrer Blütezeit etwa 25 Quadratkilometer und ihre damalige Einwohnerzahl wurde auf 200 000 geschätzt.

Das Kernstück der gigantischen Anlage ist die genau von Süd nach Nord verlaufende Prunkstraße »Camino de los Muertos«, auf Deutsch »Der Weg der Toten«. Drei Kilometer lang und im Durchschnitt 40 Meter breit, ist der Camino beidseitig von zahlreichen kleineren Pyramiden und Tempelplattformen flankiert. Ein architektonischer Kunstgriff der unbekannten Planer Teoti-

Abb. 37: Von der Mondpyramide aus betrachtet, verschwindet die gesamte Terrassierung des »Camino de los Muertos«, welcher von Süden her eine himmelwärts steigende Treppe vorspiegelt.

huacans hat übrigens zu einer faszinierenden optischen Täuschung geführt. In Nordrichtung weist der Weg der Toten nämlich eine Steigung von 30 Metern auf. Dem Betrachter, der sich von Süden her nähert, drängt sich der Eindruck auf, als steige die Straße als endlose Treppe himmelwärts an, bis sie am Ende gewissermaßen mit der »Mondpyramide« verschmilzt. Umgekehrt verschwindet die gesamte Terrassierung, wenn man – von der abgeflachten Spitze dieser Mondpyramide aus – in südlicher Richtung schaut. Ein raffinierter Griff in die Trickkiste, der ohne ausgefeiltes geometrisches und architektonisches Wissen undenkbar wäre.

Von der Mondpyramide am nördlichen Ende des Weges der Toten aus gesehen, liegt links der Prachtstraße das gewaltigste Bauwerk Mittelamerikas, die Sonnenpyramide. Mit 222 mal 225 Meter Grundfläche besitzt sie einen fast quadratischen Grundriss. Obwohl sie mit 63 Meter Höhe die Mondpyramide um 19 Meter überragt, gewinnt der Betrachter beim Blick von der Pyramidenspitze aus den Eindruck, als wären die beiden Bauwerke gleich hoch. Auch für diese optische Täuschung ist der eben erwähnte Niveauunterschied verantwortlich.

Ihrer Grundfläche von 49 950 Quadratmetern – das sind beinahe fünf Hektar! – verdankt die Sonnenpyramide von Teotihuacan, dass sie, obwohl etwa 80 Meter niedriger, optisch imposantere Dimensionen besitzt als die Cheops-Pyramide von Giza. Einzig die so genannte »Weiße Pyramide«, jenes geheimnisumwobene Bauwerk südwestlich der chinesischen Provinzhauptstadt Xian, gerät mit ihrer Höhe von 300 Metern bei einer Seitenlänge an der Basis von beinahe einem halben Kilometer noch um einiges gewaltiger.

Luftaufnahmen haben mittlerweile bestätigt, dass Teotihuacan eine riesige Stadt war, die zudem deutlich in vier Teile aufgegliedert war. So markiert der Camino de los Muertos die Nord-Süd-Achse und zwei breite Querstraßen bildeten ihre Ost-West-Achse. Hinter den Pyramiden und den zahlreichen Tempelplattformen lagen Gebäude, die wahrscheinlich Wohnquartiere waren. Wie in modernen Großstädten unserer Zeit erkennt

Abb. 38: Die gewaltige Sonnenpyramide von Teotihuacan. Ihre Grundfläche ist größer als jene der Cheops-Pyramide in Ägypten.

man richtiggehende Wohnanlagen, die aus ineinander gefügten Höfen und Häusern bestanden. Diese Anlagen verfügten bereits über ein ausgefeiltes Kanalisationssystem mit separaten Wasserzu- und -ableitungen. Und mit gut 200 000 Einwohnern, die der »Ort, wo man zum Gott wird« einstmals beherbergt haben soll, dürfte Teotihuacan das antike Rom bei weitem übertroffen haben.

Ein Modell unseres Sonnensystems

Die nicht wenigen Rätsel dieser Anlage erhielten vor ein paar Jahren noch größere Dimensionen, wurden sie doch sozusagen um eine »kosmische Variante« erweitert. Wie Erich von Däniken schon in einem seiner Bücher dokumentierte, stellt Teotihuacan ein gigantisches steinernes Modell unseres Sonnensystems dar.

Es waren die beiden US-amerikanischen Forscher *Peter*

Tompkins und *Hugh Harleston*, die geradezu weltbildstürzende Zusammenhänge zwischen den Monumentalbauten Teotihuacans und den Planeten unseres solaren Systems nachweisen konnten. Ihren Ausführungen folgend, galt es bei ihrer akribischen Vermessungsarbeit zunächst einmal jene Maßeinheit zu bestimmen, die der ganzen Anlage zugrunde lag. Denn geometrische und architektonische Planung ohne einheitliches Maß war zu allen Zeiten ein Ding der Unmöglichkeit. Diese Maßeinheit wurde schließlich mit dem Wert von exakt 1,059 Metern ermittelt – und von Harleston mit der Bezeichnung *hunab* bedacht, was in der Sprache der Mayas soviel wie *Einheit* bedeutete.

Nun war der Schlüssel zum Stadtplan gefunden, denn ganz Teotihuacan ließ sich mit dem *hunab* aufreißen. Und nach der Abmessung der Anlage mit dieser Einheit gab es eine frappierende Überraschung.

Als Harleston die Ergebnisse seiner Messungen in den Computer eingab, glaubte er zunächst seinen Augen nicht zu trauen. Pyramidenstümpfe und die Plattform der »Zitadelle« mit dem Tempel des Quetzalcoatl als Ausgangspunkt wie auch andere Bauten der Stadt markierten die durchschnittlichen Bahndaten der inneren Planeten Merkur, Venus, Erde und Mars. Für den Abstand von der Erde zur Sonne ermittelte Harleston 96 hunab; vom selben Fixpunkt ausgehend liegen Bauwerke für den Merkur mit 36, die Venus mit 72 und den Mars mit 144 hunab exakt positioniert. Sogar der Asteroidengürtel – jene auf bis zu 2000 an der Zahl geschätzten Kleinplaneten, die zwischen Mars und Jupiter um die Sonne kreisen – ist bei 288 hunab richtig platziert. Die unbekannten Planer der Stadt legten an dieser Stelle einen künstlichen Kanal für den San-Juan-Bach an, der Teotihuacan dort unterquert.

Und es geht weiter: Ruinen eines unbekannten Bauwerkes markieren bei 520 hunab die Position des Jupiter, und der Stein gewordene »Platzhalter« für den Planeten Saturn lag bei 945 hunab. Jedenfalls, bis er den Planierungsarbeiten für eine geteerte Straße zum Opfer fiel. Die bereits erwähnte Mondpyra-

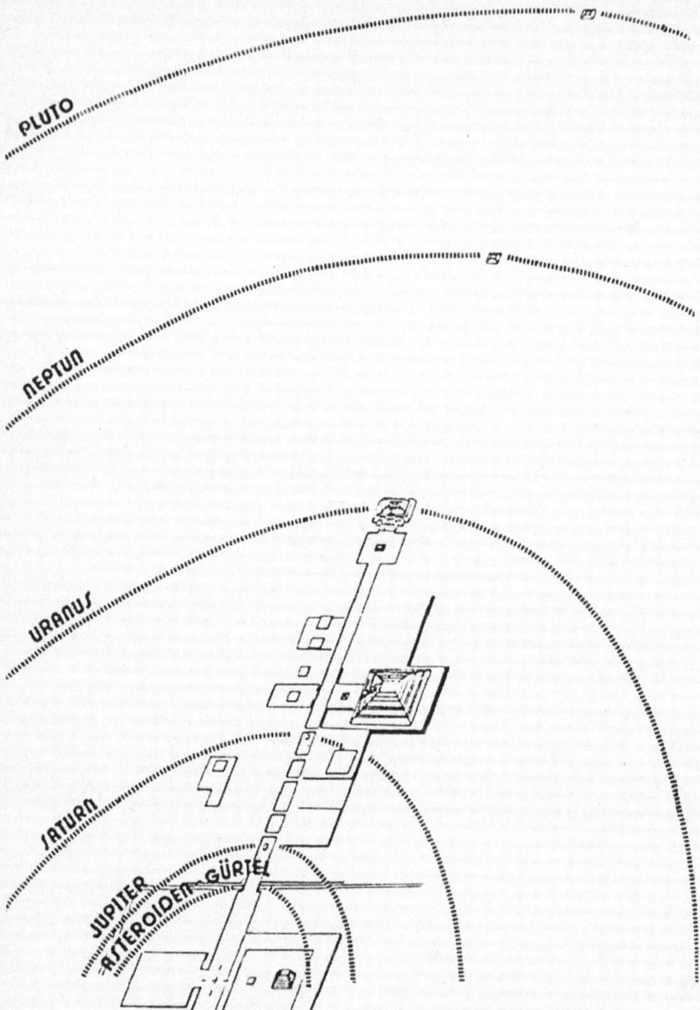

Abb. 39: Teotihuacan – ein steinernes Abbild unseres Sonnensystems. Für jeden Planeten steht – exakt positioniert – ein Bauwerk, das die jeweiligen Bahndaten markiert.

mide am Ende des Camino de los Muertos markiert die Bahndaten des Uranus. Doch was ist mit den sonnenfernsten Planeten unseres Systems – hat man auch Neptun und Pluto berücksichtigt?

Man hat! Denn die so genannte Prozessionsstraße setzt den Weg der Toten schnurgerade über die Mondpyramide hinaus in die bergige Umgebung fort. Und tatsächlich: Bei 2880 hunab befindet sich auf einer Bergspitze ein Tempelrest und noch weiter in den Bergen, in 3780 hunab Distanz, ein hermetischer Turm ohne Eingänge und Fenster. So war also auch der Planet Pluto – in unserer Zeit erst 1930 von dem amerikanischen Astronomen Clyde Tombaugh (1906–1996) entdeckt – von Anbeginn eingeplant gewesen in die gigantische Anlage, die sich in der Landschaft fortsetzt.

Planeten und deren mittlere Entfernungen von der Sonne (in Millionen Kilometern)		In Astronomischen Einheiten (AE)	»Hunab« in Teotihuacan
Merkur	57,9	0,39	36
Venus	108,2	0,72	72
Erde	149,5	1,00	96
Mars	228	1,52	144
Asteroiden	420	2,80	288
Jupiter	780	5,20	520
Saturn	1428	9,50	945
Uranus	2730–3000	18–20	1845
Neptun	4500	30	2880
Pluto	4500–7000	30–50	3780

Die vorangegangene Tabelle, auf der ich die mittleren Entfernungen der Planeten von der Sonne angegeben habe, offenbart weitere verblüffende Details. So korrespondieren die Zahlenwerte der Maßeinheit *hunab*, abgenommen an den beschriebenen Bauten Teotihuacans, mit den jeweiligen Entfernungen zwischen den Planeten und unserem Zentralgestirn, ausgedrückt in *astronomischen Einheiten!*

Welche fortgeschrittenen Intelligenzen wiesen die Menschen einer längst vergangenen Epoche an, ein maßstabsgetreues Abbild unseres Sonnensystems zu bauen, welches die Jahrtausende überstehen und uns an deren Existenz erinnern sollte? Wer war es, *wenn nicht* jene »Astronautengötter« aus den Tiefen des Weltalls?

Waffenkammern der Außerirdischen?

Ein weiteres, nicht weniger faszinierendes Rätsel Teotihuacans verbirgt sich unter mit Vorhängeschlössern abgesicherten massiven Stahlplatten. Es sind dies im Boden eingezogene großflächige Schichten von *Glimmer*, in diesem Fall Muskowit, ein Mineral, das in tafeligen Kristallen mit ausgezeichneter blätteriger Spaltbarkeit auftritt.

Bereits im November 1991 hatte ich vor jenen Eisenverschlägen gestanden; damals war jedoch niemand bereit gewesen diese für mich zu öffnen. Im August 1993 setzte Erich von Däniken alle Hebel in Bewegung, uns die Glimmerkammern, die von den örtlichen Archäologen offenbar als *topsecret* behandelt werden, vorzuführen. Als wir uns vor einer Stahlplatte versammelt hatten, stieg die Spannung: Erich hatte einen der zahlreichen Aufseher gebeten, den schweren Eisenverschlag zu öffnen. Umständlichst fummelte der Uniformierte mit seinen unzähligen Schlüsseln herum, doch es war wie verhext: Keiner von ihnen wollte passen. Oder *sollte* er nicht? Plötzlich und ohne lange zu fragen, nahm unser Freund Rainer den Schlüsselbund des Aufsehers an sich, prüfte und verglich, um schließlich mit geschickter Hand das klobige Vorhängeschloss zu öffnen. Als die schwere Stahlplatte dann nach oben schwenkte, mussten wir uns fast abwenden, so grell leuchteten die Glimmerschichten im hellen Sonnenlicht.

Wer, so fragten wir uns, hatte vor unbekannten Zeiten diese Materialien hier eingebaut? Glimmer verfügt nämlich über Eigenschaften, die ihm in der modernen Technik ganz spezielle Einsatzmöglichkeiten eröffnen. Bei gleichzeitiger Zugfestigkeit ist er elastisch, bis zu 800 Grad Celsius hitzefest, und selbst plötzliche Temperaturschwankungen machen ihm nichts aus. Doch seine hervorragendste Eigenschaft ist seine Isolierfähigkeit gegenüber Elektrizität. Muskowit ist lichtbogen- und kriechstromfest und widersteht plötzlichen Entladungen. In Hochöfen verwendet man ihn noch heute als Fenster, in der Elektrotechnik dient er zur Isolierung bei hochbeanspruchten Geräten.

In Mexiko kommt Glimmer jedoch kaum vor. Chemisch als Kalium-Aluminium-Hydrosilikat definiert, wird dieses Mineral überwiegend in der Nähe von Granit und als Adern auch darin gefunden und abgebaut. Die größten Vorkommen entdeckte man in Madagaskar, Indien und Südafrika sowie in Brasilien und in den USA. Von dort müsste es nach Teotihuacan exportiert worden sein, was das Rätsel nicht gerade durchschaubarer macht.

Unter diesen künstlich eingezogenen Glimmerschichten sollen zwei Röhren zu einer kleinen Kammer führen, die unter der Sonnenpyramide liegt. Was ging dort in grauester Vorzeit vor sich? Wurde an diesem »Ort, wo man zum Gott wird«, mit Hightech experimentiert, wurden dort Temperaturen von vielen hundert, wenn nicht sogar Tausenden Grad erzeugt? Lagerten fremde Astronauten unter diesem Hitzeschild Waffen und wichtige Gerätschaften, die sie auf ihren Flügen durch die Weiten des Kosmos dringend benötigten und hier vor unbefugtem Zugriff verbargen? Dies mag ein wenig nach Sciencefiction klingen, aber vor Ort betrachtet, erscheinen selbst solch gewagte Spekulationen plötzlich ganz plausibel.

Die Erbauer Teotihuacans waren – jedenfalls nach der orthodoxen Lehrmeinung der meisten Archäologen – Steinzeitmenschen, die von den technischen Eigenschaften des dort verwendeten Minerals Glimmer keine Ahnung hatten. Aber *irgendwer* musste diese Menschen doch dazu angeleitet haben, dieses Stein gewordene Modell unseres Sonnensystems mit den geheimnisvollen Glimmerkammern darunter zu bauen. Althergebrachte Erklärungsversuche versagen immer offenkundiger, wenn sich die Fragestellungen auf fantastisch anmutende Sachverhalte beziehen.

»Ereignisse, die sich nach den geltenden Theorien nicht ereignen dürfen, sind die Tatsachen, die den Weg zu neuen Entdeckungen weisen.«

Sir John Herschel (1792–1871)

15 Trauminsel mit besonderer Note

Puerto Rico – die Insel der UFOs

Unter den geheimnisvollsten Stätten auf diesem unserem Heimatplaneten nimmt ein Eiland in der Karibik, zwischen der Dominikanischen Republik und dem Inselbogen der Antillen gelegen, mit Sicherheit einen ganz besonderen Rang ein. Ich spreche vom »Commonwealth of Puerto Rico«, jener politisch zu den Vereinigten Staaten von Amerika zählenden Insel, welche in punkto landschaftlicher Reize den anderen Inselstaaten dieser Region wohl in nichts nachsteht. Es könnte eine Trauminsel sein, idyllisch in der Tropensonne gelegen, verträumt und friedlich …

Das ist – zumindest auf den ersten Blick – auch der vorherrschende Eindruck, den Puerto Rico bei den meisten Besuchern, die an dessen weißen Sandstränden Urlaub machen, hinterlässt. Doch dieser erste Anschein trügt. Denn es gibt keinen anderen Platz auf dieser Welt, an dem das UFO-Phänomen in all seinen Facetten derart massiert auftritt wie hier. Beinahe täglich werden Flugobjekte gesichtet, die in ihrem Flugverhalten allen uns bekannten Gesetzen der angewandten Physik zu spotten scheinen. Weit über Puerto Ricos Grenzen hinaus hat der *Chupacabra*, auf Deutsch: der »Ziegensauger«, schaurige

Berühmtheit erlangt. Es vergeht nur selten eine Woche, in der nicht die Kadaver grausam verstümmelter Nutztiere gefunden werden, welche dieselben Symptome aufweisen wie die mutilierten Rinder und Pferde aus dem Mittelwesten der USA. Augenzeugen beschreiben die Schrecken erregende Kreatur übereinstimmend wie jene »kleinen Grauen« aus den gängigen UFO-Entführungs-Szenarien, jedoch mit fürchterlichen Zähnen und in der Dunkelheit leuchtenden Augen ausgestattet.

Und fast genauso häufig werden fremdartige humanoide Wesen beobachtet. Mindestens ein Vorfall erregte weltweites Aufsehen, in dessen Verlauf zwei Abfangjäger der US-Air-Force von einem unidentifizierten fliegenden Objekt regelrecht »einkassiert« worden sind. Von den beiden F-14-»Tomcat« und deren Piloten fehlt bis auf den heutigen Tag jede Spur. Und dies, obwohl der ungeheuerliche Vorfall von über 100 Augenzeugen beobachtet und auch zum Teil beeidet wurde. Doch darüber später mehr.

Diesem sinistren Fleck Erde stattete ich im August 1997 einen Besuch ab.

Paradies mit kleinen Fehlern

Wieder einmal standen Vortragstermine in den Vereinigten Staaten an, wie etwa in Orlando/Florida und Virginia Beach, einem verträumten Badeort an der Atlantikküste des gleichnamigen Staates. Zwischen diesen beiden Terminen stand mir etwa eine Woche freier Zeit zur Verfügung – und da ich spätestens am zweiten Tag sinnlosen Nichtstuns verrückt werden würde, plante ich kurzerhand einen Trip nach Puerto Rico ein.

Vorangegangen waren mehrere Telefongespräche mit der dortigen UFO-Forscherin Lucy Guzman de Plá, die mir – gemeinsam mit ihrem Ehemann Orlando – liebenswürdigerweise die gesamte Woche bei meinen Recherchen zur Seite stand. In der Hauptsache interessierten mich natürlich die beinahe schon epidemisch auftretenden Tierverstümmelungen, die dem erwähnten *Chupacabra* angelastet werden. Da ich über diesen jedoch erschöpfend in einem meiner vorhergehenden Bücher berichtet habe, erwähne ich ihn hier allenfalls am Rande.

Puerto Rico ist ein Paradies mit kleinen Fehlern, dies nicht nur wegen der häufigen UFO-Sichtungen, die zuweilen auch lebensbedrohlichen Charakter anzunehmen vermögen. Noch augenfälliger ist eine Erscheinung, die allerdings so gar nichts außer-, bestenfalls etwas *Überirdisches* in des Wortes simpelster Bedeutung in sich birgt. Ich spreche hier von den urplötzlich auftretenden Tropengewittern, die unversehens das Ausmaß einer mittleren Sintflut annehmen können. Bereits am Tag nach meiner Ankunft – die eingangs genannte UFO-Forscherin Lucy Guzman de Plá hatte mich vom Hotel abgeholt und wir fuhren durch San Juan zu ihrem Haus – hatte der Himmel alle seine Schleusen jäh geöffnet. Nie zuvor hatte ich einen Gewitterregen von solch beängstigender Intensität erlebt: In den Seitenstraßen steckten zahlreiche Autos fest. Sie standen bis zum unteren Rand

Abb. 40: Der Autor vor dem Radioteleskop von Arecibo auf Puerto Rico.

ihrer Windschutzscheiben in den Fluten, und die Fahrer hatten sich im letzten Moment auf die Motorhauben flüchten können. Selbst auf der vierspurigen Hauptstraße nach Rio Piedras gluckten die anschwellenden Wassermassen bedrohlich unter dem Boden des Wagens. Nervenkitzel auf puertoricanisch.

Als wir einige Tage darauf nach Arecibo fuhren, um das größte Radioteleskop der Welt zu besichtigen, bewahrte uns die banale Tatsache, dass die Anlage an diesem Tag geschlossen war, vor Schlimmerem. Kaum, dass wir die kurvenreiche Zufahrt durch die Berge hinter uns gelassen hatten und wieder auf dem Highway nach San Juan waren, hatte sich die anfangs lockere Bewölkung binnen kürzester Frist zu einer höllischen Schwärze verdichtet. Grelle Blitze von nie gekannten Ausmaßen zuckten herab und ich war ehrlich froh, nicht mittendrin in diesem Inferno zu sitzen. Was mir fraglos ins Haus gestanden hätte, wären in Arecibo nicht an diesem Tag die Tore geschlossen gewesen. Seitdem ich einmal erlebt habe, wie ein Blitz während einer Motorradtour knapp neben der Straße eingeschlagen ist, habe ich einen Heidenrespekt vor diesen Dingern!

Arecibo wollte mich offensichtlich nicht haben. Dafür bekam ich jedoch Informationen über zahlreiche spektakuläre Vorfälle, welche sich im Zusammenhang mit dem UFO-Phänomen auf Puerto Rico ereignet haben.

Es hat beinahe den Anschein, als stammten die UFOs von dort oder als hätten sie auf der Insel zumindest so etwas wie eine geheime Basis.

In der »Laguna Cartagena«

Seit dem Jahr 1987 häufen sich speziell im Südwesten Puerto Ricos die Sichtungen unbekannter Flugobjekte. Hierbei scheinen sich die weitaus meisten dieser Vorfälle auf das Gebiet zwischen den Städten Cabo Rojo und Lajas zu konzentrieren. Hier befindet sich ein mehrere Kilometer langer See, die *Laguna Cartagena*. Südlich davon erstreckt sich der Gebirgszug der *Sierra Bermeja*.

Am 31. Mai 1987, gegen 14 Uhr nachmittags, wurden einige Tausend Bewohner des südwestlichen Teils von Puerto Rico durch starke Erdstöße sowie das Geräusch einer lauten Explosion erschüttert, die offenbar unterirdischen Ursprungs war. Ein paar Augenblicke lang bewegte sich die Erde auf und nieder und in zahlreichen Wohnungen entstanden tiefe Risse. Ursprünglich gab das seismologische Zentrum der Insel bekannt, dass sich das Epizentrum des mysteriösen Bebens 27 Meter unter der Laguna Cartagena befunden habe, was jedoch am darauf folgenden Tage eiligst revidiert wurde. Nun wurde verbreitet, das Erdbebenzentrum befände sich westlich der Insel im offenen Meer.

Wie dem auch sei: In den darauf folgenden Nächten beobachteten zahlreiche Augenzeugen, wie im Gebiet der Laguna Cartagena unidentifizierte Flugobjekte am Himmel schwebten. Doch damit nicht genug: Bereits in der dem Beben vorangegangenen Nacht, gegen 2 Uhr morgens, hatten mehrere Anwohner einen riesigen, tellerförmigen Flugkörper beobachtet, der wie suchend über der Laguna Cartagena schwebte. Und eine Anwohnerin, der vormals ein Teil des Grundes gehörte, auf dem sich der See befindet, gab an, dass ihre Familie bereits seit 1956 unidentifizierte Objekte beobachtete, wie diese aus den Gewässern der Laguna Cartagena auf- und wieder untertauchten.

Señor Cruz, Leiter der Civil Defense Agency von Lajas, hatte in mehreren Nächten grell leuchtende, runde wie auch ovale Objekte beobachtet, die mit rechtwinkligen Drehungen über dies Gebiet flogen. Manchmal tauchten sie in die Laguna ein, wo sie unter Wasser verschwanden.

Unheimliche Besucher

Aber nicht nur fliegende Objekte wurden gesichtet, auch deren mutmaßliche Insassen tauchen des Öfteren auf und pflegen die Bewohner der Region zu erschrecken.

So erhielt Señora Marisol Camacho, die am Rande der

Gemeinde Maguayo unweit der Laguna Cartagena lebt, in der Nacht des 13. August 1991 unerwartet Besuch von zwei fremdartigen Wesen. Sie schlief gerade, als sie gegen 2 Uhr morgens ungewohnte Geräusche vernahm, die von ihrem Balkon zu kommen schienen. An ungebetene Gäste von eher irdischer Herkunft und Intentionen denkend, stand Marisol auf und schlich vorsichtig zum Balkonfenster. Draußen konnte sie schemenhaft zwei Gestalten erkennen, welche sich in einer ihr unbekannten Sprache miteinander unterhielten. Langsam zog sie die Jalousie hoch – und erblickte die zwei seltsamsten Wesen, die man sich vorstellen kann.

Die beiden untersuchten eine ihrer Balkonpflanzen, und zwar eine tropische Zierpflanze mit Namen *Monstera deliciosa*, die wegen der vielen Löcher in ihren Blättern auch »Schweizer Käse« (»Queso Suiza«) genannt wird. Sie rissen eine Anzahl von Blättern von der Staude ab und gaben unbekannte Laute von sich. Es hatte den Anschein, als würden sie sich in einer Art und Weise für die Pflanze interessieren, wie dies auch unsere Botaniker tun.

Als wäre sie gelähmt, vermochte sich Marisol Camacho nicht zu bewegen; sie starrte die beiden Eindringlinge nur an. Diese waren etwa 1,20 Meter groß und hatten überdimensionale, eiförmige Köpfe, oben breit und zum Kinn schmal werdend. Sie waren sehr dünn und anscheinend von grauer Hautfarbe. Auffallend waren ihre großen, schräg stehenden Augen, welche sich bis zu den Seiten ihrer Köpfe zogen und weder eine Pupille noch das Weiß eines normalen Augapfels erkennen ließen. Die Gesichter dieser unheimlichen Gestalten waren flach, mit einem schmalen lippenlosen Schlitz als Mund. Trotz ihres Aussehens verspürte Marisol keinerlei Furcht; sie war eher fasziniert und verglich die Wesen mit Kindern.

Die Arme der beiden Gestalten waren deutlich länger als jene von Menschen, und an ihren langen dünnen Händen bemerkte die Zeugin vier zartgliedrige Finger. Es hatte den Anschein, als würden diese Geschöpfe Señora Camachos Anwesenheit am Balkonfenster entweder nicht bemerken oder schlichtweg ignorieren. Die Eindringlinge entnahmen Blätter von der untersuchten Pflanze und unterhielten sich, als sie schließlich gingen, in einer schnellen, unbekannt klingenden Sprache. Sie bewegten sich auf die Laguna Cartagena zu, gingen am Ende der Straße in ein Gebüsch hinein und verschwanden aus dem Sichtfeld der Zeugin.

Zwei Wochen später erlebte Marisol Camacho haargenau dasselbe – nur mit dem Unterschied, dass sie sich dieses Mal zu bewegen vermochte und den Versuch unternahm, mit den seltsamen Wesen zu kommunizieren. Als sie die Gestalten ansprach, blickten diese sie an und liefen schnell die Straße entlang, um wieder in Richtung auf die Laguna Cartagena zu verschwinden.

Es geschah am helllichten Tag

In dieser Zeit, an einem Tag Ende August 1991, fuhr der Puertoricaner Ulises Pérez gegen 11.30 Uhr mittags mit seinem Motorrad auf einem unbefestigten Schotterweg. Er war unterwegs zu einer Rinderfarm, die etwas abgelegen zwischen dem Dorf La Parguera und der Laguna Cartagena liegt. Durch eine Unachtsamkeit fuhr er in ein Wasserloch, worauf der Motor abstarb. Als er die Maschine wieder anzuwerfen versuchte, fiel sein Blick zu einem parallel zur Straße verlaufenden Bewässerungskanal. Dort bemerkte er ein humanoid wirkendes Wesen. Ulises Pérez beschreibt seine aufwühlende Begegnung:

»Plötzlich sah ich etwas, das auf einem Holzklotz neben einem Baum saß oder darüber lehnte. Die Haut dieses Wesens wirkte wie rohes Fleisch – etwa so, wie wenn man ein Stück Haut abschneidet, und der Schnitt sieht weißlich aus, mit roten Punkten darin. So etwa sah es aus. Es war eine blasse, weißliche Haut, ähnlich der von hellen Salamandern.

Wir sahen uns einen Augenblick an, ohne uns zu bewegen. Ich schäme mich nicht zuzugeben, dass mir das Ding Angst machte, und ich versuchte, das Motorrad wieder zu starten und schnell wegzukommen. Als ich mich bewegte, sprang die Kreatur auf und verschwand im Wasser des Kanals – ich sah ihre Füße unter den Seerosen verschwinden. Ich ließ das Motorrad an und flüchtete. Als ich daheim ankam, erzählte ich nervös, was ich gesehen hatte. Meine Freunde und Verwandten wollten mir nicht glauben, beschlossen jedoch, mit mir an diese Stelle zurückzugehen. Als sie die zerdrückten Seerosen sahen, glaubten sie mir und bekamen es ebenfalls mit der Angst zu tun.«

Ulises Pérez zufolge war das Wesen mit denen im zuvor berichteten Fall identisch. Am meisten beeindruckte ihn dieser große Kopf mit den riesigen, schwarzen Augen. Und ebenso wie bei den anderen Begegnungen gibt es auch hier eine Verbindung zur ominösen Laguna Cartagena, da der erwähnte Bewässerungskanal zu dieser hinführt.

Vorfälle dieser Art, welche mittlerweile in die Hunderte gehen, lassen die Vermutung zu, dass diese fremden Wesen offenbar eine Art Stützpunkt oder Basis unter der Laguna Cartagena oder anderswo auf der Insel Puerto Rico besitzen. Tatsächlich ist die Anzahl unheimlicher Begegnungen, grausamer Viehverstümmelungen und anderer Phänomene auf dieser Karibikinsel Legion. Und die UFOs fliegen weiter, erschrecken die Bürger und nicht selten sogar das Militär. Zuweilen mehr, als es vertretbar erscheint. Denn es ist bereits zu dramatischen Konfrontationen gekommen, die aller Wahrscheinlichkeit nach tragisch endeten!

Tödliches Spektakel am Himmel

Der spektakulärste Vorfall, in dessen Verlauf Militärflugzeuge samt ihrer Besatzung einem unbekannten Flugobjekt zum Opfer gefallen sind, ist als *Cabo-Rojo-Zwischenfall* in die Geschichte des UFO-Phänomens eingegangen, benannt nach dem Schauplatz des unerhörten Geschehens, das am Abend des 28. Dezember 1988 seinen unheilvollen Lauf nahm.

Gegen 19.45 Uhr an besagtem Abend sahen zahlreiche Menschen ein blaues Licht am Himmel, welches das Sierra-Bermeja-Gebirge (südlich der Laguna Cartagena gelegen) überflog. Beim Näherkommen veränderte sich die Farbe des UFO in orangegelb, und schließlich vermochten die Zeugen ein riesiges dreieckiges Gebilde mit einer halbkugelförmigen Ausbuchtung an dessen Unterseite zu erkennen.

Urplötzlich erschienen zwei Abfangjäger der US-Navy vom Typ F-14-»Tomcat« am Ort des Geschehens und machten sich sofort an die Verfolgung des unbekannten Flugobjektes. Als Reaktion hierauf versuchte das UFO seinerseits, immer wieder auszuweichen, indem es abrupt seine Flugrichtung änderte. Als dies nicht gelang, stoppte es mitten in der Luft jäh ab und verharrte schwebend an derselben Stelle. Einer der beiden Abfangjäger, der dem Flugkörper nun gefährlich nahe gekommen war, drohte mit diesem zu kollidieren.

In der Zwischenzeit waren schon mehr als 100 Augenzeugen zusammengekommen, die das gespenstische Szenario mit wachsendem Entsetzen verfolgten. Die Menschenmenge schrie laut und voller Erregung auf, denn jeder war davon überzeugt, dass es im nächsten Augenblick zu einer Kollision mit unausweichlicher Explosion kommen müsse. Doch die von allen mit Bangen erwartete Katastrophe blieb aus.

Stattdessen geschah nun etwas völlig Unerwartetes: Der erste der beiden Abfangjäger verschwand spurlos von der Bildfläche. Sogleich näherte sich die andere »Tomcat« dem UFO von der rechten Seite – und verschwand ihrerseits, als hätte sie sich einfach in Luft aufgelöst!

Unmittelbar nach diesem Vorfall drehte das Flugobjekt ab und überflog einen kleinen, mit Palmen umsäumten See. Dort teilte es sich überraschenderweise in zwei Hälften, wobei die Augenzeugen eine Art hell leuchtender, jedoch vollkommen geräuschloser Explosion erlebten. Die eine Hälfte flog dann nach Norden davon, während sich die andere mit großer Geschwindigkeit in östlicher Richtung entfernte. Beide Teile des ursprünglich zusammengehörenden Objektes verschwanden rasch am Horizont.

Abb. 41: Insgesamt über 100 entsetzte Augenzeugen beobachteten am Abend des 28. Dezember 1988, wie ein riesiges UFO zwei US-Abfangjäger vom Typ F-14-»Tomcat« regelrecht »verschluckte«. Von den Besatzungen fehlt bis heute jede Spur! Die Militärbehörden Puerto Ricos und der USA dementieren den Vorfall noch immer hartnäckig.

Eine ganze Reihe von Augenzeugen dieses schier unglaublichen Vorfalls will einen weiteren Abfangjäger beobachtet haben, welcher die Geschehnisse aus zunächst sicherer Distanz zu sondieren schien. Als dessen Pilot bemerkte, was sich dort in unmittelbarer Nähe des Flugobjekts abspielte, versuchte er durchzustarten und eilends vom Schauplatz der Schrecken erregenden Vorgänge zu verschwinden. Doch im selben Augenblick kamen drei rote »Lichter« aus dem Objekt, setzten sich hinter diese dritte F-14 und verschwanden zusammen mit dem Flugzeug im Norden Puerto Ricos. Von besagten drei »Tomcats« – wie auch von deren Besatzungen – fehlt bis auf den heutigen Tag jede Spur!

Obwohl weit über 100 Augenzeugen die mit Sicherheit für die Besatzungen der Jagdflugzeuge tödlichen Vorgänge beobachteten und dies teilweise sogar unter Eid bezeugten, weigern sich die Behörden der USA und Puerto Ricos bis heute zuzugeben, dass das unerhörte Spektakel am Himmel stattgefunden hat. Für die Einheimischen indes ist es erlebte Realität: Als ich selbst dort im August 1997 meinen Recherchen nachging, bestätigte mir der State Director des »Mutual UFO Network« (MUFON), Señor César Remus, die absolute Glaubhaftigkeit der tragischen Ereignisse vom 28. Dezember 1988.

Auch soll dieser »Cabo-Rojo-Zwischenfall« nicht der einzige seiner Art geblieben sein. Bereits sechs Wochen zuvor, am 16. November 1988, war ein ähnlich dramatischer Vorfall gemeldet worden. Dieser ereignete sich, den Angaben des puertoricanischen UFO-Forschers Jorge Martin zufolge, über dem Gebiet der Stadt San Germán, die nordöstlich der Laguna Cartagena liegt.

Rätselhaftes Verschwinden

Daß sich auf und natürlich auch über dem Territorium Puerto Ricos sinistre Dinge abgespielt haben und noch immer fast täglich geschehen, dürfte nach Lage der Dinge unzweifelhaft feststehen. Wiederholt fiel mir während meines Aufenthaltes auf dieser Insel – selbst als ich mich am Strand weniger spektakulären Dingen hingab – eine geradezu hektische Betriebsamkeit der US-Navy und der Air Force auf. In der Regel in Zweier-Formation, aber auch in größeren Verbänden, patrouillierten F-14-»Tomcats« unablässig an den Küsten, ebenso über den Regenwäldern im Landesinneren. Für ihre Starts und Landungen benutzten die Militärs dabei auch regelmäßig die Landebahnen auf dem nahe gelegenen Internationalen Flughafen der Hauptstadt San Juan.

Ich hatte den Eindruck, dass den Streitkräften sehr wohl bewusst ist, dass sie nicht die alleinigen Herren auf der Karibikinsel sind. Welche Geheimnisse verbergen sich in diesem tropischen Paradies? Zahlreiche ernst zu nehmende Leute sind fest davon überzeugt, dass es entweder vor der Küste oder in den beinahe undurchdringlichen Regenwäldern im Inneren der Insel Stützpunkte jener vermutlich außerirdischen Flugobjekte beherbergt.

Eine dieser Urwaldregionen Puerto Ricos, in der zudem auch zahlreiche mysteriöse Vorfälle stattgefunden haben sollen, ist der Regenwald von *El Yunque*. Dort soll es schon seit etlichen Jahren wiederholt zum ungeklärten Verschwinden einer Vielzahl von Zivilpersonen gekommen sein. Und zu Anfang der Achtzigerjahre habe sich sogar ein Absturz eines nichtidentifizierten Flugobjektes über dem Regenwald ereignet, worauf das allgegenwärtige US-Militär sozusagen im »Handstreich« die gesamte Gegend absperrte. Seit dieser Zeit jagen sich die wildesten Gerüchte. So soll Puerto Rico von den Amerikanern als eine Art »Großlabor« missbraucht werden, das als abgeschlossenes, gut überschaubares Gebiet ideal für Testzwecke ist. Selbst von einer Zusammenarbeit, mindestens jedoch von einer stillschweigenden Duldung außerirdischer Aktivitäten durch die Streitkräfte der Vereinigten Staaten ist immer wieder die Rede.

Sollte Puerto Rico tatsächlich eine oder gar mehrere Basen einer nicht von diesem Planeten stammenden Intelligenz beherbergen, dann wären die Konsequenzen hieraus so schockie-

Abb. 42: Der tropische Regenwald von El Yunque. Immer wieder verschwinden dort Menschen, ohne eine Spur zu hinterlassen.

rend, dass sie an den Grundfesten aller Institutionen unserer Gesellschaft zu rütteln imstande wären.

Denn dann wären »sie« bereits mitten unter uns…

»Eine Fabel ist eine Brücke, die zur Wahrheit führt.«

(Arabisches Sprichwort)

16 Die Pyramiden von Güimar

Vermächtnisse eines erloschenen Volkes

Da geistert seit etlichen Jahrzehnten eine reichlich fantasievoll klingende Geschichte durch die einschlägige Literatur, die sich mit ungewöhnlichen Phänomenen befasst. Genauer gesagt, sind es eigentlich deren zwei: nämlich eine englische und eine spanische »Version« eines nicht gerade alltäglich scheinenden, spektakulären Vorfalles.

Demnach fanden im August des Jahres 1887 einige Bauern, die sich gerade bei der Einbringung der Ernte auf ihren Feldern befanden, zwei fremde, bitterlich weinende Kinder vor einem Höhleneingang. Es waren dies ein Junge und ein Mädchen; sie sprachen in einer für die Bauern unverständlichen Sprache. Niemand aus dem katalonischen Dorf, dessen Name mit *Banjos* überliefert wurde, vermochte die Worte der beiden unglücklichen Kinder zu verstehen.

Dies sei jedoch bei weitem nicht das einzige Ungewöhnliche an dem so urplötzlich aufgetauchten Paar gewesen. Weitaus geheimnisvoller sei der Umstand gewesen, dass die Kleidung dieser beiden Kinder aus einem für die Bauern unbekannten Material bestanden habe. Und ihre Hautfarbe sei *grünlich* gewesen.

Die beiden Findelkinder hätten einen sehr erschreckten Eindruck gemacht, heißt es in der Fama. Um sie zu beruhigen, nahm der Bürgermeister von Banjos das Paar mit zu sich nach Hause. Dort bot er den völlig ausgehungerten Kindern Essen an, diese verweigerten jedoch in der Folge fünf Tage lang jede Nahrungsaufnahme.

Die beiden tranken lediglich frisches Quellwasser, bis sie einen Korb voller frisch gepflückter grüner Bohnen entdeckten und ihr Fasten daraufhin einstellten. Von diesem Moment an ernährten sie sich von Bohnen und Wasser. Eine brisante Mischung, wenn ich das hier einmal so sagen darf.

Der Junge, ganz offensichtlich der jüngere der Geschwister, war allerdings durch das lange Hungern derart geschwächt, dass er im Verlaufe eines Monats nach dem Auffinden verstarb. Seine Schwester hingegen erholte sich recht gut und begann sogar in der Folgezeit die spanische Sprache zu erlernen. Als sie diese so weit beherrschte, um sich einigermaßen verständlich mit ihren Rettern unterhalten zu können, begann sie über ihre Herkunft zu berichten. Was die ganze Geschichte jedoch noch viel undurchsichtiger machte.

Die beiden, so ließ das Mädchen verlauten, seien aus einem Land gekommen, wo ewiges Zwielicht herrschte und wo die Sonne niemals schien. Seine natürliche Begrenzung bildete ein großer Fluss, über den hinweg sie das andere Land im Sonnenschein liegen sehen konnten. In diesem Lande des Zwielichts verlief das tägliche Leben friedlich. Doch eines Tages vernahmen die Kinder ein ohrenbetäubendes Geräusch und fanden sich im sonnenbeschienenen Banjos wieder.

Die neugierigen Dorfbewohner versuchten auf diese Schilderung hin, den Eingang zu jener »anderen Welt« zu finden, allerdings vergebens. Sosehr sie auch suchen mochten, es fand sich doch nirgendwo ein Durchlass oder ein Tor, durch welches sie in die von dem Mädchen beschriebene Welt eintreten konnten. Dieses habe sich mit der Zeit an ihr neues Leben gewöhnt, wobei ihre Haut allmählich die grüne Farbe verlor. Jedoch nach fünf Jahren sei das Mädchen dann gestorben und habe ihr Geheimnis mit ins Grab genommen.

Nur eine plumpe Kopie?

Ich habe es zu Beginn bereits angedeutet: Von dieser ominös klingenden Geschichte gibt es zwei Versionen. Die andere, aus England stammende Version soll sich bereits in viel früherer Zeit im Dorfe *Woolpit* bei Bury St. Edmunds, Grafschaft Suffolk, ereignet haben. Tatsächlich schildern uralte Klosterchroniken aus dem frühen 13. Jahrhundert die merkwürdige Erscheinung zweier grünhäutiger Kinder. Zugetragen haben soll sich das Ganze während der Regentschaft König Stephans, womit man den Zeitpunkt für das mysteriöse Ereignis etwa auf die Jahre zwischen 1135 und 1154 eingrenzen kann.

William von Newburgh, ein klösterlicher Chronist, fasste seinen Bericht über die grünhäutigen Kinder, die sich bei Woolpit förmlich materialisiert haben sollen, in folgende Worte:

»Ich darf nun nicht unterlassen, von einem Wunder zu berichten, wie man es seit Beginn der Zeit noch nicht vernahm, welches unter König Stephan geschehen ist. Ich selbst habe lange gezögert, daran zu glauben, obwohl viel Volk großes Geschrei darum machte. Und ich hielt es für lächerlich, eine Sache hinzunehmen, für die doch kein Grund sprach, oder doch nur sehr dunkle Gründe. Bis ich vom Gewicht so vieler glaubhafter Zeugen überwältigt war, dass ich dies wohl glauben und bewundern musste, was mein Verstand vergeblich zu begreifen oder zu erreichen trachtete.

Es gibt in England ein Dorf, das etwa vier oder fünf Meilen von dem ehrwürdigen Kloster des seligen Königs und Märtyrers Edmund entfernt liegt, wo man gewisse Gräben aus uralten Zeiten sehen kann, die in der englischen Sprache *wolfpittes* (was man am treffendsten mit ›Wolfsbau‹ oder ›Wolfshöhle‹ übersetzen kann; H. H.) heißen und der anliegenden Ortschaft ihren

Namen gaben. Es geschah zu der Zeit der Ernte, als die Erntearbeiter das Korn einsammelten, dass aus diesen Gründen ein Mädchen und ein Junge hervorkrochen, die am ganzen Körper grün und in unbekannter Farbe und Stoffart gekleidet waren. Sie liefen verstört auf dem Feld herum, bis die Bauern sie mitnahmen und in das Dorf brachten, wo alles Volk zusammengelaufen war, sich das Wunder anzusehen.«

Auch hier verweigerten die Kinder zunächst die Nahrungsmittel, die man ihnen vorgesetzt hatte, waren es zuerst frische grüne Bohnen, nach denen sie griffen und die sie dann gierig verzehrten. Und auch hier starb der Junge kurz darauf an Entkräftung.

Fromme Einfügungen

Was die näheren Umstände ihres Auftauchens sowie ihre Herkunft betrifft, gibt es allerdings bei den Chronisten ein paar kleinere Abweichungen. Der Abt Ralph von Coggeshall, dessen Abtei etwa 30 Meilen südlich von Woolpit lag, vermerkte, dass die beiden Kinder aus einem Land gekommen seien, das gänzlich grün und von grünhäutigen Menschen bewohnt war. Es war sonnenlos und in Zwielicht getaucht. Die Geschwister hätten eines Tages ihre Herde gehütet, als sie an einer Höhle vorbeikamen, in der sie beim Eintreten einen Klang wie von einer Glocke vernahmen. Neugierig geworden, wanderten sie so lange in dieser Höhle, bis sie zu einem anderen Ausgang kamen. Als sie ins Freie traten, machte sie das grelle Licht der Sonne wie auch die ungewohnte Temperatur besinnungslos.

Als sie wieder zu sich kamen, wurden sie vom Lärm derer erschreckt, die sich ihnen näherten. Die Kinder versuchten noch zu flüchten, doch sie konnten den Eingang der Höhle nicht mehr finden und wurden gefangen genommen.

Im Bericht William von Newburghs hingegen wurden die beiden grünhäutigen Kinder nicht am Eingang einer Höhle, sondern auf freiem Feld gefunden. Und auch ein Herkunftsort wird hier angegeben:

»Wir kommen aus St. Martins Land; das ist bei uns der größte Heilige ... Eines Tages hüteten wir die Herde unseres Vaters auf dem Feld, als wir einen großen Lärm hörten, so als ob hier alle Glocken in St. Edmund's gleichzeitig läuteten. Dann wurde uns dunkel vor Augen. Plötzlich fanden wir uns auf euren Kornfeldern wieder.«

Das Mädchen soll in dieser Version noch hinzugefügt haben, dass das Land, aus dem sie komme, ein christliches Land mit Kirchen sei, das vom »Lande des Lichts« durch einen breiten Strom abgetrennt sei.

Ich brauche es hier wohl nicht besonders anzumerken, dass dies besagte »St. Martins Land« nirgends lokalisiert werden konnte. Dafür lässt sich zwischen den Zeilen der frommen Chronisten etwas anderes herauslesen. Sowohl Ralph von Coggeshall als auch William von Newburgh waren bestrebt, ihre Berichte mit Elementen der christlichen Heilslehre anzureichern. Die Anspielungen auf Glockenklänge und Kirchen dürften wohl überdeutlich in des Lesers Auge fallen.

Was ebenfalls unübersehbar ist, sind die Parallelen zwischen dieser englischen Version und ihrem spanischen Konterpart. Nicht nur im Ablauf der geschilderten Ereignisse, sondern auch bei den Namen einiger Beteiligten. So wurde der Name des spanischen Bürgermeisters mit *Ricardo da Calno* wiedergegeben, dieweil der Ritter, welcher die beiden grünen Kinder von Woolpit in sein Haus aufgenommen hatte, *Sir Richard de Calne* geheißen haben soll.

Das klingt ziemlich ähnlich – jedenfalls schlossen aus dieser Koinzidenz skeptische Beobachter, dass die »spanische Version« allenfalls eine Nacherzählung jener Ereignisse darstellt, die sich tatsächlich im spätmittelalterlichen England zugetragen haben mochten. Diese Schlussfolgerung klingt – ich gebe es zu – durchaus plausibel.

Ich wäre auch ohne weiteres dazu bereit gewesen, jenes Statement als der Weisheit letzten Schluss in Sachen Banjos zu akzeptieren, wenn mich nicht etwas ganz Anderes nachdenklich gemacht hätte. Hierzu muss ich nun einen Szenenwechsel einläuten, der uns auf eine jener Inseln im Atlantik führt, die den Beinamen »Inseln des ewigen Frühlings« tragen. Die Rede ist von den zu Spanien gehörenden Kanarischen Inseln. In diesem speziellen Fall geht es um die Insel Teneriffa.

Als Ureinwohner der Kanarischen Inseln gelten die *Guanchen*, deren Herkunft – je nach der zur Anwendung kommenden Theorie – in die Sahara, auf den mythologischen Kontinent Atlantis oder überhaupt an einen unbekannten Ort verlegt wird. Mit Sicherheit kann man eigentlich nur sagen, dass man nichts Genaues weiß.

Dass wir jedoch wissen, *wohin* die Guanchen gingen, ist nicht eben ein Ruhmesblatt unserer abendländischen Zivilisation. Das Lexikon vermeldet schamhaft, dass sie »ausgestorben« sind. Die Realität ist beschämender, denn das Volk der Guanchen wurde im 15. Jahrhundert von den spanischen Eroberern größtenteils ausgerottet. Und die wenigen Überlebenden hatten sich bis zum Ende des 16. Jahrhunderts vollständig mit den Eindringlingen vermischt. Unbestrittenes Faktum ist, dass seit dieser Zeit die Urbevölkerung der Kanaren vollständig erloschen ist.

Und jetzt wird es höchst interessant: Diese Guanchen sollen einen olivfarbenen Teint gehabt haben. Im Klartext also eine Hautfarbe, die je nach Tönung einen mehr oder weniger intensiven Stich ins Grüne gehabt hat!

Manche Ethnologen nehmen eine Verwandtschaft der ausgerotteten Urkanaren mit den Berbern in der nordafrikanischen Sahara an. Tatsächlich färben sich noch heute manche Berberstämme die Haut mit blauer Farbe – was nicht selten in Verbindung mit deren ockerbrauner Hautfarbe zu einem mehr oder weniger ausgeprägten Grünstich führt.

Wieder einmal auf Pyramidensuche ...

Die Guanchen hinterließen ihrer Nachwelt – und diese Tatsache ist bei uns nahezu unbekannt – eine Anzahl geheimnisumwitterter Pyramiden. Das erste Mal hörte ich von ihnen Anfang der Neunzigerjahre, als mir ein Bekannter, der auf Teneriffa eine Bergwanderschule betreibt, von ihnen berichtete. Es dauerte allerdings bis Ostern 1997, bis ich endlich Gelegenheit bekam, diese Relikte des untergegangenen Guanchenvolkes persönlich in Augenschein zu nehmen. Dies sollte kein allzu leichtes Unterfangen werden, weil selbst auf den Kanarischen Inseln kaum jemand über deren Existenz informiert war.

Damals, im Frühjahr 1997, kurvte ich noch fast einen ganzen Tag herum und fragte zahllose ahnungslose Einheimische nach den Pyramiden, die ich schließlich mitten im Stadtgebiet von Güimar hinter Bauzäunen versteckt fand.

Mittlerweile sind diese Pyramiden – sechs an der Zahl – zum Kernstück des 1998 eröffneten »Parque Etnografico« avanciert, der von dem norwegischen Forscher Thor Heyerdahl initiiert und realisiert wurde. Ihn hatten Inselbewohner zu einer Zeit, als noch jedermann die Pyramiden für bloße Steinanhäufungen ansah, welche die Bauern bei der Urbarmachung angesammelt hatten, auf die wirkliche Identität der Bauten aufmerksam gemacht. Denn im Gegensatz zu den landwirtschaftlich genutzten Terrassen ringsum, die aus runden, im Boden gefundenen Steinen aufgeschichtet wurden, bestehen die Pyramiden der Guanchen aus eckigen, bearbeiteten Lavablöcken. Sie sind äußerst genau aufgebaut und verraten profunde Kenntnisse der Geometrie.

Es gelang in der Zwischenzeit herauszufinden, dass die Pyramiden von Güimar – es hätte mich ehrlich gesagt gewundert, wenn es anders wäre – nach astronomischen Gesichtspunkten errichtet wurden. So sind etwa drei nah beieinander stehende Pyramiden in Richtung des Sonnenuntergangs zur Sommersonnenwende ausgerichtet. Bei allen sechs Pyramiden sind die Treppen, welche zur jeweils obersten Plattform führen, stets an

Abb. 43, 44: Die Pyramiden im »Parque Etnografico« von Güimar. Sie werden dem ausgerotteten Volk der Guanchen zugeschrieben und sind – wie ungezählte Pyramiden auf der ganzen Welt – nach den Gestirnen ausgerichtet.

der westlichen Seite angebracht, so dass derjenige, der sie ersteigt, der aufgehenden Sonne entgegenblickt.

Weitere Forschungen werden sicher folgen und vielleicht erfahren wir noch überraschende Dinge zu diesen Bauwerken, deren Form überall auf unserem Planeten Verbreitung gefunden hat. Es umweht sie der Hauch des Geheimnisvoll-Mystischen und führt uns in eine rätselhafte Vergangenheit zurück.

Und hier komme ich ein letztes Mal auf die ominöse Geschichte der beiden grünhäutigen Kinder – in ihrer »spanischen Version« – zurück. Denn ganz in der Nähe jener Stufenpyramiden, die nun langsam, aber sicher auch ins Bewusstsein der Einheimischen dringen, liegt die »Guanchenhöhle« von *Badajos*. Dieser Name klingt beinahe so wie jener des Ortes *Banjos*, den man übrigens in ganz Katalonien, auf dem spanischen Festland, vergeblich sucht.

Nur ein spontaner Gedanke, eine vage Idee, die mir dort auf Teneriffa kam, weitab von den Stränden, an denen sich das mondäne Leben abspielt: War dies vielleicht der Ort, an dem vor mehr als 100 Jahren zwei grünhäutige Kinder undefinierter Herkunft in unser Raum-Zeit-Kontinuum eintraten?

Woher kamen die grünen Kinder? Aus einer anderen Dimension, einer *Parallelwelt*, welche neben unserem sichtbaren Universum, das wir nur zu gern als alleinige Realität akzeptieren, friedlich koexistiert? Diese Idee paralleler Welten wird inzwischen selbst von Wissenschaftlern nicht mehr als Sciencefiction betrachtet. Kamen die beiden aus einer Realität, welche Seite an Seite neben der unsrigen besteht?

Dann hätte vielleicht auch die spanische Version der mysteriösen Geschichte zweier Kinder, Treibgut aus einem geheimnisvollen »Anderswo«, einen realen Kern und wäre nicht nur eine plumpe Kopie der englischen »Woolpit-Saga«, wie vielfach angenommen wird.

Ob es uns irgendwann gelingen wird, Licht in jene ominöse Angelegenheit zu bringen, die sich im wahrsten Sinne des Wortes in Raum und Zeit verliert?

Begegnung mit dem Unfassbaren

Insider-Informationen und Geheimtipps, wie Sie an die in diesem Buch beschriebenen Stätten gelangen

In diesem Teil des vorliegenden Buches gebe ich den Lesern die notwendigen Informationen – geordnet in der Reihenfolge der vorangegangenen Kapitel –, damit sie sich *selbst* zum Lokaltermin an die geheimnisvollsten Stätten dieser Welt begeben können.

Bei einigen wenigen Orten jedoch, für die ich dies als notwendig erachte, habe ich bewusst darauf verzichtet. Für ernsthafte Interessenten habe ich in diesen Fällen Namen und Adressen für die Kontaktaufnahme mit kompetenten Personen/Organisationen beigefügt.

Um eines möchte ich Sie vorab bitten: Auf Ihren Reisen sind Sie Gast in dem betreffenden Land und an den jeweiligen Orten. Bitte verhalten Sie sich in jedem Fall so, dass die nach Ihnen kommenden Besucher nicht mit Restriktionen konfrontiert werden, welche aus einem nicht einwandfreien Verhalten resultieren!

Und der Vollständigkeit halber möchte ich an dieser Stelle noch darauf hinweisen, dass sowohl der Verlag als auch der Autor *jegliche Haftung ablehnen.* Zum einen unternimmt der Reisende seine Aktivitäten bekanntlich stets auf eigenes Risiko, andererseits können, wie jeder Reiseveranstalter aus seiner Erfahrung bestätigen kann, vor Ort unangekündigt Umstände eintreten, welche vorübergehend die Besichtigung der einen oder anderen Stätte erschweren, in manchen Fällen gar verhindern können.

1 »Sternenkind« aus dem Jahre 1735?

Das »Naturalien- und Kunstkabinett« der Stadt Waldenburg im Bundesland Sachsen erreichen Sie am besten über die Autobahn A 4, die Sie bei der Anschlussstelle *Glauchau* verlassen. Ab da ist Waldenburg ausgeschildert – Sie erreichen die kleine Stadt nach etwa sieben Kilometern. In Waldenburg fahren Sie daraufhin auf der Hauptstraße in östlicher Richtung, bis kurz vor dem Ortsende auf der linken Seite die Baulichkeiten auftauchen.

Die Postadresse lautet:

Heimatmuseum und Naturalienkabinett
Geschwister-Scholl-Platz 1
D-09613 Waldenburg/Sachsen

Und damit Sie nicht vor verschlossenen Türen stehen, den Weg umsonst gemacht haben, nenne ich hier noch die Öffnungszeiten des Museums:

Montag	Ruhetag
Dienstag	9.00–12.00 Uhr und 13.00–16.00 Uhr
Mittwoch	9.00–12.00 Uhr und 13.00–16.00 Uhr
Donnerstag	Ruhetag
Freitag	9.00–12.00 Uhr und 13.00–16.00 Uhr
Samstag	9.00–12.00 Uhr und 14.00–16.30 Uhr
Sonntag	9.00–12.00 Uhr und 14.00–16.30 Uhr

Einlassschluss ist jeweils eine Stunde vor dem Ende der Öffnungszeiten.

Noch ein Tipp zum Schluss: Besorgen Sie sich auf jeden Fall für die Dauer Ihres Besuches eine Film- und Fotografiererlaubnis an der Kasse im Erdgeschoss!

Die beschriebenen Funde der Ausgrabungen von Straubing-Alburg befinden sich derzeit größtenteils an der Universität von Göttingen. Nur ein paar Schädel sind in der Anthropologischen Staatssammlung München am Karolinenplatz eingelagert, die jedoch nicht für die Öffentlichkeit zugänglich ist. Nach Abschluss aller Restaurierungsarbeiten werden die Exponate in die Prähistorische Staatssammlung des Freistaates Bayern (Adresse: Lerchenfeldstraße; Stadtteil Bogenhausen) überführt.

Der Geheimtipp im Hinblick auf Schädeldeformationen ist ein Besuch des »Museo Arquéologico R. P. Gustavo Le Paige« in San Pedro de Atacama (Chile). Der 2000-Seelen-Ort am Rande der absolut malerischen Salzwüste lässt sich am besten in den Verlauf einer Südamerika- oder Chile-/Osterinsel-Reise integrieren. Zu den Flugverbindungen und Preisen Deutschland-Chile siehe unter den Informationen zu Kapitel 9.

Ausflüge in die Umgebung von San Pedro de Atacama empfehlen sich wegen der bizarren Naturschönheiten der Berge; ebenfalls lohnend ein Besuch der Inkafestung *Pukara de Quitor* gleich neben San Pedro, deren Ruinen von Studenten der Universität von Santiago restauriert werden.

Hier die Informationen über die innerchilenischen Flugverbindungen:

Santiago de Chile – Antofagasta	ca. 1 Stunde 40 Minuten
Antofagasta – Calama	ca. 35 bis 40 Minuten

Ab Calama geht es mit dem Bus etwa eineinhalb bis zwei Stunden nach San Pedro de Atacama. Versäumen Sie unterwegs auf keinen Fall einen Zwischenstopp im malerischen Canyon *Quebrada Tambores* mit seinen Geoglyphen (Felszeichnungen). Es ist eine geradezu atemberaubende Landschaft, die Sie hier erwartet!

Beste Reisezeit für die Salzwüste Atacama sind übrigens die Monate Februar/März bis September/Oktober. Bedingt durch die Lage auf der südlichen Erdhalbkugel sind dort die Jahreszeiten den unseren genau entgegengesetzt. Dies bedeutet, dass während unserer Sommermonate in Chile »Winter« ist. Dagegen klettert in den Monaten November bis Januar (Hochsommer!) die Temperatur nicht selten auf über 40 Grad Celsius, was sicherlich nicht jedermanns Sache ist.

Bürger Deutschlands, Österreichs und der Schweiz benötigen kein Visum. Es genügt der *Reisepass*, der noch mindestens ein halbes Jahr gültig sein muss, für einen Aufenthalt bis zu 90 Tagen.

Eine Besonderheit möchte ich noch erwähnen, mit der Sie konfrontiert werden, wenn die Einreise per Flugzeug erfolgt: Bevor Sie dieses verlassen dürfen, geht das Bordpersonal mit Insektenschutzmitteln durch die Gänge. Beim Versprühen der Chemikalien schützen Sie Mund und Nase am besten mit einem Tuch.

3 »Mind over Matter«

An dieser Stelle möchte ich Sie, verehrte Leserinnen und Leser, an ein paar Orte führen, die zu besuchen Sie nicht Ihre Koffer packen und das Flugzeug besteigen müssen. Diese sind nämlich samt und sonders Plätze, die in einem eng begrenzten Gebiet im Südosten von Bayern liegen – nicht weit entfernt übrigens von den schönsten Regionen der Alpen und ihres Vorlandes. Von überallher in Deutschland, Österreich oder der Schweiz können Sie diese Gegend im Verlauf von maximal einer Tagesfahrt erreichen. Und vielleicht finden Sie ja an dieser romantischen Landschaft so sehr Gefallen, dass Sie sich spontan entschließen, dort einen Kurzurlaub einzulegen.

Wasserburg, die historische Kleinstadt, die so malerisch an einer Schleife des Inns gelegen ist, bietet sich als geradezu idealer Ausgangspunkt für Ihre Unternehmungen an. Verkehrsgünstig etwa 50 Kilometer von München entfernt, wird diese Stadt von der Bundesstraße 304 tangiert, auf der Sie in Richtung Traunstein/Obing fahren. Bereits nach wenigen Kilometern zeigt ein Schild auf die links abzweigende Landstraße nach Schnaitsee, auf welcher man wiederum nach ungefähr fünf Kilometern den kleinen Ort *Kling* erreicht.

Im Ort selbst weist ein beinahe unscheinbares Schild linkerhand (in Fahrtrichtung nach Schnaitsee gesehen) den Berg hinauf zur Burgruine von Kling. Das gewundene Teersträßchen führt bergan zu einem kleinen Bauernhof, von dem ein kurzer Fußweg bis zu den Resten der Burg führt.

Der in diesem Zusammenhang beschriebene Brendel- oder Viertelstein, an dem des Nachts schon häufiger Autofahrer unerklärliche blaue Leuchterscheinungen beobachtet haben wollen, befindet sich allerdings ein gutes Stück außerhalb des ehemaligen Pflegegerichtes. Fahren Sie auf der Landstraße ungefähr einen Kilometer in Richtung Wasserburg zurück, bis Sie zu einer Kreuzung kommen, an der es rechts nach Gars am Inn geht. Hier biegen Sie jedoch nach links ab, passieren den Einödhof Edenkling und nach exakt 2,2 Kilometer Distanz (ich habe es selbst mit dem Kilometerzähler gemessen!) – von der bewussten Kreuzung aus gerechnet – sind Sie am Ziel. Ein wenig zurückgesetzt steht der mächtige Findling im Wald neben der Straße.

Den nächsten interessanten Ort erreichen Sie dann, wenn Sie umdrehen und dieselbe Straße nun in Richtung Gars fahren. Sind die Ortschaften St. Leonhard und Reith passiert, dann kommen Sie, etwa acht Kilometer nach der oben erwähnten Kreuzung, in das kleine Dorf *Stadl*. Unübersehbar steht dort das große Kloster, in dem bis vor wenigen Jahren noch der katholische Pfarrhof zu Wang untergebracht war. Sollten Sie sich dazu entschließen, an der Klosterpforte zu läuten, werden Ihnen die Schwestern, wenn es deren Zeit erlaubt, vielleicht ein wenig über die Spuk- und Geistererscheinungen erzählen, die den früheren Pfarrhof von Wang noch bis in jüngere Zeit heimgesucht haben. Die unheimlichen Spukgeschichten sind den dortigen Ordensschwestern immer noch recht geläufig. Aber bitte Rücksicht: Es ist, wie bereits erwähnt, ein Kloster!

Weiter geht die Fahrt nach Gars, wo zuerst der zu einem breiten Strom aufgestaute Inn überquert wird. Am Kloster St. Maria biegen Sie dann rechterhand auf die Straße nach Aschau ab. Auf derselben gelangen Sie nach fünf Kilometern nach *Au am Inn*, wo Sie im »Klosterstüberl« erst einmal gemütlich auf eine bayrische Brotzeit einkehren können.

Zu dem im letzten Kapitel beschriebenen »Geisterhaus« führt ein kurzer Spaziergang. Verlassen Sie das umfriedete Klostergelände von Au durch das hintere Tor und nehmen dann links den abzweigenden Weg, der den Berg hinabführt. Nach ein paar hundert Metern erscheint rechts am Weg der ehemalige Eiskeller der Schlossbrauerei, über dessen Spukerscheinungen schon Rainer Holbe in seiner unvergessenen Fernsehserie »Fantastische Phänomene« berichtet hat.

Ein paar jener Mysterien, die sich um eine geheimnisumwobene Gestalt ranken, welche bereits in die Geschichte eingegangen ist, lassen sich nachempfinden, wenn Sie abschließend zu dem nicht allzu weit entfernten Kloster *Seeon* fahren. Kehren Sie zurück auf die eingangs erwähnte Bundesstraße 304 und folgen dieser bis zur Ortschaft Obing. Vor einer Tankstelle zweigt jene Straße rechts ab, auf der man nach etwa sieben Kilometern Kloster Seeon erreicht, das linkerhand malerisch am gleichnamigen See liegt. Direkt an der Straße befindet sich ein großzügig angelegter Parkplatz und von diesem aus lassen sich die wenigen hundert Meter in Richtung auf das Kloster zurücklegen, bis man zu dem kleinen, direkt an die Straße angrenzenden Friedhof kommt.

Ganz unscheinbar inmitten der zumeist russisch beschrifteten Grabstätten, an der Mauer zur Straße hin, hat jene Frau ihre letzte Ruhe gefunden, die bis zuletzt hartnäckig behauptet hat, die letzte Überlebende des Zarengeschlechtes zu sein. Und im Winter zuweilen ihre kleinen Fußspuren im frisch gefallenen Schnee des nahen Klosterhofes hinterlassen soll …

Dies waren nur einige wenige Beispiele für »nicht ganz geheure Orte« in jener Gegend Südostbayerns. Wer ein klein wenig detektivischen Spürsinn entwickelt und sich unter der Bevölkerung umhört, der wird ganz sicher noch den einen oder anderen Platz finden, an welchem sich Dinge abgespielt haben (oder sich möglicherweise noch immer ereignen), die uns deutlich vor Augen führen, dass in unserer ach so modernen und aufgeklärten Welt wohl doch nicht alles restlos zu erklären ist!

4 »Götterkriege« in den Karpaten

Vom Süden Deutschlands oder von Österreich aus bietet sich ein Lokaltermin bei den namenlosen Ruinen am Berg Molpir nahe der slowakischen Hauptstadt Bratislava aufgrund der geografischen Nähe bereits als Wochenendausflug an. Der einfachste Weg führt hier über die – leider seit einiger Zeit mautpflichtige – Autobahn Salzburg – Linz – Wien und dann weiter zur Grenze der slowakischen Republik. Nach dem Überqueren der Donaubrücke ist man bereits in Bratislava.

Von hier aus hat man dann zwei Möglichkeiten, zum Molpir zu gelangen:

1. Man verlässt die slowakische Hauptstadt in nördlicher Richtung auf der Landstraße. Auf diesem Weg passiert man die Orte Pezinok, Modra, Časta und Dolná Orešany, danach sind es nur noch wenige Kilometer nach Smolenice. Auf diesem Weg beträgt die Distanz von Bratislava aus ziemlich genau 50 Kilometer.

2. Die Autobahn D61/E75 fährt man bis zur Ausfahrt *Trnava*. Im dortigen historischen Museum sind übrigens einige der archäologischen Funde vom Molpir ausgestellt, weit mehr jener Objekte sind im Keller eingelagert.

Durch Trnava in nördlicher Richtung auf die Landstraße B 51 fahren, dann bei dem Ort Trstin links nach Smolenice abbiegen, das man nach wenigen Kilometern erreicht. Dieser Weg beträgt von Bratislava aus etwa 70 Kilometer.

Der im betreffenden Kapitel genannte slowakische Amateurforscher Martin Jurik ist weiterhin sehr um die archäologischen Relikte seiner Heimat bemüht. Er arbeitet mittlerweile für eine

Zeitschrift, die sich unter anderem mit Rätseln und Geheimnissen in Europa beschäftigt. Nachfolgend die Redaktionsadresse:

Redaktion Euroreport
Martin Jurik
Nevadzova 5
SK-82101 Bratislava
Fax: 00421-7-5787-626
E-Mail: EUROREPORT@MAIL.SOFTLINE.SK

Zur Einreise in die Slowakische Republik genügt der Personalausweis, empfohlen wird jedoch der Reisepass. Da der Molpir ein Berg in den Karpaten ist, empfehlen sich als beste Reisezeit die Monate Mai bis Ende September. In der Slowakei wird häufig Deutsch verstanden.

5 Kleine Insel – Große Rätsel

Die kleine Rätselinsel, geografisch zwischen Sizilien und der nordafrikanischen Küste gelegen, zählt schon lange zu meinen bevorzugten Zielen, gibt es doch immer wieder Neues zu entdecken. Als beste Reisezeit empfehlen sich die Frühlingsmonate März bis Juni, danach wird es – trotz der Lage mitten im Meer und der dadurch zu erwartenden Brisen – unbarmherzig heiß. Im Herbst ist die Vegetation regelrecht verbrannt, dafür regnet es im Winter häufiger.

Angeflogen wird die Insel derzeit hauptsächlich von der Air Malta, der staatlichen Fluggesellschaft. Linienflüge sind – je nach Abflughafen – ab etwa 270 €, zu bekommen. Die Gesellschaft verchartert auch einen Großteil ihrer Plätze an Reiseveranstalter: Charterflüge sind ab 230 €, komplette Arrangements mit Hotel und Verpflegung ab 350 € pro Woche zu buchen.

Interessante Stellen, an denen noch zahlreiche »Cart Ruts« zu besichtigen sind, gibt es mehrere. Da wäre beispielsweise der erwähnte bekannteste Fundort »Clapham Junction« bei den Dingli-Klippen. Allerdings sind die Spuren dort auch bereits stark verwittert. Folgt man aber der kleinen Straße, die unmittelbar an dem Areal vorbeiführt, noch etwa 500 Meter in Richtung Ghar il Kbir, so erscheint linker Hand ein ehemaliger Steinbruch. Von diesem aus zieht sich ein seltsamer, eindeutig künstlich erzeugter »Schnitt« durch das Gelände quer zur Straße hin, der für Freunde ungewöhnlicher Relikte nicht uninteressant sein dürfte.

Weitaus ergiebiger aber ist ein ausgedehntes Feld, direkt in einer Kurve an der Straße, die von San Paul zur Salina Bay führt. Dort findet man einen bunkerähnlichen Unterstand mit zwei charakteristischen Kernbohrungen, nur zwei Schritte abseits einer längeren Doppelspur gelegen. Mein Lieblingsplatz aber in Sachen Cart Ruts ist jener, der inmitten der kleinen Stadt San Gwann auf einem unbebauten Grundstück gelegen ist. Das Gelände ist zwar umzäunt, es sind jedoch mehrere Eingänge offen; zudem wird kein Eintritt erhoben.

Auf der Nachbarinsel Gozo befindet sich direkt bei den etwa 150 Meter tief abfallenden Klippen von Ta C'enc ein Areal, das sowohl »Cart Ruts« erkennen lässt als auch jene Einkerbungen, von denen ich in Kapitel 5 berichtet habe. Eine unbefestigte Feldstraße führt am »Hotel Ta C'enc« vorbei, kurz danach sieht man schon den breiten Fußweg, der in Richtung zu den Klippen abzweigt. Leider sind jene Spuren, die dort ins Meer hineinführen derzeit nicht zu besichtigen, da sie – von einer steinernen Mauer abgetrennt – auf Privatgrund liegen.

Noch einige Worte zum Hypogäum: Derzeit kommen nur Gruppen mit einer *vorab* erteilten Festbestätigung sicher ins Hypogäum. Einzelreisende sollten sich möglichst gleich am ersten Tag ihres Aufenthalts um Eintrittskarten bemühen. Dies kann entweder telefonisch oder persönlich erfolgen bei der Verwaltung des Hypogäums, die sich auch im selben Haus befindet:

Hal Saflieni Hypogäum
Triq Hal Saflieni, Paola/Malta
Tel. 00356-825579

6 Im Schatten der vergessenen Pyramiden

7 »Wenn es nicht so fantastisch klingen würde …«

Das »Reich der Mitte« hat uns Bewohner der westlichen Hemisphäre schon von jeher stark interessiert, was wohl nicht zuletzt darauf beruhen dürfte, dass es sich für so lange Zeit vom Rest der Welt gründlich abgeschottet hat und sich auch heute nur sehr zaghaft öffnet.

Zuzeiten Mao Zedongs gab es so gut wie keine organisierten Touristenreisen nach China und die unglückseligen Vorkommnisse während der Kulturrevolution von 1966 bis 1976 taten ein Übriges, um potenzielle Besucher des Landes abzuschrecken. Nach dem Tode Maos beziehungsweise nach der Zerschlagung der berüchtigten »Viererbande« um dessen Witwe Jiang Qing öffnete sich das rote Riesenreich, und der Tourismus nach China erlebt seither einen starken Aufschwung.

Bei allen Öffnungstendenzen muss man jedoch eines bedenken: Es findet so gut wie kein Individualtourismus statt! Zum einen sind de facto nicht mehr als 10 bis 15 Prozent der Gesamtfläche der Volksrepublik China auch wirklich für den Tourismus freigegeben, viele Regionen sind nach wie vor »No-go-areas«. Zum anderen verhindert ein viel profanerer Grund, sich wie in westlichen Ländern frei und ungezwungen zu bewegen: die allgegenwärtige Sprachbarriere! Kaum ein Chinese beherrscht die gebräuchlichen Fremdsprachen Deutsch, Englisch oder Französisch. Und in der Regel versteht ein Nordchinese, der Mandarin spricht, seinen Kantonesisch sprechenden Landsmann aus dem Süden nicht. Umgekehrt werden chinesische Sprachkenntnisse in unseren Breiten wohl auch eher die Ausnahme bleiben.

Die logischste Konsequenz hieraus ist, sich entweder einer Reisegruppe anzuschließen oder – was gleichfalls möglich, nur etwas teurer ist – auf »Minigruppenbasis« (ab 1 Person) mit einem gebuchten Reiseführer eine Tour zu unternehmen. Besonders Studenten der Germanistik trifft man häufig als Reiseführer mit hervorragenden Deutschkenntnissen. Die auf

China spezialisierten Reiseveranstalter stellen gerne einen persönlichen Reiseablauf zusammen, wobei die hier gegebenen Hinweise eingeflochten werden können.

Leider stehen die von mir beschriebenen Pyramiden wie auch die Exponate rund um die Ma-Wang-Dui-Funde noch in keiner Reiseroute der Veranstalter, die organisierte Touren nach China anbieten. Gleichwohl ist es neuerdings möglich, auch jene beiden Stätten als Tourist zu besuchen. Ich selbst führte bereits wiederholt Gruppen meiner Leser zu den Pyramiden und einigen weiteren Stätten. Und nach einem Vortrag, den ich in Amsterdam gehalten habe, kam eine unternehmungslustige Holländerin auf mich zu und präsentierte mir ganz stolz ein Foto, das sie vor der großen Pyramide von Mao Ling zeigte!

Wer eine der üblichen Standardtouren mitmacht, kommt zumindest auf der Fahrt vom Flughafen in die Sechsmillionenstadt Xian in den Genuss, zwei Pyramiden, die unmittelbar am »Airport Expressway« liegen, sowie eine dritte, weiter nach hinten versetzte bewundern zu können (s. nachfolgende Abb. 45). Der Reiseführer oder Fahrer werden zwar auf den Wunsch nach einem Extrastopp mit einem Hinweis auf das Halteverbot antworten – zum Glück befindet sich in Fahrtrichtung Xian auf der linken Seite eine Lücke in der Leitplanke und man kann auf einem Feldweg noch ca. 200 Meter näher an die Pyramiden heranfahren.

Die eigentliche Pyramid Area befindet sich allerdings genau in der entgegengesetzten Richtung. Fährt man nämlich nicht in Richtung Xian, sondern vom Flughafen aus direkt nach Xianyang, so erblickt man bereits nach wenigen Kilometern einige prachtvolle Pyramidenbauten. Und nur zwei Kilometer vom Stadtrand Xianyangs liegen ganze Reihen kleinerer Pyramiden. Auch das Areal von Mao Ling, westlich von Xianyang gelegen, ist den meisten Fremdenführern nicht unbekannt. Diese Anlage wurde bereits im Jahre 1934 von einem deutschen Piloten fotografiert; in jüngster Zeit haben die Japaner die Forschungen um die Pyramiden Chinas aufgenommen.

Wer Mao Ling aufsuchen möchte, hält sich am besten auf der

Landstraße, welche die Geleise der Lung-Hai-Eisenbahnlinie in west-südwestlicher Richtung begleitet. Auf dem parallel laufenden Höhenzug erkennt man bereits von der Straße aus einige Pyramiden. An einer Fahrradreparaturwerkstatt – erkennbar an dutzenden davor parkenden Drahteseln – biegt man dann von der beschriebenen Hauptstraße ab, überquert die Lung-Hai-Eisenbahn und bemerkt schon von weitem die große, an die 100 Meter messende Pyramide. Es lohnt in jedem Fall die Bauwerke aus der langen und abwechslungsreichen Geschichte Chinas zu besteigen.

Sehr günstig für Ihre Unternehmungen um Xian ist das »Bell Tower Hotel« an der Peripherie der Sechsmillionenstadt, an der Südwestecke des »Glockenturmes« gelegen. Einmal in Xian, sollten Sie sich auch jeweils einen halben Tag für das Banpo- und das Provinzmuseum nehmen.

Über Changsha und die Ausgrabungen von Ma Wang Dui wurde in China bereits viel geschrieben; in unseren Breiten sind diese Funde nicht sehr bekannt geworden. Changsha gehört erfreulicherweise schon länger zu den *offenen Städten*, so dass der Besuch weder der Ausgrabungsstätte im Vorort Wulipai noch des Hunan-Museums auf Schwierigkeiten stoßen wird. Das Museum ist täglich geöffnet, und zwar von 8.30 bis 12.30 Uhr und von 14.30 bis 17.00 Uhr. An den Wochenenden muss jedoch mit einer sehr starken Frequentierung durch Einheimische gerechnet werden. Noch ein wichtiger Hinweis: An der Kasse müssen Fotoapparate und Videokameras abgegeben werden!

Ein Tip am Rande: Malerisch reizvoll ist der auf der gegenüberliegenden Seite des Xiangjiang-Flusses gelegene Berg *Yuelu Shan* mit mehreren Tempeln und dem Yunlu-Palast. Auf der Spitze befindet sich auch ein kleiner Vergnügungspark mit einer Bahn, deren Wagen kleinen Weltraumraketen nachempfunden sind.

Am komfortabelsten wohnt man in Changsha im »Huatian Great Hotel«, einem gediegenen Vier-Sterne-Haus, das in der East-Jiefang-Rd. Nr. 16 steht.

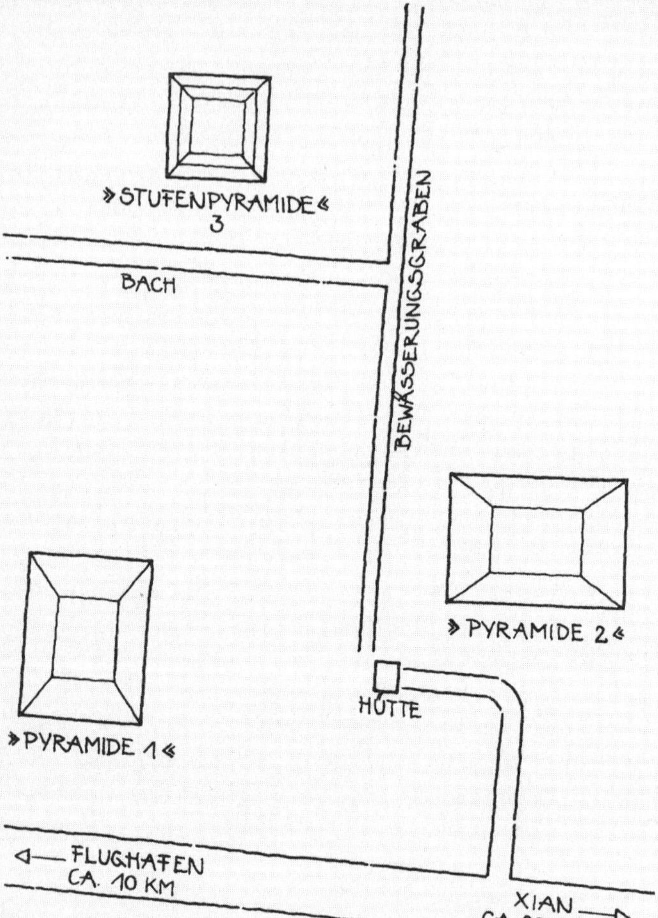

Abb. 45: Möglicher Zwischenstopp auf dem Weg nach Xian: zwei Pyramiden in unmittelbarer Nähe der Straße, eine dritte nach hinten versetzt.

Allgemeine Informationen
Bürger Deutschlands, Österreichs und der Schweiz benötigen zur Einreise in die VR China ein Visum, welches von der jeweiligen Botschaft ausgestellt wird. Bei der Visumserteilung bedient man sich zweckmäßigerweise eines Reisebüros, bei Gruppenreisen kümmert sich in der Regel der Veranstalter darum. Die Gültigkeit des Reisepasses muss mindestens noch ein halbes Jahr nach Reiseende betragen und für die Visaerteilung muss mit etwa zwei bis drei Wochen gerechnet werden. Planen Sie daher möglichst nicht zu knapp!

Da die Zeit in der VR China der Mitteleuropäischen Zeit um sieben Stunden voraus ist (18 Uhr in Peking entspricht 11 Uhr in Frankfurt), tritt durch diese Zeitverschiebung der so genannte *Jetlag* ein: Der Organismus muss sich erst auf die veränderten Tageszeiten einstellen.

Die meisten großen Fluggesellschaften fliegen die chinesische Hauptstadt Peking an, so etwa die Deutsche Lufthansa direkt ab Frankfurt. Die Flugzeit beträgt neun Stunden, und die günstigsten Preise (Economy) liegen – je nach Saison – bereits zwischen ca. 570 und 690 €.

Innerchinesische Verbindungen von Peking nach Xian beziehungsweise nach Changsha bestehen täglich. So wird die Strecke Peking–Xian von Air China (CA), die Strecke Peking–Changsha von der China Southern Airlines (CZ) und der CA bedient. Die Flugzeit nach Xian beträgt etwa 1 Stunde 45 Minuten, bis nach Changsha ist man etwas länger als zwei Stunden unterwegs. Der günstigste Preis (Economy, einfach) nach Xian bewegt sich um die 1000 Yüan (etwa 120 US-$/145 €), nach Changsha um die 1400 Yüan (etwa 170 US-$/200 €) – wobei hier angemerkt sei, dass Ausländer stets etwas höhere Preise als Einheimische (»Touristentarife«) zu entrichten haben.

Die Fahrt mit der chinesischen Eisenbahn ist zwar ein wenig billiger, dauert dafür aber ungleich länger. Aufgrund meiner persönlichen Erfahrungen würde ich diese jedoch nur jenen unter Ihnen empfehlen, die absolut unerschrocken und unempfindlich sind, was Anforderungen an Bequemlichkeit und Hygiene betrifft.

Alles in allem sei jedoch gesagt, dass China ein aufstrebendes Land mit vielen Annehmlichkeiten und einer hervorragenden Küche ist. Einen Besuch kann ich aus tiefster Überzeugung empfehlen! Als beste Reisezeit bieten sich die Monate von März/April bis Oktober/November (im Süden) an.

8 »Terra australis incognita«

Zugegeben: Es ist ein verdammt langer Flug von unseren mitteleuropäischen Gefilden nach »down under«, wie Australien von seinen Bewohnern liebevoll genannt wird. Als ich 1996 zu den »Aussies« flog, machte ich mir den Spaß, die Zeit abzumessen vom Verlassen meines Hauses, bis ich dort wieder eines betrat. Es kamen stolze 36 Stunden zusammen!

Die reine Flugzeit ist nicht ganz so krass, aber via London und mit Zwischenstopp in Bangkok kamen da auch noch immerhin 24 Stunden zusammen. Die Wartezeiten an den Airports nicht mitgerechnet. Wer denkt denn schon daran, dass nach zwölfstündigem Flug mit Auftanken in Bangkok oder Singapur nochmals ein neunstündiger *Langstreckenflug* bevorsteht?

Um jedoch von vorneherein gleich alle Verdachtsmomente auszuräumen, ich würde Ihnen hier nun von einer Reise zum fünften Kontinent abraten: Es lohnt sich tatsächlich! Das Einzige, was man unbedingt vermeiden sollte, ist, dass man zu wenig Zeit mitbringt. Je mehr, desto besser.

Ein paar Worte zu den Flugverbindungen. Leider hat die Deutsche Lufthansa vor kurzem aus Rentabilitätsgründen ihre Verbindung nach Sydney eingestellt. Doch fliegen weiterhin andere renommierte Linien, wie Qantas, British Airways oder Lauda Air mehrmals wöchentlich die Strecke. Je nach Saison – Hauptsaison ist, weil die Jahreszeiten *down under* genau umgekehrt verlaufen, wenn bei uns Winter ist – muss man mit Flugpreisen zwischen knapp 1000 € und 1500 € rechnen.

Besser noch als Sydney eignet sich Brisbane als Zielflughafen, die freundliche Stadt an der *Gold Coast*, wie die mittlere Ostküste mit ihrem berühmten vorgelagerten Barrier-Riff von den Einheimischen genannt wird. Wer übrigens mehr Zeit hat und sich das riesige Land genauer ansehen möchte, dem sei hier geraten, sich in einem guten Reisebüro mit IATA-Lizenz (das sind Reisebüros, welche zur eigenständigen Ausstellung von Linienflugscheinen berechtigt sind) nach Angeboten für »freie« Inlandsstrecken zu erkundigen. Es gibt Tarife, bei denen die Fluggesellschaften bis zu zwei Gratisstrecken gewähren, die aufgrund der erlaubten Flugmeilen des Langstreckentickets inkludiert werden können.

Nun zu den geheimnisvollen Orten, um die es in diesem Buch geht. In Australien liegen sehr viele Stätten aus alten Zeiten naturgemäß in Gebieten der Aborigines, deren Religion und Weltbild nach wie vor von vielen Tabus geprägt sind. Aus genannten Gründen sehe ich hier davon ab, genauere Hinweise auf die Lage der Stätten zu geben. Was aber beispielsweise die Rockhampton- oder die Gympie-Pyramide betrifft, gebe ich im Folgenden die Adresse einer geeigneten Institution an der Gold Coast an, mit der *ernsthaft* interessierte Leser in Kontakt treten können:

Contact Network International
P. O. Box 118
Noosa Heads, QLD 4567
Australia

Contact Network International gibt die Zeitschrift »Exposure Magazine« heraus, die sich mit Phänomenen aller Art auf interessante Weise auseinander setzt. By the way: Vergessen Sie bitte nicht, bei Ihrer Anfrage ausreichend Rückporto beizulegen – am besten 5 US-Dollar als Banknote.

Das Städtchen Noosa Heads – etwa 160 Kilometer nördlich von Brisbane gelegen – eignet sich gut als Ausgangspunkt speziell für einen Ausflug nach Gympie zu den dortigen Pyramidenresten. An dieser Stelle ein kulinarischer Geheimtipp:

Das Restaurant »Lobster Trap« ist eine der ersten Adressen für die Freunde gediegener Meeresfrüchte, die es an der Ostküste Australiens in Hülle und Fülle gibt. Für günstiges Geld kann man nach Herzenslust am Seafood-Buffet schlemmen; sollen es Austern sein, bekommt man ein Dutzend des edlen Schalengetiers bereits für etwa sechs Australische Dollar – das sind umgerechnet nicht mal neun Deutsche Mark! Die »Hummer-Falle« wartet auch *nicht* mit einer Unsitte auf, die in australischen Restaurants fürchterlich nerven kann, nämlich »B. Y. O.« – »Bring your own«. Hängt dieses Schild an der Tür, dann verfügt das betreffende Etablissement nicht über die Lizenz, Wein zum Fisch zu kredenzen. Darum ist »B. Y. O.« eine unverblümte Aufforderung an den Gast, entweder selbst für seine Getränke zu sorgen – oder schlicht und einfach in ein anderes Lokal zu wechseln.

Dieses Problem hat der Geheimtipp »Lobster Trap« zum Glück nicht. Zu den hervorragenden Austern bestellte ich einen einheimischen Sekt, der überraschend fein mundete. Allerdings wurde mir einiges klar, als ich daraufhin erfuhr, dass der Weinanbau in Australien fest in den Händen aus Deutschland ausgewanderter Winzer liegt.

Bevor ich jedoch den Gourmets unter meinen Lesern den Mund zu wässrig mache – oder ich mich unversehens dem Vorwurf seelischer Grausamkeit ausgesetzt sehe –, schnell noch einige weitere nützliche Informationen, die Ihrer Reiseplanung dienlich sind.

Für die Einreise ist ein Visum erforderlich, das bei der australischen Botschaft angefordert werden kann. Es berechtigt zur Einreise bis zur Dauer von maximal 90 Tagen; bei begründetem Bedarf kann es bis zu sechs Monaten verlängert werden. Für Reisende aus Deutschland ist die australische Botschaft in Bonn zuständig:

Australische Botschaft
Visa-Abteilung
Godesberger Allee 105–107
D-53175 Bonn

Die Bürger aus der Schweiz und Liechtenstein wenden sich an diese Adresse:

Australische Botschaft
Alpenstraße 29
CH-3006 Bern

Last, not least die Adresse für Österreich:

Australische Botschaft
Mattiellistraße 2–4
A-1040 Wien

Das Visum für drei Monate Gültigkeit wird kostenlos erteilt; möchte man ein Visum für einen darüber hinausgehenden Aufenthalt bereits vorab eingetragen bekommen, werden etwa 30 € fällig. Seit neuestem gibt es für ganz besonders kurzfristig Reisende etwas unerhört Praktisches, das sich im Echtbetrieb auch bereits bewährt hat: Das »elektronische Visum«. Es kann, wenn beispielsweise nichts mehr auf dem Postweg »geht«, über die gängigen touristischen Reservierungssysteme als *Datensatz* im Computer erstellt werden. Bei der Einreise in Australien wird das Visum dann einfach abgerufen und in den Pass hineingestempelt.

Als beste Zeit für Ihren Australientrip eignen sich die Monate Oktober bis April: Da bekanntlich in der südlichen Hemisphäre alles umgekehrt ist, herrscht dort Sommer, wenn bei uns Herbst und Winter einziehen. Aber auch der australische Winter ist nicht zu verachten – jedenfalls je höher man in den Norden kommt. Treten nämlich in Melbourne oder Canberra eisige Temperaturen auf, kann es an der Gold Coast in Queensland angenehme 20 bis 25 Grad Celsius haben!

Denken Sie auch an die unvermeidliche Zeitverschiebung: An der Ostküste beträgt der Zeitunterschied neun Stunden, in Zentralaustralien sind es achteinhalb (!) und im Westen Australiens sieben Stunden Zeitunterschied zur Mitteleuropäischen Zeit (MEZ).

Und damit es bei der Einreise nach Australien keinen Ärger

gibt, beherzigen Sie bitte diesen letzten Rat: Nehmen Sie *keinen* Reiseproviant mit! Wurst- und Fleischprodukte, selbst mitgebrachtes Obst werden vom Zoll rigoros konfisziert und vernichtet. In »down under« hat man eben seine eigenen Sitten und Gebräuche.

Aber als Reiseziel – auch im Hinblick auf »phänomenale« Orte und Stätten – ist es unnachahmlich. Auf jeden Fall eine Reise wert.

9 Wenn Steine reden könnten

Es ist auch hier fast die Hälfte des Erdumfanges, die Sie auf dem Weg zur Osterinsel, jenem unglaublich einsam gelegenen Eiland im Südpazifik, zurücklegen. Die reine Flugzeit beträgt im günstigsten Fall – falls Sie am selben Tag noch einen Weiterflug bekommen – annähernd 24 Stunden.

Alle Wege zur Osterinsel führen über die chilenische Hauptstadt *Santiago*. Von Frankfurt aus fliegen die Deutsche Lufthansa und die Linea Aerea Nacional de Chile, kurz LAN, das südamerikanische Land an: Die Lufthansa fliegt dienstags, donnerstags, samstags und sonntags, die LAN Chile Donnerstag, Freitag und Samstag (alle Angaben ohne Gewähr und vorbehaltlich Änderungen). Der Transatlantikflug dauert mit der Deutschen Lufthansa rund 17 Stunden, einen Zwischenstopp in der argentinischen Hauptstadt Buenos Aires eingeschlossen. Die LAN Chile hingegen legt noch eine weitere Tankpause ein und benötigt zweieinhalb Stunden länger.

Von Santiago de Chile aus fliegt die LAN Chile an den Tagen Dienstag, Donnerstag, Samstag und Sonntag die Osterinsel an. Die Flugzeit beträgt etwa 5 Stunden und 40 Minuten. Nach etwa eineinhalbstündigem Aufenthalt auf Rapanui tritt sie den Weiterflug nach Papeete, der Hauptstadt von Tahiti, an. Glücklich ist, wer auf dem Flug Santiago–Osterinsel einen Fensterplatz ergattert hat: Der kann nämlich beim Landeanflug einen atemberaubenden Blick auf das sagenumwobene Eiland werfen. Selbst die Statuen sind vom Flugzeugfenster aus zu erkennen!

Den Langstreckenflug von Frankfurt nach Santiago und zurück gibt es bereits ab etwa 1200 € je nach Saison. Etwa 100 bis 150 € billiger wird es bei so genannten Graumarkt-Tickets, die über Billiganbieter vertrieben werden. Der Nachteil ist jedoch nicht selten, dass der Passagier eine umständlichere Streckenführung in Kauf zu nehmen hat und häufigeres Umsteigen, bis er am Ziel ist.

Der günstigste Flug Santiago–Osterinsel–Santiago schlägt etwa mit 950 US-Dollar (etwa 1120 €) zu Buch, was bei hohem Dollar-Kurs nicht sehr viel weniger ausmacht als der Flug über den Großen Teich. Abhilfe bietet hier der Kauf eines so genannten Air-Passes: Sowohl die LAN Chile als auch die zweite chilenische Fluglinie, Ladeco, bieten für ihre Streckennetze Mehr-Coupon-Tickets an. Das macht grundsätzlich Sinn und spart Geld, da wohl in den seltensten Fällen *ein* Ort Ziel der Reise ist. Einmal in jenen Gefilden, sollte man sich auf jeden Fall zu ausgedehnteren Unternehmungen entschließen (s. auch die Anmerkungen zu Kapitel 2, 10 und 11).

Diese Dimensionen – sowohl die Flugpreise als auch den zeitlichen Aufwand betreffend – dürften klarmachen, dass das einsame Eiland in den Weiten des Pazifischen Ozeans wohl immer den Status eines *ganz besonderen Geheimtipps* behalten wird. Massentouristische Ambitionen wären schon aufgrund der wenigen Hotelunterkünfte fehl am Platz. Außer dem Hotel »Hotu Matua«, dessen Besitzer auf Wunsch ein herrliches Barbecue zubereitet, gibt es nämlich gerade mal noch ein paar kleine Gästehäuser mit wenigen Zimmern.

Die wichtigsten Sehenswürdigkeiten der Osterinsel sind – natürlich – die Moais, die schon zitierten Steinstatuen. Derzeit werden viele dieser Monumente wieder aufgerichtet und auf ihre »Ahus« gesetzt. Zwei der wichtigsten Ansammlungen der Steinfiguren wären beispielsweise der *Ahu Akivi*, dessen sieben Moais ganz im Gegensatz zu allen anderen aufs Meer blicken, und *Tongariki*, der größte Ahu mit insgesamt 15 Steinfiguren. Er wurde 1960 von einem Tsunami (durch seismische Störungen hervorgerufene Riesenwellen; H. H.) zerstört, ist aber mittlerweile wieder aufgebaut worden.

Einplanen sollte man aber auch einen Ausflug zu der in der Nähe des Airports gelegenen »Inkamauer«, die Erinnerungen an die Zyklopenmauern Südamerikas weckt. Und natürlich zum Krater Rano Raraku, jener gigantischen Bildhauerwerkstatt auf den Hängen des gleichnamigen Berges, auf der die Arbeiten an Hunderten von Statuen offenbar von einem Moment auf den anderen eingestellt wurden. Nehmen Sie sich unbedingt gutes Schuhwerk für die Besteigung des Rano Raraku mit: Der ganze Abhang des Berges besteht nämlich aus dem Schutt, der bei der Bearbeitung jener Statuen abgefallen ist. Es lohnt auf jeden Fall, auch die Rückseite des steil nach oben ragenden Berges aufzusuchen. Dort befindet sich ein romantischer, schilfbestandener Kratersee. Und überall stecken fertige und halb fertige Statuen herum. Einschließlich der größten Statue, die mit ihrer Länge von 23 Metern noch nicht vollständig aus dem Vulkangestein herausgelöst ist.

Die stilechteste Abrundung eines Osterinseltrips wäre denn auch ein Badetag in der Anakena-Bucht, übrigens der einzige Strandabschnitt auf der Osterinsel, der mit typischem »Südsee-Flair« aufwarten kann.

Obwohl die Osterinsel mit gerade einmal 160 Quadratkilometern zu den flächenmäßig eher unbedeutenden Flecken auf dieser Welt zählt, birgt sie buchstäblich auf jedem Meter sehenswerte Relikte aus ihrer geheimnisumwobenen Vergangenheit. Darum sollte man mindestens fünf Tage Zeit mitbringen; wer dem Glauben anhängt, er könne sie »en passant« mitnehmen, fliegt heim, ohne wirklich etwas gesehen zu haben.

Es ist im Übrigen angeraten, für Ausflüge »über Land« einen Reiseführer zu chartern. Dabei erlebte ich die größte Überraschung, als ich – unterwegs mit einer Gruppe meiner Leser – auf einen gebürtigen Schweizer stieß, der mit einer Osterinsulanerin verheiratet ist. Franz, wie der Fremdenführer mit seinem Vornamen heißt, lebte in seiner Heimat ein paar Jahre lang in unmittelbarer Nachbarschaft zu *Erich von Däniken* …

10 Horrornacht im Dreiländereck

11 Verkehrte Welt

Auch in diesen beiden Kapiteln sind die Hauptschauplätze in Chile, jenem südamerikanischen Land, das sich über 4000 Kilometer entlang der Andenkordillere von Norden nach Süden hinzieht. Ich möchte mich also hier, was Transatlantikflüge und Einreisebestimmungen angeht, nicht wiederholen, sondern verweise auf die entsprechenden Informationen in diesem Ratgeberteil zu den Kapiteln 2 und 8.

Die in Kapitel 10 und 11 beschriebenen Stätten liegen im Norden Chiles, und zwar im Dreiländereck Chile-Peru-Bolivien. Die ohne Zweifel praktikabelste Art, dorthin zu gelangen, ist per Flugzeug in die an der Grenze zu Peru gelegene Hafenstadt *Arica*. Die Fluggesellschaften LAN Chile und Ladeco fliegen Arica von Santiago de Chile aus zweimal täglich an, mit einem Zwischenstopp in Antofagasta. Für den etwa dreieinhalbstündigen Flug muss man – oneway – um die 250 US-Dollar (etwa 300 €) berappen. Die andere Möglichkeit wäre ein Flug von La Paz/Bolivien aus: Mehrmals wöchentlich fliegen die LAN Chile und die Lloyd Aereo Boliviano in die nördlichste Hafenstadt Chiles. Auch in diesem Zusammenhang möchte ich nochmals auf den Erwerb eines »Air-Passes« hinweisen, da man gegenüber den einzeln gekauften Flugtickets gutes Geld sparen kann!

Von Arica aus fährt man auf der einzigen Überlandstraße zum Dreiländereck, das Chile zusammen mit seinen Nachbarn Bolivien und Peru bildet. Im selben Gebiet befindet sich der »Parco Nacional de Lauca«. An dieser Straße passiert man bald den »Poconchile Check Point«, wo die Polizei sämtliche Fahrzeuge registriert, welche die bis in 4000 Meter Höhe führende Landstraße Richtung Chungara benutzen. Ungefähr 100 Kilometer hinter Arica erreicht man dann, ein Stück nach der präinkaischen Anlage Pukara de Copaquilla die »Area Magnetico de Quebrada Cardones«. An dieser Stelle weisen zwar keine Schilder auf die Besonderheiten hin, doch kann man das hier etwas abschüssig verlaufende Straßenstück kaum verfehlen, da sich einheimische Autofahrer wie auch die Chauffeure von Touristenbussen das Ausprobieren des Phänomens selten entgehen lassen. Und falls Sie sogar die Dienste eines lokalen Fremdenführers in Anspruch nehmen, wird dieser Sie auf den Quebrada Cardones hinweisen.

Busfahrer bringen für gewöhnlich ihre Fahrzeuge am Fuße der Anhöhe (in Richtung Putre gesehen) zum Stehen, stellen das Getriebe in den Leerlauf und freuen sich auf die verblüfften Gesichter ihrer Fahrgäste, wenn der Bus langsam rückwärts die Anhöhe hinaufrollt. Vom tiefsten Punkt des Quebrada Cardones können Sie ebenso gut eine Flasche oder Getränkedose nach oben rollen lassen – achten Sie aber bitte unbedingt auf den Verkehr, da chilenische Autofahrer eine eher bremsenschonende Fahrweise pflegen!

Am Rande der Straße werden Ihnen zuweilen Hinweise auffallen, die auf große Felsen gepinselt sind: »Zona avistamiento OVNI« – zu Deutsch: »Zone häufiger UFO-Beobachtungen«. Was mir das Stichwort zum nächsten Lokaltermin gibt.

Nach weiteren 30 bis 40 Kilometern erreicht man die Abzweigung nach Putre, das malerisch in ein Andental eingebettet daliegt. Im Ort nicht zu verfehlen ist die Kaserne, die linkerhand an einem staubigen Weg liegt, der aus Putre hinaus zum *Paso Chamuscado* führt. Dieser Weg überquert zunächst einen Bach, dann führt er nach etwa drei bis vier Kilometern zu einem Plateau, auf dem man bereits von weitem die niedrigen Gebäude des Vorpostens erkennt. Der eigentliche Entführungsort des Armando Valdes liegt hinter der kleinen Kaserne vor einem der kleineren Hügel, die sich dort erheben.

Warnung: Ab dem Ende des Weges befinden Sie sich auf militärischem Gelände! Da im Übrigen der Entführungsfall Valdes noch immer als Geheimsache betrachtet wird, dürfen Sie nicht gerade mit dem Entgegenkommen der dort stationierten Mannschaft (dieser Posten ist permanent mit etwa einem halben Dutzend Soldaten besetzt) rechnen.

Sollten Sie über leidliche spanische Sprachkenntnisse verfügen oder einen örtlichen Fremdenführer in Ihre Dienste genommen haben, so empfiehlt es sich, freundlich auf die Uniformierten zuzugehen; bieten Sie ihnen einige Zigaretten an. Erwähnen Sie aber möglichst nicht einen Zusammenhang Ihres Besuches mit dem seinerzeitigen UFO-Entführungsfall. Denn ein Telefonat des Dienst habenden Offiziers zur Garnison nach Putre wegen dieser Angelegenheit dürfte auf Ihre Anfrage so sicher folgen wie das Amen in der Kirche ...

Zum Schluss möchte ich Sie noch auf das strenge Fotografierverbot hinweisen, das in allen südamerikanischen Ländern im Bereich militärischer Anlagen gilt. Sollten Sie dennoch Aufnahmen machen wollen, geschieht dies selbstverständlich auf eigene Gefahr!

12 Rätsel der Anden

Die archäologischen Stätten Tiahuanaco (*Tiwanacu* in der Landessprache) und Puma Punku liegen auf etwa 4000 Meter Höhe über dem Meeresspiegel, etwa drei bis vier Stunden Fahrt von der bolivianischen Hauptstadt La Paz entfernt. Vor einigen tausend Jahren lagen sie noch am Ufer des Titicacasees; doch der Wasserspiegel ist gefallen und der See befindet sich heute gut 20 Kilometer von den Ruinen entfernt.

Für den Besuch des Andenplateaus empfehlen sich die Sommermonate der Südhalbkugel – wenn bei uns also Winter ist.

Trotzdem rate ich sicherheitshalber wegen der dort oft rauen Winde und unerwartet einsetzenden Regenschauer, einen warmen Pullover und eine Jacke ins Gepäck zu legen.

Von La Paz aus fahren täglich Touristenbusse mit Gruppen zu dem Ausgrabungsort im Andenhochland. Sie quälen sich über staubige Pisten, spucken ihre Fracht aus und treten oftmals schon nach nicht mehr als drei Stunden Aufenthalt den Rückweg in die Hauptstadt an. In dieser Zeit werden die »Touris« im Schnellverfahren durch das Areal von Tiahuanaco geschleust, und für den noch weit spektakuläreren Ort Puma Punku bleibt oft keine Gelegenheit mehr. Obwohl dieser nicht einmal einen Kilometer Luftlinie entfernt liegt.

Nachdem ich selbst zweimal in der dünnen Luft des Andenplateaus war – und bestimmt nicht zum letzten Mal dort sein werde –, rate ich Ihnen dringend, sich möglichst viel Zeit für die *beiden* Stätten zu nehmen. Da die alte Andenbahn, deren Schienen genau vor den eingezäunten Ruinen Tiahuanacos verlaufen, schon seit geraumer Zeit nicht mehr verkehrt, ist die beste Möglichkeit, sich in La Paz ein Taxi zu nehmen. Vereinbaren Sie jedoch vorab den Fahrpreis für den ganzen Tag, um dann beim Kassieren keine böse Überraschung zu erleben. Und bezahlen Sie dem Fahrer etwa 25 bis 35 Prozent des vereinbarten Preises gleich, um ihm Ihre Absicht, ihn für einen ganzen Tag (mit Wartezeiten) anzuheuern, auch glaubhaft verständlich zu machen. Die ausstehenden 65 bis 75 Prozent werden ihn davon abhalten, ohne Sie den Weg zurück anzutreten. Gegenüber dem Bus sparen Sie sich in jedem Fall mindestens eine gute Stunde pro Strecke. Brechen Sie auch unbedingt frühmorgens auf, nicht später als gegen sieben Uhr. Dann haben Sie eine Stunde für sich in den Ruinen, bevor die ersten Touristenbusse ankommen.

Die ruhigsten Tageszeiten sind vor zehn Uhr vormittags, sodann zwischen 12 und 13 Uhr, wenn die Touristen im gegenüberliegenden Restaurant »La Cabana« ihre mitgebrachten Lunchpakete öffnen und sich zu dem Entschluss durchringen, den größten Teil des Inhaltes entweder an die Kinder oder an die Hunde zu verfüttern. Danach wird es wieder nach 16 Uhr ruhig, wenn die meisten Touristenbusse nach La Paz zurückfahren. Ein Tipp zu Ihrer Sicherheit: Wenn Sie mit dem Taxi angereist sind, dann wählen Sie den Zeitpunkt Ihrer Rückfahrt so, dass Sie noch bei Tageslicht in La Paz ankommen. Denn die zumeist ungeteerte Piste weist etliche Schlaglöcher auf, in die *ich* nicht unbedingt bei Dunkelheit fallen möchte!

In Tiahuanaco und Puma Punku haben Sie die Gelegenheit, ein fantastisches Phänomen auf experimentellem Wege immer und immer wieder zu demonstrieren: Es sind die von mir beschriebenen magnetischen Abweichungen. Sie sind an allen

Monolithen eindeutig nachweisbar, wobei ich die spektakulärsten Ergebnisse bei den »Fertigteilen« sowie einem ganz bestimmten Monolith in Puma Punku erzielen konnte.

Unerlässliches Hilfsmittel bei Ihrem Lokaltermin im Hochland Boliviens ist ein Kompass. Beginnen Sie Ihre Messungen bei den zahlreich im Gelände herumstehenden bearbeiteten Andesitblöcken außerhalb der »Kalasasaya« genannten umfriedeten Anlage Tiahuanacos. Recht deutliche Abweichungen am Kompass werden Sie an den sechs bis acht Meter hohen Monolithen ablesen können, welche zusammen mit den von Archäologen völlig willkürlich eingefügten Steinblöcken die Umfriedungsmauer nahe des »Sonnentores« bilden. Diese Zyklopenblöcke tragen zum Teil noch lesbar die Aufschriften »P 113« bis »P 119« (einer dieser Monolithen ist in Erich von Dänikens Buch »Zurück zu den Sternen« abgebildet, *bevor* die Archäologen ihrer Rekonstruktionswut die Zügel schießen ließen).

Zur benachbarten Anlage Puma Punku zweigt ein holpriger Weg von der Hauptstraße ab, die Entfernung beträgt nicht mehr als etwa 800 Meter. Schon von weitem erkennt man die wie nach einer Explosion durcheinander gewirbelten Bauteile, deren Gewicht zum Teil einige hundert Tonnen beträgt. Unübersehbar ist auch eine Aufreihung von augenscheinlich genormten »Fertigteilen«, die wie bei einem Baukastensystem perfekt ineinanderpassen. An diesen Bauelementen werden Sie regelmäßig 30 bis 40 Winkelgrade Deklination bei der Kompassnadel feststellen.

Keine zehn Meter von dieser Aufstellung entfernt, in Blickrichtung auf Tiahuanaco, steht nun jener besondere Andesitklotz, an dem ich die fantastischen, sich jeweils von Vertiefung zu Vertiefung verdoppelnden Deklinationen am Kompass ablesen konnte. Dies demonstrierte ich seinerzeit vor mehr als zwei Dutzend Augenzeugen, welche das Experiment ihrerseits wiederholten – mit exakt demselben Effekt! Es wird auch bei Ihnen mit Sicherheit funktionieren. Probieren Sie es einfach aus.

Neugierigen Naturen, die sich nicht davor scheuen, von Einheimischen »angepflaumt« zu werden, empfehle ich noch, den

Hof des Nachbarhauses des kleinen Museums neben der Anlage von Puma Punku zu inspizieren. Dort lagern weitere Monolithen, ebenso aber auch mehrere Exemplare jener »Wasserleitungen«, von denen man einzig die Oberteile im Boden gefunden hat. Im offenen Gelände sind sie nur noch sehr selten zu sehen und einige von ihnen wurden sogar als Lückenbüßer bei der »Rekonstruktion« der Umfassungsmauer der Kalasasaya zweckentfremdet.

Für die Fahrt auf das Andenplateau nahe dem Titicacasee ist La Paz der Ausgangspunkt. Die bolivianische Hauptstadt erreichen Sie per Flugzeug (via Lima/Peru, Rio de Janeiro und Buenos Aires) nach einer Gesamtflugzeit von 20 bis 21 Stunden. Die Flugpreise ab Frankfurt liegen (in der Economy-Class) zwischen 950 und 1250 €, je nach Airline und Saison. Von Peru aus bestehen Flugverbindungen mit Lloyd Aereo Boliviano und Aero Peru. Bei Letzterer wird zuweilen in der alten Inkametropole *Cuzco* umgestiegen, wobei sich – als »Stopover« – die Möglichkeit eines Ausfluges nach Macchu Picchu oder Sacsayhuaman anbietet. Wie ich bereits angedeutet habe, ist eine Kombination mehrerer südamerikanischer Länder am sinnvollsten, bedenkt man den langen Weg: Peru, Bolivien und Chile – und natürlich reichlich Zeit für alles!

Noch zwei Tipps: Von La Paz aus werden Tagesausflüge zum Titicacasee angeboten. Im bolivianischen Teil dieses 6900 Quadratkilometer messenden und bis zu 272 Meter tiefen Sees befinden sich die *Sonnen-* und die *Mondinsel*. Gleichermaßen lohnend ist ein Ausflug in das unmittelbar bei La Paz gelegene *Mondtal* mit seinen bizarren Sandsteinformationen.

Bürger Deutschlands, Österreichs und der Schweiz benötigen zur Einreise nach Bolivien – dasselbe gilt auch für Peru – nur einen mindestens noch sechs Monate gültigen Reisepass. Für einen Aufenthalt bis zu 90 Tagen ist kein Visum erforderlich.

An dieser Stelle ein Wort über die Finanzen. In ganz Südamerika empfiehlt sich die Mitnahme von US-Dollars – sowohl Reiseschecks als auch Bargeld. Letzteres am besten in kleinen Scheinen, denn wechseln können die wenigsten und viele nehmen Noten zu 50 oder 100 Dollar sowieso nicht an, da sie Angst vor Fälschungen haben. Tauschen Sie auch nur jeweils kleinere Beträge, um nicht zu viel so genannte Weichwährung heimzubringen. Es sei denn, Sie beabsichtigen Ihre Wohnzimmerwand mit bunten Banknoten zu tapezieren...

13 Am »Gipfel der grausamen Götter«

Kolumbien, jener am Übergang zur mittelamerikanischen Landbrücke gelegene nördlichste Staat des südamerikanischen Kontinents zählt heute noch eher zu den ausgefalleneren Reisezielen. Einmal abgesehen von der Insel San Andres, die zwar politisch zu Kolumbien zählt, sich aber in der Karibischen See – östlich von Nicaragua – befindet.

Die Hauptstadt Bogotá wird von verschiedenen internationalen Fluggesellschaften angeflogen, wie etwa von der spanischen Airline Iberia (via Madrid) oder von der Deutschen Lufthansa in direktem Flug ab Frankfurt. Hier beträgt die Flugzeit ungefähr elf bis zwölf Stunden. Für Leute, die sich auf dem südamerikanischen Kontinent noch mehr umsehen wollen, sei an dieser Stelle bemerkt, dass die endgültige Destination des Lufthansa-Fluges die peruanische Hauptstadt Lima ist.

Für den Flug muss man mit etwa 700 bis 950 € Kosten rechnen und in den meisten Fällen wird es wohl darauf hinauslaufen, dass man sich als Individualtourist auf den Weg nach Kolumbien begibt. Nur einige wenige Reiseveranstalter, welche sich auf Südamerika spezialisiert haben, und solche für Studienexkursionen führen dieses Ziel im Programm. Es sei aber gleich gesagt, dass Kolumbien – wie die meisten Länder des südamerikanischen Kontinents – sehr unkompliziert für Individualtouristen ist, was bereits in einer nicht zu übersehenden Freundlichkeit Deutschen gegenüber zum Ausdruck kommt. Wohl eine Art »Nachwirkung«, die wir dem berühmten Naturwissenschaftler und Forschungsreisenden *Alexander von Humboldt* (1769–1859) zu verdanken haben.

Für die Einreise nach Kolumbien wird von Bürgern der Länder Deutschland, Österreich und der Schweiz kein Visum verlangt. Ein noch mindestens ein halbes Jahr gültiger Reisepass berechtigt zu einem Aufenthalt bis zu 90 Tagen. An dieser Stelle rate ich für Reisen in südamerikanische Länder stets Fotokopien des Reisepasses und anderer wichtiger Dokumente im Reisegepäck aufzubewahren.

Die archäologischen Stätten San Agustins kann man auf zweierlei Wegen erreichen. Zum einen *nur* auf der Landstraße, wobei der größte Teil der Straße am Rio Magdalena entlangführt. Bei den landestypischen Verkehrsverhältnissen ist man bei dieser Variante bis zu zwei Tage unterwegs, lernt jedoch viel von dem Land und den Leuten kennen. Entscheidet man sich hierfür, rate ich dringend dazu, bei der Anmietung eines Leihwagens in Bogotá den fahrbaren Untersatz gut zu prüfen, da der technische Zustand der Fahrzeuge dortzulande nicht unbedingt immer unserem Standard entspricht. Auf jeden Fall sollte man sich an namhafte internationale Verleihfirmen wenden. Bei der Anmietung ist auch eine der gängigen Kreditkarten von unschätzbarem Vorteil, da man auf diese Weise keine hohe Barkaution hinterlegen muss, die man im ungünstigsten Fall nicht wiedersieht!

Man kann sich den Weg aber auch deutlich abkürzen, wenn man das Flugzeug nach Neiva nimmt. Die Strecke Bogotá–Neiva–Bogotá wird einzig von der privaten Neiva-Air beflogen; für Reservationen kann man sich in den großen Hotels in Bogotá an die Rezeptionen wenden. Die Flüge werden mit Propellermaschinen mit sehr begrenzter Sitzanzahl durchgeführt – es kann schon einmal zu Wartezeiten wegen Überbuchung kommen! Dafür sind die Preise aber noch recht zivil: Für den Hin- und Rückflug werden um die 200 US-Dollar (etwa 235 €) verlangt (Stand Herbst 2001).

Im Ort San Agustin, der von Neiva aus nach etwa vierstündiger Fahrt erreicht wird, kann man eigentlich nur das Hotel »Yalconia« empfehlen, das sich seine Annehmlichkeiten mit einem europäischen Urlaubsgebieten vergleichbaren Preisniveau bezahlen lässt. Ich möchte es jedoch niemandem zumuten, die »landestypischen« Gästehäuser in Anspruch zu nehmen, da diese unseren Vorstellungen von Hygiene und Sicherheit nicht unbedingt genügen. Vom Hotel »Yalconia« aus erreicht man den archäologischen Park mit dem »Wald der Statuen« nach etwa zehnminütiger Fahrt. Wer es sich zutraut, kann in unmittelbarer Nähe des Hotels Pferde und Maulesel ausleihen.

Im Hinblick auf die ungelösten Rätsel der Vergangenheit hat nicht nur San Agustin etwas zu bieten, sondern auch die Hauptstadt Bogotá. An erster Stelle steht hier natürlich das *Museo del Oro*, das in der Banco de la Republica eingerichtete Goldmuseum. Dieses befindet sich im zweiten Stockwerk des Bankhauses, das in der Avenida No. 16 steht (das Straßennetz Bogotás wurde schachbrettförmig angelegt: Die von Norden nach Süden laufenden Straßen heißen Carreras oder Avenidas, die von Westen nach Osten verlaufenden werden Calles genannt; alle Straßen besitzen eine durchlaufende Nummerierung). Im Goldmuseum sind etliche *Flugzeugmodelle* aus präkolumbianischer Zeit untergebracht, die sich in modernen Rekonstruktionen als absolut flugtauglich erwiesen haben.

Ein weiteres lohnenswertes Ziel ist der 40 Kilometer nordwestlich von Bogotá gelegene archäologische Park von *Facatativa*, der am Ortsende der gleichnamigen Ansiedlung gelegen ist. Sonderbare Felsformationen mit Wabenmustern, die den Eindruck erwecken, als seien sie aus einem Glutofen geflossen, wechseln sich ab mit Statuen und Felszeichnungen, die offiziell der Kultur der Chibcha-Indianer zugeschrieben werden. Etliche dieser Felszeichnungen ähneln jedoch mehr chemischen Formeln beziehungsweise Piktogrammen.

Die beste Reisezeit für das nahe dem Äquator liegende Land sind die Monate November bis März. In jenen tropischen Breiten muss man aber täglich mit einem Regenschauer rechnen, welcher nachmittags vom Himmel prasselt.

An dieser Stelle noch die Adresse einer Agentur in der Hauptstadt Bogotá, die sich zwar hauptsächlich um Gruppen kümmert, an die sich jedoch auch Individualtouristen wenden können, wenn es um Reservierungen von Hotels, Flugtickets oder Mietwagen geht:

Bienvenidos Turismo Ltda.
Avenida No. 9, 118–71
P. O. Box 102375
Bogotá, Rep. di Colombia

Und last, not least ein paar wichtige Worte zum Drogenproblem in Kolumbien. In einigen Teilen des Landes werden große Mengen Marihuana und Kokain produziert, wogegen die Regierung des Landes in drastischer Weise ankämpft. Kaufen und konsumieren Sie keinerlei Drogen, lassen Sie sich auch auf keinen Fall die Mitnahme irgendwelcher Päckchen aufschwatzen. Besitz und Handel von Rauschgift wird in den meisten Ländern Südamerikas drakonisch bestraft. Und die Gefängnisse nicht nur jener Staaten beherbergen nicht selten auch Insassen, die durch Unachtsamkeit oder Gutgläubigkeit in solchermaßen prekäre Situationen geraten sind!

14 »Baut ein Abbild eures Sonnensystems!«

Teotihuacan – den »Ort, an dem man zum Gott wird« – erreicht man nach etwa einstündiger Fahrt von Mexico City aus. Auf der zum Teil mautpflichtigen Stadtautobahn geht es etwa 40 Kilometer in nordöstlicher Richtung bis Otumbo, wo Hinweistafeln den Weg zu den Ruinen weisen.

Die Anlage wird beherrscht von der über drei Kilometer langen »Straße der Toten«, die nach Norden hin in einer endlosen Treppe anzusteigen scheint. Doch in der Gegenrichtung bemerkt man nichts von der Abstufung des Geländes.

Schon von weitem erkennt man die Silhouetten der Mond- und der Sonnenpyramide, die man über Stufen leicht besteigen kann. Bereits vor Erreichen der Sonnenpyramide, in Höhe des »Tempels des Quetzalcoatl«, steht am Rand des Camino de los Muertos ein unscheinbares Schild mit der Aufschrift »Mica«.

Mica heißt auf Spanisch Glimmer: Zweigen Sie an dieser Stelle (in Blickrichtung zur Mondpyramide) nach rechts ab. Nach wenigen Metern stehen Sie vor den beschriebenen Metallverschlägen, unter welchen sich die Glimmerkammern mit den mächtigen Schichten blättrigen Muskovits verbergen.

Ich kann nicht dafür garantieren, dass sich jemand bereit findet, die Kammern zu öffnen. Beim ersten Mal, als ich in Teotihuacan weilte, blieb mir der glimmernde Anblick verwehrt. Erst beim zweiten Mal, zusammen mit Erich von Däniken, war ein Wächter nach längerem Zureden willens, eines der Vorhängeschlösser aufzusperren. Es sei natürlich jedem grundsätzlich unbenommen, sein Glück zu versuchen. Im Vertrauen gesagt: Die besten Chancen dürften bestehen, wenn zum einen spanische Sprachkenntnisse vorhanden sind. Zum anderen wäre es nicht von Nachteil, in die Bitte nach der Öffnung der Glimmerkammern (sinngemäß) einfließen zu lassen, dass man den Hinweis von einem hochrangigen Archäologen (aus dem Heimatland) bekommen hat. Denn wenn diese Berufsbezeichnung fällt, werden sogar die phlegmatischsten Wärter ungemein dienstbeflissen.

Die Straße der Toten – und mit ihr zusammen die Baulichkeiten, deren jede für einen Planeten unseres Sonnensystems steht – findet ihre Verlängerung auf dem Bergrücken *Cerro Gordo*, wo ein Tempelhügel sowie ein Turm als Markierungen für die Planeten Neptun und Pluto stehen. Von der Ortschaft Otumbo zweigt auch ein Weg ab, über den man die auf dem Bergrücken stehenden Bauten erreicht. Es ist jedoch Vorsicht angeraten, da sich auf dem Cerro Gordo eine Radarstation der Armee befindet. Militärischer Sicherheitsbereich – man sollte die Ankündigung eventuellen Schusswaffengebrauchs ernst nehmen!

Für die Rückfahrt nach Mexico City habe ich noch einen echten Geheimtipp für die Freunde ungewöhnlicher Phänomene und geheimnisumwobener Artefakte: die Wallfahrtskirche von *Guadelupe*. Darin wird ein höchst mysteriöses Relikt verehrt, welches während der letzten Jahre Fotoexperten, Techniker und Repräsentanten der katholischen Amtskirche gleichermaßen in Aufregung versetzt hat. Es ist die *Tilma* (eine Art Umhang) des Juan Diego, auf der durch einen bislang ungeklärten Vorgang im Jahre 1531 eine Art fotografischer Aufnahme zustande kam. In den Pupillen der auf dem Umhang erschienenen Mariengestalt konnten unabhängige Gutachter zweifelsfrei feststellen, dass mehrere Personen – unter anderem konnte besagter Juan Diego eindeutig identifiziert werden – in einer Szene widergespiegelt werden, die sich so vor mehr als 450 Jahren ereignet hat!

Eine weitere Ausflugsmöglichkeit rund um Mexico City stellt *Tula* dar. Auf der Autobahn Nr. 57 in Richtung Queretaro sind es ungefähr 75 Kilometer zu der ehemaligen Hauptstadt des Toltekenreiches. Noch immer wird diese bewacht von den »Atlanten«, riesigen Figuren aus Vulkangestein, die auf einer Plattform inmitten der Anlage stehen. Die Überlieferung berichtet, dass an diesem Ort die »niedrigen Götter« mit den »höheren Göttern« in Kontakt getreten seien. Die Götterstatuen von Tula haben Köpfe mit Brillenaugen und Ohrenschutz, tragen Kästen auf der Brust. Mit den Händen umfassen sie kuriose Gegenstände, für die eine technische Deutung am sinnvollsten erscheint.

In Mexico City sollte man auch nicht versäumen, das »Anthropologische Museum« zu besuchen, das zahllose Exponate aus der langen Geschichte der Hochkulturen Mexikos beherbergt. So auch eine exakte Kopie der Grabplatte von Palenque, die offensichtlich eine Gestalt darstellt, welche in einer Art Raumfahrzeug zu sitzen scheint. Das Anthropologische Museum liegt am Rande der Hotelzone »Zona Rosa«, nicht weit vom Chapultepec-Park entfernt.

Sicherlich wird sich niemand, der den Weg nach Mexiko angetreten hat, auf das Gebiet rund um die Hauptstadt beschränken. Zwei Wochen sind das Mindeste an Zeit, was man sich für dieses ungemein interessante Land gönnen sollte. Es bieten sich Flüge zu zwei Zielen auf der Halbinsel Yucatan an: Merida und Villahermosa. Die Fluggesellschaften Mexicana und

Aeromexico unterhalten mehrere tägliche Verbindungen zu diesen Zielen. Nur ein Reisevorschlag:

Von Mexico City nach Villahermosa wären Sie auf den Straßen wenigstens zwei Tage unterwegs. Mit dem Flugzeug aber schaffen Sie dieselbe Distanz in gerade einmal 75 Minuten! Villahermosa ist bekannt für seinen Olmeken-Park mit den zahlreichen Kolossalfiguren. Außerdem ist die Stadt der ideale Ausgangspunkt zu einem Ausflug nach Palenque (Fahrtzeit etwa drei Stunden). Von Villahermosa gelangt man nach einer Stunde Flugzeit nach Merida, das wiederum für Ausflüge nach *Chichen-Itza, Uxmal* und andere Stätten ideal gelegen ist.

Noch ein Tipp für unternehmungslustige Naturen: An allen größeren Flughäfen im Land sind mir immer wieder Angebote namhafter Mietwagenfirmen aufgefallen. Der »Renner« hierbei ist der legendäre VW-Käfer. Für all jene, die ihn vorschnell totgesagt haben, sei hier angemerkt, dass der Weltmeister noch immer munter in Puebla produziert wird. Allen Unkenrufen zum Trotz geht er ins 67. Jahr seiner Laufbahn und in die 23. Million. Zu mieten gibt es ihn auch, wie gesagt, aus neuester Produktion, als *Special Offer* für nur 99 US-Dollar pro Woche. Natürlich mit unbegrenzten Kilometern. Wer möchte da nicht die Rätsel und Mysterien Mexikos auf eigener Achse erfahren?

Zurück zu den Flügen. Die Strecke von Mexico City nach Villahermosa kostet (einfach) ab ca. 170 US-Dollar (etwa 200 €), von Villahermosa nach Merida ab etwa 160 US-Dollar (etwa 190 €) und zurück nach Mexico City ab 175 US-Dollar (etwa 205 €). Zu empfehlen wäre auch hier ein »Air-Pass« von Aeromexico oder Mexicana, was bei mehreren Inlandsstrecken ein erkleckliches Sümmchen spart. Genauere Auskünfte geben auch in diesem Fall Reisebüros, welche über eine *IATA-Lizenz* verfügen, die zur Ausstellung von Flugtickets berechtigt.

Den Langstreckenflug nach Mexico City gibt es ab Frankfurt, zum Beispiel nonstop mit Lufthansa, bereits ab 700 € (Tarifstand Herbst 2001).

Für die Bürger der Schweiz, Österreichs und Deutschlands genügt zur Einreise nach Mexiko ein noch mindestens sechs

Monate gültiger Reisepass (kein Personalausweis!). Man kann bis zu 90 Tage visumfrei im Land bleiben. Die beste Reisezeit sind die Monate Oktober bis April – in den Sommermonaten würde ich davon abraten, da die Temperaturen zu hoch klettern und die Luftfeuchtigkeit auf der Halbinsel Yucatan für unsere Konstitution zu ungewohnt ist.

Ein guter Rat noch abschließend zu dem alten Aztekenkaiser, der es sich zuweilen nicht nehmen lässt, an harmlosen Touristen grausame Rache zu üben. Montezuma kann Ihnen überall dazwischenfunken, und dabei dürfte es Ihnen wohl egal sein, ob er dies in Mexiko, Ägypten oder sonst wo tut. *Erich von Däniken* empfahl mir schon vor Jahren ein Präparat auf pflanzlicher Basis, welches in jeder Apotheke rezeptfrei erhältlich ist. Der Name ist *Uzara*, der Geschmack grauenhaft, die Wirkung jedoch zuverlässig! Und dies ist schließlich die Hauptsache, damit der Lokaltermin in einem der faszinierendsten Länder unserer Welt nicht in des Wortes ursprünglichster Bedeutung »in die Hose« geht …

15 Trauminsel mit besonderer Note

Die Karibikinsel Puerto Rico hat sich, wie es aussieht, in den vergangenen Jahren zu einer Art Hochburg des UFO-Phänomens entwickelt. Beobachtungen unidentifizierter Objekte, besonders im südwestlichen Teil der Insel, das rätselhafte Verschwinden ungezählter Personen im Urwaldgebiet von El Yunque und vor allem das für Nutztiere tödliche Wüten des *Chupacabra* auf dem gesamten Gebiet des Commonwealth of Puerto Rico sorgen mittlerweile nicht nur in der »Szene« für helle Aufregung.

Geografisch gehört Puerto Rico zu den Großen Antillen; die Insel liegt östlich von Hispaniola (die sich Haiti im Westen und die Dominikanische Republik im Osten teilen). Politisch jedoch ist Puerto Rico den Vereinigten Staaten von Amerika angeschlossen. Die Landessprachen sind das vorwiegend von der Bevölkerung gesprochene Spanisch sowie Englisch.

Die meisten Flugverbindungen nach San Juan, der Hauptstadt der Insel, verlaufen über Flughäfen in den USA, meist via Miami. Einige Airlines unterhalten auch Direktflüge ab Amsterdam oder London. Economy-Tickets nach San Juan (und retour) werden bereits ab 595 € gehandelt.

Da Puerto Rico mit den Vereinigten Staaten assoziiert ist, gelten dieselben Einreise- und Passbestimmungen wie für diese. Staatsbürger Deutschlands, der Schweiz sowie Österreichs können mit einem noch mindestens sechs Monate gültigen Reisepass (nicht Personalausweis!) einreisen. Im Verlauf des Fluges wird das Einreiseformblatt I-94-W ausgeteilt, welches ausgefüllt und unterschrieben bei der Passkontrolle vorgewiesen werden muss. Haben Sie einen Flug gewählt, der Sie vom amerikanischen Festland (USA) nach San Juan bringt, so haben Sie diese Prozedur bereits bei Ihrem ersten Landeort in den Vereinigten Staaten durchlaufen. Der Flug nach Puerto Rico gilt in diesem Fall als Inlandsbeförderung.

Die visumfreie Einreise in die USA beziehungsweise nach Puerto Rico berechtigt Sie zu einem Aufenthalt von maximal einem Vierteljahr (90 Tage).

San Juan ist als erste Station für diverse Ortstermine sehr gut geeignet. So erreichen Sie beispielsweise die östlich der Hauptstadt gelegene Stadt Canóvanas binnen einer halben Stunde Fahrtzeit. Mit etwas Glück und rechtzeitiger Voranmeldung können Sie möglicherweise den Bürgermeister des Ortes sowie einige Polizeibeamte des örtlichen Reviers zu einem Interview über deren Jagd auf den unheilvollen »Ziegensauger«, den Chupacabra, gewinnen.

Eine Stunde Fahrtzeit in derselben Richtung ist es zum Urwald von El Yunque. Dieser ist mittlerweile als Karibischer Nationalpark ausgewiesen, mit Wanderwegen und reichlich Möglichkeiten zur Beobachtung der üppigen Flora und Fauna. Allerdings ist ein großer Teil des Gebietes schlicht und einfach unbegehbar, und die Berichte über das Verschwinden zahlreicher Personen wollen nicht enden.

Die Hauptregion häufiger UFO-Beobachtungen jedoch liegt

im Südwesten der Insel, in einem Gebiet, das von den Städten Cabo Rojo, Lajas und San German eingegrenzt wird. Gleichfalls registrierte man zahllose UFO-Sichtungen im Umkreis der Hafenstadt Mayagüez, teilweise sogar auf dem offenen Meer. Da Augenzeugen nicht selten unbekannte Flugobjekte beim Eintauchen in die See beobachten konnten, hält sich in jener Region das hartnäckige Gerücht über unterseeische UFO-Basen.

Für den Südwesten der Insel sucht man sich besser einen anderen Ausgangspunkt, denn Mayagüez oder San German liegen mehr als 160 Kilometer von der Hauptstadt entfernt. Von dem kleineren Inlandsflughafen im westlichen Teil San Juans gibt es tägliche Flugverbindungen nach Mayagüez oder Ponce, an der Südküste gelegen. Mobiler ist man jedoch mit einem Leihwagen. Die Preise hierfür entsprechen jenen in den USA, und dank der auf Puerto Rico ebenfalls geltenden Verkehrsregeln kann man sich unbesorgt auf die meist recht gut ausgebauten Straßen wagen. Für Fahrten in das Landesinnere ist man aber mit einem Allradfahrzeug besser bedient.

Wer sich bei der »Laguna Cartagena« und in der »Sierra Bermeja« umsehen möchte, für den empfiehlt es sich, in San German Quartier zu nehmen. Leicht zu finden ist das Hotel »Oasis Parador«, das etwas außerhalb des Stadtzentrums an der Hauptstraße nach Parguera liegt. An dieser Stelle sollte ich einige Worte über die Hotels auf Puerto Rico verlieren. Da zahlreiche »Yankees« auf der Insel Urlaub machen, sind die Hotelpreise leider recht gesalzen, was man speziell an den Hotels in San Juan bemerken kann. Dort konzentrieren sich die besseren Häuser auf die Stadtteile Ocean Park, Condado und Isla Verde, sämtlich am Meer gelegen. Preise um die 150 bis 250 US-Dollar (175 bis 300 €) pro Nacht sind nicht unüblich: Bei einfacheren Hotels hingegen gerät der Preisunterschied nicht so deutlich, wie die Abstriche im Komfort vermuten lassen würden.

Der Umstand, dass sich die mit den USA assoziierte Karibikinsel in den letzten Jahren zu einem wahren Schwerpunkt für UFOs und verwandte Phänomene entwickelt hat, sorgte für die Bildung einer Reihe von UFO-Studiengemeinschaften. Auch die

Gruppe *MUFON* wird durch Repräsentanten auf Puerto Rico vertreten. Ich persönlich empfehle jedem, der die Absicht hat, das Eiland jener Phänomene wegen zu besuchen, sich zuerst mit einer der dortigen Gruppen in Verbindung zu setzen. Hilfreich bei der Vermittlung von Kontaktadressen ist in diesem Fall der *Kopp-Verlag*, der auch die Zeitschrift »UFO-Kurier« herausgibt, in dem schon wiederholte Male über UFO-Begegnungen auf Puerto Rico berichtet wurde. Die Adresse gebe ich hier an (bitte bei Ihren Anfragen grundsätzlich Rückporto beilegen):

Jochen Kopp-Verlag
Hirschauer Straße 10
D-72108 Rottenburg

Abschließend noch eine kurze Information zur besten Reisezeit für Puerto Rico. Die dortigen Wetterbedingungen sind vom tropischen Seeklima geprägt. In den Monaten Dezember bis April herrscht Trockenzeit. Dagegen fallen die meisten Niederschläge in den Monaten August und September – zumeist als kurze, aber ungemein heftige Gewitterschauer. So sind die Monate, in denen bei uns der Winter herrscht, die beste Reisezeit, um den Mysterien Puerto Ricos auf den Grund zu gehen.

16 Die Pyramiden von Güimar

Was, Sie haben Ihren wohlverdienten Erholungsurlaub in diesem Jahr noch nicht genommen? Wie wäre es mit einer oder zwei Wochen Sonne auf Teneriffa, einer jener »Glücklichen Inseln« oder »Gärten der Hesperiden«, als die die Kanarische Inselwelt schon in der griechischen Mythologie auftaucht?

Keine Angst, ich will Ihnen jetzt nicht die überfüllten Teutonengrills und Nachtlokale à la »Schluckspecht Olé« andienen. Denn jene nur 115 Kilometer vom afrikanischen Kontinent entfernt gelegene Insel Teneriffa hat auch unbekannte Seiten zu bieten. Oder hätten Sie vermutet, dass es dort geheimnisumwobene Pyramiden gibt? Errichtet von einem längst untergegangenen Volk, das wohl mehr Rätsel hinterlassen hat, als wir vielleicht je zu lösen imstande sein werden. Und Sie können Ihren Lokaltermin »auf den Spuren fantastischer Begebenheiten« überdies mit einem erholsamen Urlaub auf einer der Inseln des ewigen Frühlings verbinden.

Die großen Charterfluggesellschaften fliegen Teneriffa nonstop von den meisten deutschen Flughäfen (dasselbe gilt natürlich auch für die Schweiz und Österreich) aus an, oft mehrmals in der Woche. Die Flugzeit bewegt sich zwischen vier und viereinhalb Stunden. Eine Woche Flug und Hotel kann man bereits ab etwa 450 € bekommen, einen Flug ohne Pauschalarrangement – wenn man Glück hat und nicht unbedingt zur Hauptferienzeit verreisen muss – um etwa 200 bis 250 €. Es empfiehlt sich aber auf jeden Fall, einen Leihwagen zu buchen, was man entweder vorab erledigen kann oder im Hotel. Die Kosten belaufen sich auf etwa 30 € pro Tag in der kleinsten Wagenklasse.

Einen fahrbaren Untersatz benötigen Sie auch ganz dringend, wenn Sie die Guanchen-Pyramiden auf Teneriffa besichtigen wollen. Denn die geschäftstüchtigen Reiseleiter der Veranstalter, sonst immer mit irgendwelchen Tagesausflügen »Gewehr bei Fuß«, haben diese heimliche Attraktion der größten Kanareninsel noch nicht entdeckt. Vielleicht ist das aber auch besser so, der Massentourismus bringt nicht nur Vorteile für eine derart heimgesuchte Region.

Fahren Sie auf der Inselautobahn TF 1 (Santa Cruz de Tenerife–Los Cristianos) bis zur Ausfahrt Güimar/Puerto de Güimar. Nachdem Sie die Autobahn verlassen haben, fahren Sie bergwärts, bis Sie in etwa vier Kilometer Entfernung Güimar erreichen. Dort folgen Sie den Schildern *Centro Ciudad* (Stadtmitte). Dann fahren Sie an der Tankstelle im Zentrum von Güimar (in der Sie notfalls nach dem Weg fragen können) bergauf. Nach wenigen hundert Metern kommt man – inmitten eines Wohngebietes an der Calle Chacona s/n – an ein Karree von etwa 200 mal 400 Meter Ausdehnung. Hier wurde mit Unterstützung eines norwegischen Großreeders 1998 von Thor Heyerdahl der so genannte »Parque Etnografico« eröffnet.

Insgesamt sechs Pyramiden der untergegangenen Guanchen, die sich über das gesamte Areal verteilen, beherbergt dieser interessante Park. Ein aus dem 19. Jahrhundert stammendes, restauriertes Herrenhaus, die »Casa de Chacona«, hat man zu einem Museum umgebaut, das unter anderem Nachbildungen prähistorischer Funde von diesseits und jenseits des Atlantik zeigt.

Auf dem Weg vom Museum zu einer Panoramaterrasse, von der aus man einen guten Überblick über den Park genießt, steht eine naturgetreue Nachbildung des Papyrusbootes »Ra II«. Thor Heyerdahl benutzte das Boot 1970 zu einer spektakulären Atlantiküberquerung, mit der er den Beweis antreten konnte, dass selbst die alten Ägypter – lange vor Kolumbus – dazu fähig waren, die Gestade Amerikas zu erreichen.

In unmittelbarer Nachbarschaft zur Panoramaterrasse liegt das »Auditorium«: Dort werden kurze Filme über Stufenpyramiden aus allen Teilen der Welt sowie Ausschnitte der Dokumentarfilme Thor Heyerdahls gezeigt.

Der ethnographische Park von Güimar ist täglich von 9.30 bis 18.00 Uhr geöffnet. Der Vollständigkeit halber hier noch die Adresse sowie Telefon- und Telefaxnummer:

Parque Etnografico
Calle Chacona s/n
E-38500 Güimar/Isla de Tenerife
Tel. 0034-922-514510
Fax 0034-922-514511

Wenn Sie schon einmal auf Teneriffa sind, dann sollten Sie sich die Zeit nehmen, die Insel noch besser zu erkunden. Eine kleine Welt für sich ist der zentral gelegene »Parco Nacional de las Cañadas del Teide«. Eine malerische, sich in oft kühnen Serpentinen in die Berge schraubende Landstraße zweigt von der Inselautobahn TF 1 an der Ausfahrt San Isidro ab. Über Granadilla de Abona und Vilaflor geht es auf der N 614/N 821 in die wilde Vulkanlandschaft im Zentrum der Insel. Starten Sie Ihren Ausflug möglichst früh am Morgen; dies gilt umso mehr, als Sie vorhaben, mit der Seilbahn auf den höchsten Berg Spaniens (mit 3718 Metern ü. d. M.) zu fahren. Sind nämlich erst einmal die Touristenbusse an der Talstation angekommen, ärgern Sie sich über die Menschenmassen und die daraus resultierenden Wartezeiten bis zu mehreren Stunden. Ein weiterer Grund für die Auffahrt am frühen Vormittag ist die Tatsache, dass nachmittags zumeist dichte Wolken aufziehen und die Fernsicht behindern.

Reisezeit für Teneriffa ist das ganze Jahr über: Denn wenn bei uns der Winter Einkehr gehalten hat, ist es frühlingshaft auf der Insel. Der Kanarenstrom, ein Seitenarm des Golfstroms, lässt die Meerwassertemperatur an der Küste nie unter 18 Grad Celsius sinken, erwärmt sie im Sommer bis 23 Grad. Der Nordostpassat, der in 800 bis 1500 Metern über die Kanaren weht, verhindert eine zu starke Hitze. Selten klettert das Thermometer über 25 Grad Celsius.

Aber die Sonne scheint an über 300 Tagen im Jahr. Eine »Insel des ewigen Frühlings« eben.

Begriffserklärungen

Abduktionen (auch Unheimliche Begegnungen der vierten Art, Entführungen oder CE-IV-Erlebnisse genannt). Im Gegensatz zu reinen Begegnungen (CE-III) handelt es sich hierbei um vollendet ausgeführte Dislokationen durch offenbar nichtirdische intelligente Wesen. Diese werden in der Regel als kleinwüchsige, grauhäutige Humanoiden beschrieben, deren Größe zwischen 1,20 und 1,50 Meter liegt. Von Abduktionen betroffen sind meist einzelne Personen, und dies sehr häufig bereits seit ihrer frühen Jugend oder Kindheit. Selteneren Berichten zufolge wurden auch mehrere Personen gleichzeitig in mutmaßlich außerirdischen Flugobjekte entführt. Symptomatisch für derartige Entführungstraumata sind medizinische Experimente, in deren Mittelpunkt oft künstlich durchgeführte Befruchtungen stehen, welche möglicherweise zur Schaffung einer Mischrasse zwischen dem Menschen und jenen Intelligenzen führen könnten.
In den letzten Jahren hat sich herauskristallisiert, dass Abduktionen nicht erst in jüngster Zeit auftreten, sondern vielmehr wie das gesamte UFO-Phänomen uralt sind. Ebenso tritt das Phänomen weltweit auf und wird mittlerweile von einigen aufgeschlossenen Medizinern klinisch untersucht.

Aborigines. Die dunkelhäutigen ursprünglichen Bewohner Australiens, heute größtenteils in Reservationen in abgelegenen Teilen Nord- und Westaustraliens lebend. Die Überlieferungen der Aborigines erzählen von einer weit zurückliegenden »Traumzeit«, in der auch ihre Götter als Kulturbringer zur Erde herabkamen.

C-14-Methode (Radiokarbon- bzw. Kohlenstoff-14-Datierung). Dieses Verfahren dient zur Altersbestimmung organischer Artefakte. Es beruht auf der Annahme, dass das Mengenverhältnis zwischen dem stabilen Kohlenstoff C und dem durch Höhenstrahlung aus dem Stickstoff erzeugten radioaktiven C^{14} konstant ist. Nach dem Tod eines Organismus wird kein Kohlenstoff mehr aufgenommen, und das ursprüngliche Mengenverhältnis verschiebt sich durch das mit einer Halbwertszeit von 5589 Jahren zerfallende Isotop C^{14} zugunsten von C^{12}. Dieses Verhältnis kann bestimmt werden, woraus sich das Alter der genommenen Probe mit relativer Genauigkeit errechnen lässt.
Die C-14-Methode ist nicht unumstritten, da in früheren Zeiten das Mengenverhältnis C^{14} zu C^{12} ohne weiteres anders gewesen sein kann als heute. Auch kann das Ergebnis verfälscht werden: Am Rand einer Autobahn geschnittene Pflanzen würden, nach der Radiokarbonmethode datiert, durch den Überhang an C^{12} ein Alter von vielen tausend Jahren vortäuschen. Und mit zunehmendem Alter einer Probe wächst auch die Ungenauigkeit wegen der möglichen Schwankung nach oben oder unten.

Cargo-Kulte (von der englischen Bezeichnung für Fracht bzw. Waren). Weltweit anzutreffende, jedoch besonders im asiatisch-pazifischen Raum häufig registrierte Handlungsweise eingeborener Populationen nach deren Konfrontation mit Vertretern höher zivilisierter Kulturen. In den Vierzigerjahren waren dies überwiegend Kontakte mit Truppenteilen der alliierten Kriegsparteien im Zuge der Kampfhandlungen des Zweiten Weltkrieges. Diese führten bald dazu, dass jene noch auf einer recht primitiven Entwicklungsstufe stehenden Eingeborenen die Fremden imitierten und im Extremfall sogar deren Ausrüstung wie Funkanlagen, Antennen und selbst Flugzeuge aus Stroh und Bambus nachbauten. All dies geschah in der Hoffnung, dass auch ihnen die »Segnungen« jener fremden Wesen – das so genannte *Cargo* – zuteil würde.
Und wenn nun unsere Vorfahren in grauer Vorzeit ihre Begegnungen mit Vertretern hoch entwickelter, außerirdischer Zivilisationen ähnlich falsch interpretiert hätten? Dann ließe sich die Entstehung scheinbar sinnloser Rituale – die ihre Fortsetzung bis in die Liturgie heutiger Religionen gefunden haben – auf sehr reale Begebenheiten zurückführen und auf missverstandene Technologie jener außerirdischen »Götter-Astronauten«.

Deckerinnerungen (Screen Memories). Bei der Arbeit mit mutmaßlichen Entführungsopfern stellte sich im Laufe der hypnotischen Rückführung immer wieder heraus, dass Deckerinnerungen die real abgelaufenen Erlebnisse überlagern. Vergleichbare »Screen Memories« kennen die Psychologen auch von traumatisierten Verbrechensopfern wie missbrauchten Kindern oder vergewaltigten Frauen. Im Falle der Abduktionen sind es häufig Tiere, welche diese Funktion überdeckender Bilder übernehmen: Eulen, Hirsche oder auch Rehe und Wölfe. Ungeklärt ist auch bislang, ob diese Deckerinnerungen als Schutzmechanismus unseres eigenen Unterbewusstseins zu bewerten sind oder ob sie ganz gezielt als posthypnotische Suggestionen von den Protagonisten des Entführungssyndroms eingesetzt werden.

Feng-Shui (auch: Fen-Shui, von chin. »Wind und Wasser«). Chinesische Lesart der Geomantie, auf dem Begriff der »Drachenwege« basierend, welche oft mit Kraftlinien gleichgesetzt wurden, die sich netzartig über die gesamte Erde ausbreiten.
Während der zahlreichen Dynastien des chinesischen Kaiserreiches wurden stets die Feng-Shui-Meister vorher befragt, wenn es darum ging, einen Tempel, eine Pagode oder ein Grabmal an einer dafür vorgesehenen Stelle zu errichten. Sehr früh kamen die Chinesen zu der Erkenntnis, dass die Erdoberfläche von starken Energieströmen, den Magnetlinien, durchzogen wird. Die Aufgabe der Geomanten bestand nun darin, jene Ströme zu lokalisieren, um die günstigsten und der »kosmischen Harmonie« am wenigsten abträglichen Standorte zu ermitteln. Diese Feng-Shui-Wissenschaft galt als heilig – immerhin haben wir ihr die großartig gestalteten Gartenlandschaften zu verdanken, für die China so berühmt ist.

Geistererscheinungen sind paranormale Vorkommnisse, in deren Verlauf sich optisch oder akustisch wahrnehmbare Manifestationen bemerkbar machen, die offenbar nicht auf konventionelle Ursachen zurückzuführen sind. Diese werden oft an bestimmten Orten wiederholt beobachtet, wobei man dann von einem »ortsgebundenen Spuk« spricht.

Hallstattzeit. In der klassischen Archäologie die ältere Eisenzeit, welche auf die Bronzezeit folgte und der Latène-Periode vorausging. Sie wird zwischen 800 und 500 v. Chr. datiert und wurde nach dem ersten Fundort (Hallstatt im österreichischen Salzkammergut) benannt, der mit ungewöhnlich reichhaltigen archäologischen Funden aufwarten konnte.

Han-Dynastie. Nach dem Lehensstaat Han (403–230 v. Chr.) benannte Herrscherdynastie, die nach dem Tode des Kaisers Qin Shi Huangdi an die Macht gelangte und von 206 v. Chr. bis 220 n. Chr. regierte. In der heutigen chinesischen Bevölkerung führen rund 93 Prozent der Chinesen (»Han-Chinesen«) ihre Abkunft auf jene Han-Dynastie zurück.
Auch ist in der chinesischen Archäologie eine Tendenz erkennbar, nichts weiter zurück als in die Han-Dynastie zu datieren, obwohl gesicherte Daten einer ganzen Reihe von Dynastien vorliegen, die vor der Han-Dynastie existierten. Man kann hier von einem regelrechten »Han-Chauvinismus« sprechen.

Hybriden (Mischlinge) sind Organismen, die aus der Vereinigung von Geschlechtszellen mit verschiedenen Erbfaktoren hervorgehen. Manche dieser Hybriden sind vollkommen vermehrungsfähig, andere hingegen nicht. So gelingen viele tierische Kreuzungen nicht oder führen zu entwicklungsunfähigen Keimen (Beispiel: Kreuzung zwischen Frosch und Kröte), oder sie bleiben steril (Beispiel: Maultier als Kreuzung zwischen Pferd und Esel).
In den letzten Jahren wurden vermehrt Abduktionserlebnisse publik, in deren Verlauf es nicht nur zur künstlichen Schwängerung weiblicher Entführter kam, sondern diesen im Verlaufe von weiteren Entführungen Hybridkinder präsentiert wurden. Dadurch erhielten Spekulationen Nahrung, dass eine der Intentionen hinter dem immer virulenter auftretenden Entführungssyndrom möglicherweise die Schaffung einer Hybridrasse zwischen Menschen und Außerirdischen sein könnte.

Jetlag. Damit bezeichnet man die Schwierigkeiten des menschlichen Organismus, mit den Auswirkungen der Zeitverschiebung bei längeren Reisen fertig zu werden. Es bedarf einer gewissen Umstellungsperiode (durchschnittlich zwei bis vier Tage), die abhängig ist von der Höhe der Zeitverschiebung. Der Jetlag wird jedoch nicht von allen Menschen gleich intensiv empfunden; spürbar wird er bei besonders sensiblen Personen bereits ab zwei bis drei Stunden Zeitunterschied, im Regelfall eher ab etwa fünf bis sechs Stunden. In den ersten Tagen kommt es zu

Störungen des Wach-und-Schlaf-Rhythmus, die aber nach wenigen weiteren Tagen abklingen.

Mesoamerika ist die Bezeichnung für die kulturelle Region, die mit der geografischen Lage Mittelamerikas übereinstimmt. Die Archäologen verwenden den Begriff für die Indianerhochkulturen wie Mayas, Azteken u. a., welche auf dem Gebiet der heutigen Staaten Mexiko, Guatemala, Honduras, Nicaragua und Costa Rica angesiedelt waren.

MUFON (»Mutual UFO Network«). Dies ist eine private, internationale Forschungsgruppe, die in den Vereinigten Staaten gegründet wurde und heute Niederlassungen in den meisten Ländern der westlichen Welt besitzt. Im Jahre 1974 wurde die Untergruppe MUFON-CES (»MUFON – Central European Section«) gegründet, die hauptsächlich für den deutschsprachigen Raum zuständig ist. Ziel der interdisziplinären Gesellschaft ist es, das Geheimnis der unbekannten Flugobjekte mit wissenschaftlichen Methoden einer Lösung näher zu bringen. Geleitet wird MUFON-CES von drei in der Luft- und Raumfahrt sowie in der Kernenergieforschung arbeitenden Physikern. Ebenfalls vertreten sind Astronomen, Psychologen, Mediziner, Ingenieure und sogar Hypnosetherapeuten. Die Analysen befinden sich derzeit im vorwissenschaftlichen Stadium, da noch keine überprüfbaren Theorien ausgearbeitet sind und keine Forschungsmittel zur Verfügung stehen. So ist die Arbeitsweise von MUFON bzw. MUFON-CES vorerst geprägt von der Erstellung eines methodischen Weges zur Problemanalyse sowie der Anlage einer repräsentativen Datenbasis. Für Personen, die mit UFO-Nahbegegnungen konfrontiert wurden, gebe ich hier die Adressen der MUFON-CES-Vertretungen in Deutschland, Österreich und der Schweiz an:

Dipl.-Phys. Illobrand v. Ludwiger
Bahnhofstraße 51 · D-83620 Feldkirchen-Westerham

Dr. Helmut Lammer
Postfach 76 · A-8600 Bruck/Mur

Prof. Dr. Heinz Beck
Staldenstraße 7 · CH-5412 Gebenstorf

Obduktion (auch: Sektion). Das Öffnen einer Leiche meist zum Zweck der Bestimmung der Ursachen, die zum Tode des Organismus geführt haben. Bei Organismen, die erheblich von dem für sie normalen Zustand abweichen, wird eine Obduktion nicht selten auch zur Bestimmung der Normabweichungen vorgenommen. Obduktionen werden zudem zu Lehrzwecken für die Studenten medizinischer Fakultäten im Lehrplan vorgeschrieben.

Paläo-SETI-Hypothese (SETI, von *S*earch for *E*xtra*t*errestrial *I*ntelligence). Paläo-SETI ist die Suche nach Hinweisen, die den Besuch außerirdischer Intelligenzen in vor- und frühgeschichtlichen Zeiten belegen sollen. Es mehren sich darüber hinaus die Anzeichen, dass die Einflussnahmen jener Entitäten schon in erdgeschichtlicher Zeit begonnen haben und sich bis in unsere Tage fortsetzen.
Als prominentester Vertreter der Paläo-SETI-Hypothese gilt der Schweizer Bestseller-Autor Dr. h.c. Erich von Däniken. Obwohl schon vor ihm Charles H. Fort (USA), Desmond Leslie (GB) und Professor M. Agrest (ehem. Sowjetunion) über die Möglichkeit außerirdischer Besuche in der Vergangenheit des Menschen spekuliert haben, gebührt Erich von Däniken unzweifelhaft der Verdienst diese in keinerlei Widerspruch zu gültigen Naturgesetzen stehende Hypothese weltweit bekannt und diskussionsfähig gemacht zu haben.

Parallelwelten. Die moderne Physik nimmt die Existenz weiterer Dimensionen in unserem Universum über die vier Dimensionen unseres für uns wahrnehmbaren Raum-Zeit-Kontinuums, also Länge, Breite, Höhe und Zeitablauf, hinaus an. Komplizierte Denkmodelle implizieren die Existenz von fünf, sechs, sieben oder noch mehr (= X) Dimensionen, welche neben den uns bekannten vier bestehen sollen. Diese wären der Sitz von neben unserem Universum parallel existierenden Universen, die *gleichzeitig* und am *selben* Platz mit unserer Welt bestehen. Ungeklärte Phänomene wie auch parapsychologische Manifestationen versucht man oft mit der angenommenen Koexistenz weiterer paralleler Daseinsebenen zu erklären.

Parapsychologie. Mit diesem Begriff wird die Wissenschaft bezeichnet, die sich mit außersinnlichen Wahrnehmungen sowie mit anderen physikalisch nicht erklärbaren Phänomenen befasst, welche offenbar mit psychischen Vorgängen in Verbindung stehen. Trotz zahlreicher »harter« Beweise wird sie jedoch noch immer nicht als vollwertige Wissenschaft anerkannt. Dies liegt einerseits daran, dass parapsychologische Versuchsergebnisse im Allgemeinen nicht reproduzierbar sind, also nicht jederzeit auch von jedem anderen Forscher experimentell überprüft werden können. Hinzu kommt, dass die Parapsychologie die einzige Wissenschaft ist, die in nennenswertem Ausmaß gegen Betrugsvorwürfe ankämpfen muss. Ein weiterer Grund für die teilweise Ablehnung durch das akademische Establishment liegt darin begründet, dass die Ergebnisse der Parapsychologie völlig außerhalb unserer gegenwärtigen naturwissenschaftlichen Paradigmen liegen und zum Teil noch nicht einmal Ansätze zu einer widerspruchsfreien Integration in dieses Weltbild bestehen.

Poltergeist. Ein personengebundener Spuk wird als Poltergeist-Phänomen bezeichnet, wenn dabei z.B. laute Geräusche auftreten oder gar Gegenstände im Umfeld des Spuks oder der auslösenden Person zerstört oder beschädigt werden. Im Zentrum dieser Aktivitäten steht eine lebende Person, die das Phänomen offensichtlich unbewusst durch Psychokinese verursacht. Meist handelt es sich hierbei um Menschen mit starken seelischen Spannungen, und die Effekte hören auf, sobald die betreffende Person ihre Probleme überwunden hat. Ein ungelöstes Rätsel innerhalb dieser Problematik stellt die Tatsache dar, dass oftmals Phänomene auftreten, die mehr Kraft erfordern, als die im Mittelpunkt stehende Person aufzubringen vermag.

Psychokinese. Darunter versteht man die Fähigkeit einer Person, auf rein psychischem Weg materielle Gegenstände für Beobachter sichtbar zu beeinflussen, also auch Bewegungsvorgänge auszulösen. Sie kann derzeit noch nicht physikalisch erklärt werden. Und obwohl ihre Existenz durch zahlreiche Laborversuche nachgewiesen werden konnte, wird sie von den traditionellen Naturwissenschaften heftig bestritten.

Radioastronomie. Ein Zweig der Astronomie bzw. der Astrophysik, der die aus dem Weltall kommenden Strahlungen im radiofrequenten Bereich aufzeichnet und analysiert. Als »Nebenprodukt« der Radioastronomie gelten Lauschprogramme, deren Ziel die mögliche Identifikation von durch intelligente außerirdische Lebensformen ausgestrahlten Signalen ist.

Schmerz. Die Empfindung körperlicher (auch seelischer) Leiden. Sie wird mittels besonderer Nervenfasern an das Gehirn geleitet und damit erst bewusst gemacht. Die Intensität, mit der der Mensch Schmerzen empfindet, hängt überraschend stark auch mit seinem kulturellen Hintergrund zusammen. So ist die Schwelle, ab der Schmerz dem Individuum bewusst wird, bei so genannten Naturvölkern wesentlich höher als beispielsweise bei uns. Dieser Umstand sollte bei der Bewertung »primitiver« Rituale ebenso wie der weltweit geübten Praxis der Schädeldeformationen nicht unberücksichtigt bleiben.

Vision. Eine Vision wird in der Regel als eine optische Halluzination definiert. Der Begriff wird vor allem dann verwendet, wenn die Möglichkeit einer Wahrnehmung auf paranormalem Weg betont werden soll. Nicht selten beinhalten Visionen auch Informationen über Geschehensabläufe, die erst in der Zukunft eintreten sollen.

Einige Worte zum Ausklang

Sollten Sie, verehrte Leserinnen und Leser, ein weiter gehendes Interesse an den Themen dieses Buches haben, kann ich Ihnen an dieser Stelle etwas ganz Besonderes ans Herz legen. Zusammen mit dem bekannten Fernseh- und Radiomoderator und Autorenkollegen Rainer Holbe halte ich regelmäßig einmal im Sommer ein Seminar. Der Ort hierfür ist ebenso außergewöhnlich wie die vielfältigen Themen: Auf zwei luxuriösen Kabinenbooten fahren wir auf dem bretonischen Fluss Vilaine und dessen Nebengewässern in atemberaubenden, zum Teil noch unberührten Naturlandschaften und besuchen alte Städte am Fluss.

In Gesprächen und Vorträgen, die auf Wiesen am Ufer und unter »Merlins Eichen« abgehalten werden, sprechen wir über fantastische Phänomene und die großen Geheimnisse unseres Daseins. Auch das ganze Ambiente, die beruhigende Flusslandschaft sowie das heitere Bordleben sind dazu angetan, den Alltag hinter uns zu lassen und in eine faszinierende neue Welt einzutauchen.

Für nähere Informationen und Termine wenden Sie sich bitte an folgende Adresse:

Redaktionsbüro Rainer Holbe
Maison sur les Collines
L-6991 Rameldange (Luxemburg)

In den vergangenen Jahren erfreuen sich auch meine Leserreisen zunehmender Beliebtheit. Ob Süd- oder Mittelamerika, Malta, China oder die Osterinsel – stets ging es an Plätze, welche im Reiseplan üblicher Rundreisen fehlen. Durch meine ausgedehnte Reisetätigkeit der letzten Jahre weiß ich um viele interessante Stellen abseits der ausgetretenen Touristenpfade. Diese werden natürlich auch auf meinen künftigen Leserreisen gezielt angesteuert. Interesse? In diesem Fall wenden Sie sich für nähere Informationen an die folgende Adresse:

Hartwig Hausdorf
c/o Droemer Knaur Verlag
Hilblestraße 54
80636 München

Zu guter Letzt möchte ich Ihnen noch die A. A. S. vorstellen. Die »Forschungsgemeinschaft für Archäologie, Astronomie und SETI« sammelt und publiziert Informationen, welche die Theorie unterstützen, dass unser Planet seit vorgeschichtlichen Zeiten Besuch außerirdischer Intelligenzen erhielt.

Die Mitgliedschaft in der A. A. S. steht jedermann offen. Sie gibt im Abstand von zwei Monaten das reich bebilderte Magazin »Sagenhafte Zeiten« heraus, das aktuell über neueste Forschungen und Erkenntnisse berichtet. Die A. A. S. organisiert internationale und nationale Kongresse und Tagungen und besitzt im deutschsprachigen Raum über 8000 Mitglieder.

Schicken Sie eine Postkarte mit Ihrem Absender an folgende Adresse:

A. A. S.
CH-3803 Beatenberg
Schweiz

Sie werden innerhalb von vier Wochen einen unverbindlichen Prospekt der A. A. S. erhalten.

Danksagung

Es gibt eine ganze Reihe von Personen, ohne deren Hilfe das hier vorliegende Buch nicht zustande gekommen wäre. Ihnen hier meinen herzlichsten Dank auszusprechen ist mir ein besonders wichtiges Anliegen. Da wären jene, die mich auf meinen Recherchen rund um unseren Globus begleitet und/oder mir mit zahllosen wertvollen Anregungen geholfen haben: Julie Byron, Chen Jianli, Erich von Däniken, Christian Dimperl, Dr. Johannes Fiebag, Thomas (»Tom«) Föckersberger, Werner Forster, Martin Jurik, Peter Kaschel, Peter Krassa, Andrea Lichtenwimmer, David M. Summers, Rainer Tautenhahn und Katja Zerner. Desgleichen geht Dank an Frau Dr. Ruth Kremser und Herrn Dieter Nitsche für ihre wertvolle Hilfe bei der Übersetzung des Arztberichtes aus dem Jahre 1737. Ebenso an die Teilnehmer mehrerer AAS-Studienreisen, die mich unter anderem in die Volksrepublik China, durch Südamerika und auf die Osterinsel sowie nach Malta begleitet haben.

Ein besonderer Dank meinem Luxemburger Freund Rainer Holbe, mit dem ich zuweilen auf den schönsten Gewässern der Bretagne herumschippern darf (und der es dadurch – nebenbei bemerkt – auch schafft, mein oft recht angegriffenes Nervenkostüm wieder ins rechte Lot zu bringen). Ebenso an Jutta Ostermaier, welche wieder einmal eine Reihe von Illustrationen für dieses Buch beigesteuert hat.

Für ihre Geduld mit mir möchte ich ein paar ganz besonderen Menschen danken, die in den letzten Jahren ihre liebe Not mit mir hatten. Sie werden sich jetzt sicher angesprochen fühlen ...

Was aber wäre ich ohne meine mittlerweile zahlreichen Leser in aller Welt: Die ungezählten Zuschriften mit Anerkennung und wertvollen Anregungen sind für mich immer wieder Ansporn, weiterzumachen mit meiner spannenden Jagd nach den Rätseln und Geheimnissen dieser unserer Welt.

Last, not least möchte ich auch noch Lektorat und Herstellung des Knaur Verlags danken, in deren Händen letztlich das Schicksal auch dieses Buches lag.

Hartwig Hausdorf

Ortsregister